中國現代長篇小說名著版本校評

金宏宇

總　序

　　1992 年，兩岸開放探親後的第五年，我在埋首撰寫論文〈大陸的台灣文學研究概況〉過程中，驚覺對岸對於台灣文學研究的投入成果，並在種種因緣之下，開始關注對岸文學，一頭栽進大陸文學的研究與教學。

　　多年來，心中一直記掛著應該把台灣的大陸文學研究情況也整理出來。因為台灣和大陸是現代華文文學研究的兩大陣地，除了兩岸學界的本土文學研究之外，還須對照兩岸學界的彼岸文學研究，才能較完整地勾勒現代華文文學研究的樣貌。去年，我終於把這個想法，部分地呈現在〈台灣的「大陸當代文學研究」觀察〉一文中。但是，這個念頭的萌發到落實，竟已倏忽十年，而在這期間，仍有許多想做和該做的事，尚未完成，不禁令人感慨韶光的飛逝和個人力量的局限。

　　回顧過去半世紀以來的現代華文文學研究，兩岸都因政治環境和社會文化的變遷，日益開放多元；近年更因大量研究者的投入，產生豐盛的研究成果，帶起兩岸文學界更加密切的交流。兩岸的研究者，雖在不同的歷史背景下成長，但透過溝通理解、互動砥礪，時時激盪出許多令人讚嘆的火花。

　　「大陸學者叢書」的構想，便是在這樣的感慨和讚嘆中形成的。從文學研究的角度來看，成果的交流和智慧的傳遞，是兩岸文學界最有意義的雙贏；於是我想，應從立足台

灣開始，將對岸學者的文學研究引介來台，這是現階段能夠做也應該做的努力。但是理想與現實之間，常存在著難以克服的主客觀因素，台灣出版界的不景氣，更提高了出版學術著作的困難度。

感謝秀威資訊公司的總經理宋政坤先生，他以顛覆傳統的數位印製模式，導入數位出版作業系統，作為這套叢書背後的堅實後盾，支持我的想法和做法，使「大陸學者叢書」能以學術價值作為出版考量，不受庫存壓力的影響，讓台灣讀者有更多機會接觸到彼岸的優質學術論著。在兩岸的學術交流上，還有很多的事要做，也還有很長的路要走，我相信，這套叢書的出版，會是一個美好開端。

宋如珊

2004 年 9 月　於士林芝山岩

引　言

　　版本一般是圖書版本學的研究對象，應該說中西方的圖書版本學都已經相當發達。但在圖書版本學的體系中，文學作品版本的研究無法深入。比如古典文學名作版本的研究一般只停留在弄清版本源流、辨明版本真偽和優劣的層面。而在文學研究領域中，一般也只把版本問題當作文學研究的先決條件。比如雷內・韋勒克和沃爾夫岡・凱塞爾等都強調文學研究的第一步是要有一個精校本。在西方，使文學版本研究得到發展的是所謂「淵源批評」，但「淵源批評」一般只研究作品的手稿本，研究一部名作在出版前的成長過程和多種可能性。這種批評也並沒有很好地關注文學作品發表或出版後的版本變遷問題。因此，文學版本的研究仍然有待深入發展。

　　中國新文學版本的研究也沒有很好地開展。目前，這種研究主要是一些「書話」或「箚記」，如唐弢《晦庵書話》等。也有少數研究版本異文的語言修辭學或寫作學著作，如朱泳燚的《葉聖陶的語言修改藝術》、鄭頤壽的《比較修辭》、龔明德的《〈太陽照在桑乾河上〉修改箋評》等。還有湖南人民出版社和四川文藝出版社出的少量滙校本，如《女神》、《圍城》的滙校本等。這些著作或提供了許多版本史料，或做了非常細緻的異文滙校工作，或為語言修辭學、寫作學提

供了具體的個例。但這些研究或者如魯迅所說「蓋用胡適之法，往往恃孤本秘笈……」，[1]有一種版本癖的趣味；或者固守一隅，執著於某種學科層面的研究。因而新文學版本的研究沒有拓展開來，很少與解釋學、文本批評或接受反應理論等結合起來。而很久以來，主流的新文學研究一直向社會學、哲學方向提升，又不屑於利用這些版本研究成果，有的批評文章或文學史甚至就沒有體現基本的版本意識。於此，我們看到了新文學研究中的某種疏離狀態。

　　在這種學術背景中，中國現代長篇小說的研究不可能真正深入，不可能具有科學性。一方面，新文學版本研究不能對長篇小說版本變遷作系統的、深入的研究和整體的把握。一方面，主流的新文學研究又不能對長篇小說版（文）本作動態的、歷史的研究和細緻的分析。本書試圖避免這種相互疏離現象，對中國現代長篇小說名作的版本進行一種綜合研究，將對它的版本研究與文本研究整合起來。既拓展一下版本學的研究空間，也為長篇小說的研究找一新的領域。既提高人們對中國現代長篇小說研究中最根本性問題的認識，也凸現中國現代長篇小說版本變遷的獨特性。既為文學批評和文學史寫作提供一種警示，又嘗試一種現代長篇小說名作研究應有的科學方法。

---

[1]　《魯迅全集》第十二卷，1981 年版，人民文學出版社，第 102 頁。

目　次

第一章

總 論

在中國，「版本」一詞最早出現在宋代文獻中。開始它專指由雕版印刷而成的圖書，是為狹義。後來內涵擴大，泛指包括寫本、印本在內的，用各種方法製作而成的圖書的各種本子，是為廣義。本書所論的小說「版本」則取另一種狹義，指公開發表或印刷而成的小說版本，而排除手稿本。這不光因為手稿資料難以尋覓，更主要的是對手稿的研究已成一專門學問，如，在西方已有所謂「淵源批評」專門研究作家手稿，或謂之「手稿的詩學」，或曰「與文本詩學相對立的寫作詩學。」其次，本書所論的小說版本不是指所有的圖書版本而是指那些比較重要的尤其是文本內容經過改動的版本。

一、版本研究

版本學在西方和中國都源遠流長。中國傳統的版本學始於漢興於宋而盛於清。在清代，版本學成為專門之學。葉德輝甚至認為在清學（樸學）中版本學與目錄學、校勘學「三者為之根柢」（《書林清話》）。民國以降又有一代代學者

努力研治版本學。傳統版本學從整理古籍中積累了一整套版本鑒定、辯偽、考訂的方法。傳統版本學又與校勘學、目錄學具有密切關係，它「脫胎於校勘學，借身於目錄學。」[1]它們彼此借助、相互依賴。

西方現代印刷術和裝訂術傳入中國以後，「新書」出現。但直到 20 世紀 40 年代，才有唐弢開始致力於新書版本學的開拓工作。漸有追隨者，新書版本學亦漸得公認。雖然新書版本學至今仍未建構起來，但體現為「書話」形式的新書版本研究成果相繼出現。到目前為止，有唐弢的《晦庵書話》、姜德明的《書葉集》等系列書話、倪墨炎的《魯迅與書》等系列書話、陳子善的《撈針集》等系列書話、龔明德的《新文學散箚》等系列書話。還有吳泰昌的《藝文軼話》、胡從經的《柘園草》、梁永的《雍廬書話》等。此外，朱金順的《新文學資料引論》一書則專闢章節論新文學版本問題。在湖南、四川，還出過少量新文學作品的匯校本。這些著作繼承傳統版本學的許多研究方法，又直指新書版本和新文學版本的新特點，為新書版本學和新文學版本學的建構提供了豐富的材料，對中國現代長篇小說的版本研究具有啟發意義。

無論是傳統版本學研究還是新書版本學研究，都必然表現為一種工作過程。這個過程首先就是運用版本學及目錄學的相關知識對圖書版本進行真偽辨別，考訂版本源流，比較版本優劣。相比較而言，古籍版本年代久遠，成書方式、流傳方式多樣（如，木板、石印、手抄等），版本的真偽辨別

---

[1]　李致忠《古書版本學概論》，1990 年 8 月版，北京圖書館出版社，第 235 頁。

是首要任務。新書版本年代較近，多用現代印刷術，辨別真偽的工作比較容易。但新書由於傳播載體多樣（如，雜誌連載、單行本發行等）、印刷快捷等原因導致版本密度更大，所以，研究的重點應在版本源流的考訂和版本優劣的比較方面。對中國現代長篇小說版本的研究更是如此。這些作品雖有盜印本、偽裝本、刪節本等，也只須通過序跋、版權頁、作者自述等即能識別。然而，它們版次多，除有初刊本或初版本，更有經作者頻繁修改而出的修改本、定本等。所以對其版本源流的梳理、版本優劣的比較就更為重要，尤為費時。同時，這個工作過程也離不開校勘學的具體操作技術。陳垣《校勘學釋例》中總結出對校、本校、他校和理校四法。古籍校勘主要是校誤植或誤筆等，需要這四法全用。新書這方面的錯誤容易由作者和刊者校過來，我們需要校勘的主要是作者修改前後的文字，故一般只須用對校法，即不同版本對校。而我們要進一步鑒別現代長篇小說版本的優劣和文本的優劣，也主要是用這種對校法，將其初刊本、初版本、修改本、定本等逐一相互對校，找出異文。

經過這種工作過程之後，版本研究的結果自然要表現為一種文字形態。古籍版本研究的大家們的「版本學功力，無一不是透過編製目錄或撰寫題跋識語表達出來。」[2]如，晁公武的《郡齋讀書志》、張之洞的《書目答問》、葉德輝的《書林清話》等。新書版本的研究成果可以通過目錄形式來表現，如北京圖書館編的《中國現代作家著譯書目》等，但

---

[2]　李致忠《古書版本學概論》，1990 年 8 月版，北京圖書館出版社，第5 頁。

更多的版本研究成果表現為前文提到的「書話」形態。這種書話由古代的題跋識語發展而來，既能記述版本的有關資料，又能借此抒發某種人生感慨，是版本學與散文的結合體。現代長篇小說版本的研究成果自然可以體現為目錄、書話等形態，但是其版本內涵的複雜性、豐富性卻不是這種簡明的目錄和微篇的書話所能包容。

總之，版本研究都有一種工作過程和表現形態，新書版本和新文學版本研究在這兩方面又有新的特點，而現代長篇小說版本研究的新特點又更突出。所以，版本學的研究勢必有一種新的發展。

古籍版本研究的最終目的是追求其原文，追求善本（主要是真本）。其工作過程和成果表現形態都服務於這一目的。然而，僅限於此，其版本研究的價值並不能充分體現。為了充分實現其價值，版本學應開拓新天地，應從版本差異的研究進一步拓展到對版本的時代特色、政治印記、意義變化等方面的研究。新書版本的研究已有這種發展趨勢。作為版本學重要分支的新文學版本學，其研究對象是文學作品的版本。這種版本的內容特殊性及 20 世紀中國社會的急劇變動造成這類版本的種種變異都不是傳統的版本研究所能囊括的。因而迫切需要建構一種新的版本學或一種新的文學版本學，總結一套新的版本研究方法。這種研究主要是將版本研究與文本研究整合起來，可稱之為泛版本學。在西方，對手稿、創作過程等的研究被稱為「淵源批評」，我們也不妨將對發表或出版後的文學版本的研究稱之為「版本批評」。版本批評既要注意版本研究的一般規律，又要直指文學版本

的特性。簡言之，是要將版本研究與文本批評整合起來。具
體說，首先應注意到傳統版本學與目錄學、校勘學的相互借
助關係，吸收其中的一些技術性的知識和方法。以此為基
礎，進一層是借鑒語言學、修辭學和寫作學的研究經驗。更
要運用闡釋學、文本批評的理論，對新文學版本進行綜合研
究。弄清版本源流，對校版（文）本差異，比較版（文）本
優劣，揭示版（文）本個性，考察寫作者修改版（文）本的
動因，探討接受者對版（文）本的反應，等等。最終總結中
國新文學版本變遷的獨特規律，指出面對具有眾多版（文）
本的作品時，文學批評和文學史評述應有的原則。

　　而在新文學版本中，最適合成為版本批評對象的是長篇
小說，因為它的版本內涵最複雜最豐富。其篇幅長，戲劇版
本不能及；其版本密度大，詩歌、散文版本不能比。一些長
篇小說名作，一般都有好幾個版本，巴金的《家》甚至經過
八、九次修改，有上十個版本。更主要的是長篇小說版本之
間文字內容的差異多。現代詩歌、散文的版本變遷多半只是
字、詞、句的修改或個別段、節的增刪。郭沫若的《女神》、
馮至的《昨日之歌》、朱自清的散文《春》等都是如此。長
篇小說版本的變動之處不僅在字、詞、句、段、章節，更滲
入人物、細節、情節、結構甚至題旨。其版本變遷包蘊著更
為豐富的語言學、寫作學、美學、心理學甚至社會學、政治
學的內涵。應該說新文學其他文類的版本都不及長篇小說的
版本複雜。長篇小說的版本研究能非常完備地體現版本批評
的綜合性特點，而其研究結果也更能典型地反映新文學版本
變遷的規律。

二、版本與修改

　　新文學書籍版本的變遷主要表現為兩種情況：一是由於作品被禁而出現偽裝本、被刪本，這在 20 至 40 年代比較突出。在長篇小說方面，如蔣光慈的《咆哮了的土地》改名為《田野的風》出版，茅盾的《子夜》、王統照的《山雨》等則出過刪節本。這些都是現代文網史的實物例證。二是由於作家自己出於某種考慮修改作品而成修訂本或修改本。這些則是新文學版本批評更重要的內容。其他文類的作品都有這種情況，而長篇小說尤其普遍。甚至可以說現代長篇小說名作的版本變遷主要表現為一種修改過程，其主要的版本幾乎都因作者的修改而形成。

　　修改作品在中國是有傳統的。這當然不是指改他人之作的那種傳統，如朱熹改《孝經》、王安石改他人之詩之類的篡改。而是指那種對自己作品的「推敲」傳統。中國現代小說家秉承了這種傳統，堅信「文章不厭百回改」，堅持修改作品是自己的權利。不過，在修改的問題上，1950 年是一個分界線。此前，有的小說家在手稿中修改，在作品由初刊本變成初版本時也還會作最後一次修改，作品初版以後往往不再修改。魯迅是這方面的典型，他把修改作品的下限定在這兒。1950 年以後，更多的作家們都突破這個下限，出了眾多的修改本。如，老舍在出了《駱駝祥子》初版本以後曾表示不再修改，然而解放後還是禁不住又刪又改。解放後成名的長篇小說作家更沒有修改下限的意識。楊沫甚至想擁有對作品的終身監護權。她打了個比方：作品好像自己的孩

子，不光要把他生下來，還要把他教育成人。所以作品可以
不斷地修改下去，所以出三個（次）修改本、四個（次）修
改本是常見的事情。1950 年以前，長篇小說的修改本相對
為數不多，往往是從初刊本轉為初版本的那種修改本。而作
家們的修改也往往集中在對初刊本文字的推敲、藝術的改進
方面。如《倪煥之》從《教育雜誌》初刊本轉為開明書店初
版本。從 1950 年直到 1980 年代初，則出現了三次長篇小說
的修改浪潮，比較重要一點的作品，無論是三、四十年代的
舊作，還是 50 年代以後的新作，幾乎都有修改本。這時的
修改已不只是一個文字上、藝術上完善的問題了。

　　筆者輯錄 20 世紀 50 年代至 80 年代初中國大陸較重要
的長篇小說修改本，列為一表，以便作具體分析：

50 年代至 80 年代初長篇小說修改本一覽表

修改本出版年份	作品、作者	出版社（店）名	關於修改的說明文字
1950	《太陽照在桑乾河上》（丁玲）	新華書店	
1951	《駱駝祥子》（老舍）	開明書店	書末標明：「據《駱駝祥子》刪節。」
1952	《駱駝祥子》	晨光出版公司	
1953	《家》（巴金）	人民文學出版社	在〈後記〉中作者說：「我還是把它修改了一遍，不過我改的只是那些用字不妥當的地方，同時我也刪去一些累贅的字句。」
1953	《倪煥之》（葉聖陶）	人民文學出版社	扉頁「內容說明」說：「曾由作者加以修訂」。

（續上）

1954	《子夜》 （茅盾）	人民文學出版社	扉頁「本書重版說明」說：「現經作者修訂，重排出版。」
1954	《蝕》 （茅盾）	人民文學出版社	在〈寫在《蝕》的新版的後面〉中作者說：「我採取了執中的方法，……字句上作了或多或少的修改，而對於作品的思想內容，則根本不動。」（見《茅盾文集》第二卷）
1954	《山野》 （艾蕪）	作家出版社	「內容說明」說：「現經作者修改，重排出書。」
1954	《八月的鄉村》 （蕭軍）	人民文學出版社	在〈後記〉中作者說：「除開依照人民文學出版社方面提出的一些意見，作了適當的修改而外；自己發覺有不適當、或文字錯訛的地方，也做了必要的刪、添、或改寫。」
1955	《八十一夢》 （張恨水）	通俗文藝出版社	
1955	《駱駝祥子》	人民文學出版社	在〈後記〉作者說：「現在重印，刪去些不大潔淨的語言和枝冗的敘述。」
1955	《山雨》 （王統照）	人民文學出版社	
1955	《死水微瀾》 （李劼人）	作家出版社	在〈前記〉中作者說「《死水微瀾》修改得少一些」。
1955	《太陽照在桑乾河上》	人民文學出版社	
1956	《暴風雨前》 （李劼人）	作家出版社	「內容說明」說：「現經作者作了較大的修改。」又在《死水微瀾》1955年版〈前記〉中作者說：「《暴風雨前》更動較

（續上）

			大，抽去幾章，補寫幾章，另外修改的也有四分之一。」
1956	《保衛延安》（杜鵬程）	人民文學出版社	在 1958 年版〈後記〉中作者說：「一九五六年初，……我曾經修改過一番：刪去了數千字，增添了兩三萬字」。
1957	《科爾沁旗草原》（端木蕻良）	作家出版社	作者在〈一九八四年後記〉中說：「在重排直排本時，作了一些伏筆，為續寫作準備，順手也作了一些刪改。」
1958	《保衛延安》	人民文學出版社	在〈後記〉中作者說：「這次重排也在字句方面作了一些改動」。
1958	《家》（文集本）	人民文學出版社	在 1981 年版《家》所附文〈關於《激流》〉中作者說：「一九五七年開始編輯《巴金文集》，我又主動地改了一次《家》，用『的』字代替了『底』。」
1958	《春》（文集本）（巴金）	人民文學出版社	在〈關於《激流》〉中作者說：「《春》和《秋》都只改了一次，就是編輯《文集》時一九五八年的修改，改動不算太小，還增加了新的章節，《春》也由一、二部合併成一部。」
1958	《秋》（文集本）（巴金）	人民文學出版社	
1958	《倪煥之》（文集本）	人民文學出版社	在〈前記〉中作者說：《倪煥之》改動最多。」
1959	《紅日》（吳強）	中國青年出版社	在〈修訂本序言〉中作者說：「這一次，包括字句上的重作推敲，改動得更

（續上）

			多一點。」「對這一部分（筆者按：指愛情生活），都作了一些改動。」
1959	《紅旗譜》（梁斌）	中國青年出版社	在 1978 年版〈後記〉中作者說：「我根據讀者意見做了兩次修改」。（筆者按：其中一次指此次）
1960	《青春之歌》（楊沫）	人民文學出版社	在〈再版後記〉中作者說：「我曾經極力改正初版本中所發現的缺點或錯誤，並設法彌補某些不足之處。其中變動最大的，是增加了林道靜在農村的七章和北大學生運動的三章。」
1960	《創業史》（第一部）（柳青）	人民文學出版社	
1960	《戰鬥的青春》（雪克）	上海文藝出版社	
1962	《大波》（李劼人）	作家出版社	〈後記〉說：「在舊版的基礎上，再次醞釀，發展為四部。」（見 1982 年人民文學出版社版《大波》）。
1962	《戰鬥的青春》	上海文藝出版社	在新 3 版〈後記〉中作者說：「我又堅決地做了這第三次修改」。
1963	《風雲初記》（孫犁）	作家出版社	書尾標「重寫尾聲」。
1963	《離婚》（老舍）	人民文學出版社	「出版說明」說：「由作者新加校訂，並略作刪改。」
1963	《茫茫的草原》（初版名）	作家出版社	

（續上）

	《在茫茫的草原上》（瑪拉沁夫）		
1965	《紅日》	中國青年出版社	在〈再版的話〉中作者說：「又作了一次較前更多的修改，如第八、九兩章，第十一、十二兩章，第十六章，都有一些情節和字句上的改動，如華靜和梁波的愛情生活部分，則完全刪去了。」又見 1978 年版〈二次修訂本前言〉：「一九六四年……對這本書再次作了修改。」
1965	《紅旗譜》	中國青年出版社	在 1978 年版〈後記〉中作者說：「我根據讀者意見做了兩次修改」。（筆者按：其中一次修改指這個版本）
1977	《李自成》（第一卷）（姚雪垠）	中國青年出版社	「內容提要」說：「這次重印，稍加修改。最後一章是作者一九六三年寫的，趁這次重印機會補上去。」
1977	《呂梁英雄傳》（馬烽、西戎）	人民文學出版社	在〈再版後記〉中作者說：「把讀者提出來的一些寶貴意見，做一番認真的校改。」
1977	《暴風驟雨》（周立波）	人民文學出版社	在〈重印後記〉中作者說：「我只刪去了幾句，並在全書文字上略有改動。」
1977	《鐵道游擊隊》（知俠）	上海人民出版社	「重版說明」說：「個別情節和文字上作了一些

（續上）

			刪改。」
1977	《創業史》（第一部）	中國青年出版社	「出版說明」說：「作者又進行了一些重要的修改」。
1978	《苦菜花》（馮德英）	解放軍文藝出版社	扉頁標明：「這次再版，作者又重新作了修訂。」
1978	《香飄四季》（陳殘雲）	廣東人民出版社	在〈寫在《香飄四季》重版之前〉中作者說：「作了一點文字上的刪削……」
1978	《戰鬥的青春》	上海文藝出版社	在〈後記〉中作者說：「個別字句上作了一些修改。」
1978	《紅旗譜》	中國青年出版社	在〈後記〉中作者說：「我把這本書在第三個版本上又做了一些修改。」
1978	《紅日》	中國青年出版社	在〈二次修訂本前言〉中作者說：「又將書中的個別情節和字句作了一點改動和修飾。」
1978	《青春之歌》	人民文學出版社	在〈重印後記〉中作者說：「除了明顯的政治方面的問題，和某些有損於英雄人物的描寫作了個別修改外，其他方面改動很小。」
1979	《山鄉巨變》（周立波）	人民文學出版社	「內容說明」說：「經作者修訂。」
1979	《歐陽海之歌》（金敬邁）	解放軍文藝出版社	「內容提要」說：「這次再版，作者又重新作了修訂。」在〈再版後記〉中作者說：「將小說修訂再版。」
1980	《圍城》（錢鍾書）	人民文學出版社	在〈重印前記〉中作者說：「也順手有節制地修

（續上）

			改了一些字句。〈序〉裏刪去一節。」
1980	《八月的鄉村》	人民文學出版社	書末標明：「一九八〇年五月二十一日再改於北京」。
1981	《長夜》（姚雪垠）	人民文學出版社	「出版說明」說：「作者做了一些修改並加寫了一篇〈為重印《長夜》致讀者的一封信〉的代序」。
1982	《山洪》（吳組緗）	人民文學出版社	在〈後記〉中作者說：「建國初期，……對有些過意不去的地方還儘量作了修改。」（筆者按：此書當時修改後來才出版）
1982	《家》（選集本）	四川人民出版社	在〈關於《激流》〉中作者說：「上個月的修改，改動最少，可能是最後的一次了。」
1983	《百煉成鋼》（艾蕪）	人民文學出版社	在〈新版後記〉中作者說：「把十三章的幾段，全部刪去。」

　　上面表格所列修改本我們可以按時段（中間空缺「文革」十年，這十年無長篇小說名作修改本出版）來看：一是 50 年代初期（1950 年至 1956 年）所出版修改本均是誕生於 20 至 40 年代的長篇小說名作。二是 50 年代後期至 60 年代初期（1956 至 1965 年），既有 20 至 40 年代的長篇小說名作的修改本，更有 50 年代誕生的一批有影響的長篇小說的修改本。三是 70 年代末至 80 年代初（1977 年至 1983 年），主要是出了一批在 50 至 60 年代有影響的長篇小說的修改

本，同時也有一些誕生於 30 至 40 年代的長篇小說的修改本。至於每個時段出版修改本的動因和這些修改本的修改傾向，是各不相同的，應具體分析。

在 50 年代新的歷史語境中，那些業已成名尤其是長期生活於國統區的長篇小說作家都有些手足無措。為誰寫、寫什麼、怎麼寫都成了問題。他們寫不出新的長篇，只好不惜代價去修改舊作。這就形成了 50 年代初的長篇小說修改浪潮。具體說，這個時期，小說家們修改舊作的動因是多方面的，比如說應出版社和編輯的要求，但這並不是主要的動因。因為小說家可以拒絕這些要求甚至可以拒絕出版舊作。又比如說是為了使小說藝術上更加完善。然而考察這些修改本具體的修改情況，我們發現，這些修改主要不是在原來的藝術體系中去精益求精。所以，所謂完善小說藝術的動因也不是主要的。小說家們修改舊作的主要動因，是為了迎合一種新的文學規範，表現新的國家意識形態。50 年代初，在毛澤東的〈在延安文藝座談會上的講話〉和一些國家文件指引下，文學形成統一的規範，如為政治服務、寫工農兵人物、樂觀取向、讚歌格調等等。許多長篇小說舊作為此都作了一種迎合性的修改。如，《倪煥之》1953 年修改本讓倪煥之起死回生，以投入工人階級懷抱作為結局。《駱駝祥子》1955 年修改本刪去勞動者祥子墮落的某些情節，不讓他真正絕望。還有《子夜》1954 年修改本對工農和革命者形象作了修改，《太陽照在桑乾河上》1950 年修改本對涉及土改政策的描述作了訂正，等等。同時，這些舊作的修改，又是作家通過舊作新寫的方式來證

明自己思想上的改造。按當時的主流話語所說，許多作家都屬於小資產階級知識份子，「他們是站在小資產階級的立場，他們是把自己的作品當作小資產階級的自我表現來創作的」。[3] 進入 50 年代以後，作家們為這樣的寫作感到愧疚，所以一旦舊作有了重印的機會，他們就會認真修改。老舍在修改《駱駝祥子》時說得非常明確，就是為了「自我檢討」。「檢討」當然是為了更好地改造自己。可見，50 年代初長篇小說的修改浪潮是有知識份子的改造運動作為背景的。大量修改本的出現從某種意義上說，正是知識份子改造運動的一種結果。

　　50 年代後期和 60 年代初期，長篇小說的修改本繼續湧現，但修改動因又有了變化。除了某些類似於第一個時段的修改動因之外，主要的修改動因在三個方面：第一，是為了漢語規範化。1955 年 10 月大陸全國現代漢語規範化問題學術會議召開，接著《人民日報》發表社論號召作家們注意語言的規範化。這得到了許多作家尤其是資深作家的回應。在長篇小說的修改方面，葉聖陶出文集本《倪煥之》是最典型的例子。他幾乎逐字逐句修改《倪煥之》，用 50 年代的規範漢語取代了 20 年代的書寫語言。他的修改動因很明顯，主要就是為了推廣普通話和漢語規範化。巴金的文集本《家》也用「的」字代替了三、四十年代常用的「底」字。第二種重要的修改動因來自讀者。一批 50 年代中後期以來初版的長篇小說新作，得到廣大讀者的喜愛，也受到他們的批評，

3　《毛澤東選集》第 3 卷，1966 年 7 月版，人民出版社，第 813 頁。

於是許多長篇小說的作者就根據讀者的反應和意見不厭其煩地修改原作，《紅旗譜》、《戰鬥的青春》等許多作品都是這樣。雪克在《戰鬥的青春》第三次修改本《後記》中甚至說：「讀者要我這樣做，我就這樣做。讀者是最公平的，也是最熱情的。」有許多時候，讀者的反應集中為一次論爭或討論，如《戰鬥的青春》、《青春之歌》、《在茫茫的草原上》等作品初版後都引發過論爭。論爭中，讀者往往指出作品的內容性的錯誤。作者於是就會綜合這場論爭的意見對原作進行修改。我們看到，許多長篇的修改都體現了對讀者的一再遷就，作者的主體意識越來越少。浩然的話也許能典型地體現當時作家的這種修改心態：「想求得最有效的修改辦法，就得把它交給廣大工農兵群眾去檢驗……一個作者如果想讓他的作品能為工農兵所喜愛，讓它真正發揮戰鬥的作用，就不能把它當成『嫁出的女，潑出的水』，而是應該負責到底，修改到底。」更有意思的是，許多論爭往往有作家、批評家參與，但作者在修改作品時往往不大接受來自藝術行家的意見，而只聽取來自普通工農讀者的聲音。如《青春之歌》的第一個修改本的修改就是如此。[4]知識份子的謙卑於此也可見一斑。第三種修改動因是為了小說藝術的提高。一批在五、六十年代獲得聲譽的長篇小說作家往往有生活根基卻缺少駕馭長篇的能力。他們的長篇小說在正式出版前往往就數易其稿，有的甚至是與編輯共同修改，以期提高其藝術水準。作品初版以後又反覆修改，往往也有這種動因。如吳

---

[4]　浩然《豔陽天・卷後附記》，1966 年 5 月版，人民文學出版社。

強在 1959 年版《紅日》「修改本序言」中就說：「文章是不怕改，改了還要改的。」因此，《紅日》、《保衛延安》等在這個時段都出了兩個修改本。《戰鬥的青春》則從對讀者的遷就回到對藝術規律的遵從。該書初版以後，許多讀者都有「願意英雄活下來和我們共同建設社會主義」的強烈願望。於是作者在修改本中讓英雄人物活了下來。可是又有讀者來信說讀初版本為英雄壯烈犧牲的結局所感動，讀修改本這種感覺沒有了，很可惜。雪克終於從中悟出：「讀者對生活和人物的願望，同作品中人物和情節的邏輯發展，是兩回事，不能混為一談的。」[5]於是又一次改回去。

「文革」結束以後，百廢待興，許多長篇小說也如同重放的鮮花，獲得重印的機會，於是又有了一批修改本。這些作品的修改動因也並不單純，但似乎有兩個動因比較突出。一是改「錯」動因。「文革」的結束又被稱為「第二次解放」，然而真正的思想解放卻是在 1979 年以後。因此 1977 年至 1979 年的許多長篇小說修改本似乎並沒有思想解放的徵象，相反地又留下許多「左」傾的印記。一些作家繼續改「錯」，《創業史》（第一部）和《青春之歌》在此時出的修改本最為突出。二是定型動因。70 年代末，許多長篇小說的作者都進入老年，往往拿定對作品修改最後一次的主意，所以此時的修改本幾乎都是定本。此外，這種修改，大增大刪大改的情況較少，多數作品只在字句上略作潤色，不過是為了少留瑕疵。

---

[5] 雪克《戰鬥的青春·後記》，1962 年 12 月新三版，上海文藝出版社。

　　我們分析了各個時段長篇小說修改本的主要修改動因。實際上，就一部具體作品來說，其修改動因往往不是單一的，可能是多種動因攪合在一起；它的每一次修改，動因也可能是不一樣的。這就導致修改的複雜性，這只有在對具體作品不同版本的對校中去呈示和陳述。在此，特別值得指出的是許多修改本共同具有的某些突出的修改傾向。那就是對性、愛情、革命、政治等內容的修改。

　　許多誕生於 20 至 40 年代的長篇小說名作，其修改本往往對作品中的性和革命問題的敘述大加修改。有人曾對解放後的革命長篇小說發問：「革命的成功使人們『翻了身』，也許翻過來了的身體應是『無性的身體』？革命的成功也許極大地擴展了人們的視野，在新的社會全景中『性』所占的比例縮小到近乎無有？革命的成功也許強制人們集中注意力到更迫切的目標，使『性』悄然沒入文學創作的盲區？也許革命的成功要求重寫一個更適宜青少年閱讀的歷史教材，擔負起將革命先輩聖賢化的使命？」[6] 這些發問實際是在陳述一種普遍性的問題。新社會的到來，的確讓廣大人民翻身解放。然而，「翻身」又仿佛使人失去了肉身的本能，「解放」又似乎招來了新的禁欲。這導致 50 至 70 年代長篇小說的一種潔化敘事傾向，或許這無「性」正是一種敘事的結果。這個時期的長篇小說真正是恥於寫「性」，少數作品即便寫到「性」，那也多半只是反面或落後人物身上才有的特「性」。而 50 年代初的那批長篇名著修改本無疑又是最

---

[6]　黃子平《「灰闌」中的敘述》，2001 年 1 月版，上海文藝出版社，第 63 至 64 頁。

早開始淨「性」的樣本。「性」對於這些名著的初版本來說往往具有重要的意義，然而在解放後的修改本中「性」的內容被刪改，其意義也隨之被塗抹。「性」在《子夜》初版本中顯示出豐富的社會人生內涵；「性」在《駱駝祥子》初版本中是祥子墮落的重要條件；並具有象徵意味。「性」對《死水微瀾》初版本來說，具有反禮教反封建的意義。然而在這些名作的 50 年代初的修改本中都被作者盡力刪削。其次是關於革命及革命者問題的修改。初版本《倪煥之》、《子夜》、《駱駝祥子》都敘述過革命（者），這些作品在 50 年代初的修改本卻都對這個問題進行了很大程度的修改，當然是按照新社會對革命（者）的理解去修改的。《駱駝祥子》初版本的確對革命者作了歪曲的描敘，修改本乾脆刪去那個所謂的「革命者」阮明。《子夜》初版本原本真實地描寫了一些忙於性和革命「兩邊的工作」的革命者，修改本則更突出他們忙於革命工作。《倪煥之》初版本裏主人公因革命的失敗孤苦而死，修改本卻止於他投身革命群眾而生，加強了他的革命性。

　　五、六十年代誕生的一批長篇小說，其修改本中被修改的重要內容則往往是愛情和政治問題。在新的意識形態體系中，不但「性」成了反動階級的特性，「愛情」也成為一種小資產階級情調。在 1950 年以後初版的長篇小說中，寫到「性」內容的可能只有《創業史》和《在茫茫的草原上》（它們的修改本則差不多淨「性」了）等少數作品。寫到愛情的到是不少，包括這兩部作品。然而在這些作品的修改本中，愛情及其細節幾乎都受到刪削或改寫。如《青春之歌》的兩

個修改本一再刪削愛情糾葛和示愛的文字；《紅日》的第二個修改本則乾脆刪去華靜和梁波的愛情生活部分。又如《紅旗譜》的修改本亦刪去人物談情說愛的某些細節，連「運濤攥著春蘭手兒」的動作都改沒了。《創業史》（第一部）1977年的再版本甚至連「愛」、「愛情」一類的字眼兒都替換了。在這些修改本中，讓我們不僅看到了無「性」的人生，也看到了少「情」的愛情。另一方面，就是對政治問題的修改。所謂「政治問題」在這個時期是一個寬泛的概念，舉凡涉及階級、路線、政策等問題都可以說是政治問題。許多長篇小說都因為政治問題而受到批評，許多長篇小說的修改也都因為有所謂政治問題。當時，「千萬不要忘記階級鬥爭」口號的提出、對劉少奇路線的批判、與蘇聯的斷交等等政治性事件直接影響著長篇小說的修改。如《在茫茫的草原上》的修改本《茫茫的草原》就突出了人物的階級性。《創業史》（第一部）1977 年修改本就加進一條劉少奇政治路線。《歐陽海之歌》修改本也涉及劉少奇的問題。《青春之歌》1978年重印本的修改則涉及瞿秋白、王明、蘇聯等政治問題。《紅旗譜》修改本則刪去「路線問題」。至於提高正面人物的政治覺悟、突出反面人物的階級本質、增添一些政治修辭更是許多修改本共有的傾向。

　　50 年代至 80 年代初長篇小說的修改本與其初版本比較，多半不是藝術的改進或完善。它們要麼是解放前的小說名作的跨歷史語境修改，要麼是解放後誕生的長篇在政治路線越來越「左」的條件下的修改。在這些修改本中，有少數主要是藝術修改，如《圍城》。多數的修改本雖然

也有藝術改進的方面，但更重要的還是一種內容性的修改，往往是使小說越來越迎合當時的國家意識形態。如果按照馬克思、恩格斯的觀點來說，意識形態是一種階級話語，往往表達了某一階級的願望；是一種「虛假意識」，往往對現實歪曲、顛倒、掩蓋和神秘化；是革命的武器，卻是反科學的偏見。那麼，越來越意識形態化的長篇小說修改本，就越來越清晰地表達了階級觀念，越來越有效地服務於當時的政治路線，也就越來越嚴重地遮蔽了社會的現狀，越來越有力地閹割了人性的真實。同時，這些修改本力圖與新的文學規範接軌，共同制訂和圈定了新的敘事成規和文學禁忌。使原作內涵的豐富性、整體構成的有機性、人物形象的複雜性都受到不同程度的損耗。也可以說它們成了一種除魅化的文本。

最後還應提到的是，作者或編者對這些修改本所作的修改情況方面的文字說明一般都是非常簡略的，有的甚至不作任何說明。這簡略的修改說明，自然為我們的研究提供了線索或依據。但對這些修改說明我們不可不信也不可盡信。如茅盾在《寫在〈蝕〉新版的後面》中說「對於作品的思想內容，則根本不動。」這說明就不可信，實際上新版刪改了性的內容和革命的內容等。所以要真正準確地把握這些修改本的變異，只有通過具體版本的細緻對校。

三、版（文）本的闡釋與批評

中國現代長篇小說名作有諸多版本，勢必就有一個如何

去闡釋、批評作品意義與藝術價值的問題。在這裏，首先有必要釐定、區分「版本」和「文本」概念的內涵。「版本」（edition）主要是一個圖書學的概念，它所含甚廣，既含書的製作或印刷、載體材料（竹、紙等）特點，也指書的圖畫、文字（正文、序跋、牌記等）內容。「文本」（text）是一個闡釋學或符號學的概念，它指一套代碼或一種符號體系，主要是指用文字語言表現出來的語義交往形式。版本和文本一樣指向著作或文章的內容，但我們用版本一詞時注意的是其內容的歷史差異。而文本則是一種有待闡釋的存在，是讀者閱讀所面對的對象。一般說來，版本內容的優劣取決於刊印者、校勘者，而文本內容的優劣取決於寫作者。也因此，一部著作可能有許多源自不同時代、不同刊印者的版本，但真正可信的文本卻只有作者的那一個。

　　然而，以上所列的異同是就一般意義而言的，或者是主要針對古代著作。隨著現代印刷術的發展和社會局勢的急劇變動，「版本」和「文本」的關係有了改變。在考察現代長篇小說名作時，我們尤其感到了這種改變。現代小說家們可以在有生之年通過修改的方式使一部作品造出幾個版本，這和古代作品主要是通過抄寫、刊印而由傳播者造成的異本是不同的。通過這種修改方式造成的現代長篇小說名作的不同版本其實就是不同的文本。這不同於古代作品由於誤刊、脫落文字等造成異本而實乃一個文本的情況，或者說不同於古代作品版本數量多於文本數量的情況。因此，從中國現代長篇小說名作的版本變遷實際來說，一部小說的版本數量幾乎就等同於文本數量。版本的差異幾乎就是文本的差異，版本

的對校其實就是不同文本的比較。一般具有版本學價值或特點的不同版本，尤其是文字內容不同（有改動）的版本就是不同的文本。

　　之所以說不同的版本就是不同的文本，主要是因為中國現代長篇小說的版本差異實際主要是文字內容的差異，而且是經由作者本人修改所造成的文字內容差異。那麼從一個版本到另一個版本，其字、詞、句、段甚至章節的修改，經過闡釋的循環，也就變成了一個文本與另一個文本的關係。按照狄爾泰（Dilthey）等人的觀點，在解釋的循環中有一個主要的相互依賴關係，就是作品的個別部分與整體之間關係。個別部分只有通過整體，反過來整體只有通過個別部分才能夠被理解。那麼，當一部作品的新的版本的個別部分被修改時，經過闡釋的循環，文本的釋義應該有變，這個新的版本應該就是一個新的文本了。這種相互依賴關係還包括作品本身與作者心態、崇尚等的關係，作品與它所屬的種類、類型（如文體）的關係。錢鍾書說到「闡釋之循環」時還提到了作品與流行文風的關係。所以一部修改過的作品還應放在這眾多的相互依賴關係中作闡釋的循環。而許多中國現代長篇小說名作從初版本到後來的版本之間的修改正是在解放前後不同的歷史語境、流行文風之中，在解放後不同的歷史時段之中，在作者盛年和衰年不同的體態、心態之中。經過闡釋的循環，無疑會發現這些作品的不同版本的不同文本本性。如果按照海德格爾式的循環闡釋理論，還得包括前理解、活的聯繫等內容。那麼文字內容有差異的版本，經過闡釋的循環，會帶來更複雜的釋義差異。

　　如果還考慮到其他版本標誌或所謂「副文本」因素，中國現代長篇小說名作版本與文本的一致性就更突出了。法國文論家熱奈特在談跨文本關係類型時提到了「副文本」[7]概念。「副文本」是相對一部文學作品整體構成中的「正文」而言的，它包括標題、副標題、扉頁引言、序跋、插圖、封面等等。這些副文本的內容也是導致中國現代長篇小說名作版本差異的重要內容，雖然許多作品的版（文）本差異是在「正文」內容的差異方面。副文本因素為文本提供一種氛圍，也為閱讀文本提供一種導引，參與文本意義的構成。是版本和文本的重要本性，也是闡釋的循環不可忽略的因素。如扉頁引言，《創業史》（第一部）初刊本有四則引言，其初版本卻少了一則，而這則引言恰好涉及文體特性。又如序跋，作者在修改本的序跋中解釋創作意圖、作品題旨、人物形象等可能與初版本序跋的解釋有很大的出入，許多長篇小說名作都是如此。又如封面，不同的版本可能具有不同的封面。當封面圖像在圖解作品主旨的時候，當這個圖像是作者自己設計或認可的時候，它就顯得重要了。雖然中國現代長篇小說名作的封面一般與寫作者沒有多少關係，但還是影響了文本的意義。以《圍城》為例，我們會看到不同版本的封面圖像如何賦予文本以意義。《圍城》初版本封面是一對背對背的男女半身肖像，男的手持煙斗有紳士味兒，女的長髮披肩有時代女性氣息。其再版本封面換成一位英國現代畫家的題為《煩惱》的一幅油畫，同樣是一對男女，男的坐在桌

---

[7]　見史忠義譯《熱奈特論文集》，2001 年 1 月版，百花文藝出版社，第71 頁。

旁吸雪茄，女的背向男的伏案面壁。到 90 年代，《圍城》的封面則用了城牆磚的圖像。顯然前兩個封面只喻示婚姻的圍城性質，而後一封面則有人生萬事皆圍城的寓意。這些封面都參與了文本意義的解釋。總之，副文本概念的引入，可以說從一種特殊的角度說明瞭中國現代長篇小說名作「版本」和「文本」的某種一致性。

　　一部小說有不同的版本，不同的版本又成為不同的文本。這種文學現象無疑帶來闡釋和批評上的複雜性，為闡釋和批評提供了特殊的案例，甚至可能質疑或支持某種文學闡釋和批評的理論。比如新批評一反考據式、傳記式之類的批評，提出過「意圖謬誤」說，反對把作者意圖強加於文本意義。但是我們的許多長篇小說的不同版（文）本恰恰是作者的意圖甚至是謬誤的意圖的實現，這些意圖恰恰與這些文本的意義緊密相關。又比如相對主義闡釋學的代表人物伽達默爾（Gadamer）有「視界融合」（Horizintverschmelzung）說，主張融合文本中作者原初的視界和讀者現今的視界而達成一更高、更新的視界。但是對於一些中國現代長篇小說名作來說，這個原初視界是初版本的那一個還是定本的那一個呢？或者是否這原初視界是在隨版本的變遷而改變呢？而赫施（Hirsch）是客觀主義闡釋學的堅持者，他既反對新批評的「意圖謬誤」說，也批評伽達默爾的「闡釋的懷疑主義」和「意義的相對主義」。他將闡釋的正確性、有效性看成文學批評的頭等任務，努力重建作者的原意，堅持發掘作品客觀存在的意義。赫施的理論中有兩個關健詞：一是「meaning」（德文「Sinn」），一是「Sigificance」（德文「Bedeutung」）。

這兩個詞有人分別譯為「本義」和「意延」（有人譯為「含義」和「意義」或「意義」和「意味」）。赫施認為「本義」是作者意欲表達的並且是文本中穩定不變的含義，「意延」則是「本義」與其他闡釋意義的疊加，是處於變動不居的歷史演變之中的。赫施重視的正是那個具有權威性、客觀性的本義。然而，如果面對的是一部作品的不同版（文）本，我們又如何去確定作者的原意？從哪一個版（文）本去尋找作品的本義呢？

所以，無論是哪一種闡釋學或文學批評方法，都有一個所謂版本精確所指的問題。版本精確所指應該是文學闡釋和批評的最基本的原則。對古代作品的闡釋，我們一般會去尋找一個可靠的版本。沃爾夫岡·凱塞爾說：「一個可靠的版本，我們可以下這樣的定義，就是一個能夠代表作家意志的版本。」[8]古代作品的可靠版本是那個最古、最真的版本。而對中國現代長篇小說名作這樣的具有眾多版本的作品來說，其初刊本、初版本和修改本或定本都應該是可靠的版本，因為它們代表了作家不同時期的意志。當我們對一部作品進行闡釋與批評的時候，應該對所用版（文）本作一個精確的注釋或說明。同時，我們的解釋與批評也應該指向這個版（文）本。不可版（文）本籠統所指！亦不可版（文）本互串！版（文）本籠統所指將妨礙批評的具體化，版（文）本互串會帶來闡釋的混亂。許多闡釋的喧嘩和批評的論爭就有可能是因為沒有版（文）本的精確所指而導致的。如從《女

8　（瑞士）沃爾夫岡·凱塞爾《語言的藝術作品》（陳銓譯），1984 年
　　7 月版，上海譯文出版社，第 23 頁。

神》不同版（文）本看郭沫若思想發展問題，《雷雨》有無
「宿命論」的問題。長篇小說也一樣，比如對《圍城》、《創
業史》等作品優劣的評判都有一個所本不同版（文）本的問
題。至於一些具體的批評文章將同一部作品一個版（文）本
的閱讀感受強加於另一個版（文）本或引用人們評說舊版本
的文字來論析新版本而帶來「串」味兒的現象更是常見的。
這些傾向都影響了文學研究的嚴謹性。

　　總之，沒有版本精確所指的闡釋和批評，嚴格地說，其
內部已經在自我解構！

四、版（文）本的文學史評述

　　我們又應該如何對一部具有眾多版（文）本的現代長篇
小說作文學史的評價或敘述呢？以前的中國新文學史或小
說史往往有兩種做法：一是任選一種版本去評述小說。如有
的文學史用刪節本評述《倪煥之》，得出「作者就這樣完成
了倪煥之性格的發展和思想認識的改變」等結論。[9]有的文
學史評述《圍城》提到其初刊本卻未明確其初版本。[10]有的
小說史用人民文學出版社 1952 年的初印本去評述《太陽照
在桑乾河上》。[11]有的文學史用人民文學出版社 1953 年的

---

[9]　吉林大學中文系《中國現代文學史》第 1 冊，1959 年 12 月版，吉林
　　人民出版社，第 212 頁。
[10]　吳宏聰、范伯群《中國現代文學史》，1991 年 2 月版，武漢大學出版
　　社，第 355 頁。
[11]　夏志清《中國現代小說史》，1979 年 9 月版，臺北傳記文學出版社，
　　第 492 頁。

初印本去評述《家》。[12]二是只以初版本去評述小說。可以
說絕大多數現代文學史或當代文學史都是這樣。而對先於初
版本的初刊本和後於初版本的修改本、定本均不作評述。前
一種傾向缺乏版本意識，自然不嚴謹。後一種傾向卻得到公
認。但這種做法未免也有些簡單化。對 20 世紀中國現代長
篇小說作文學史的評價只提其初版本，表面看具有史的意
識，注意到作品誕生的歷史時間。但如果該作還有初刊本的
話，所謂史的意識也就成問題了。只提初版本也許還根據了
版本學中的「善本」的標準，但就這些長篇小說的版本實際
情況而言，善本的概念也值得質疑並需要進行新的解說。

　　「善本」本是古籍版本學（以及目錄學、校勘學）的版
本辨優標準。善本即版本中的優者。何謂善本，漢以降不斷
有人論述，而清人張之洞、丁丙則訂有具體條款。張之洞《車
酉軒語‧語學》「讀書宜求善本」條說：「善本之義有三：
一，足本，無缺卷，未刪改；二，精本，一精校，一精注；
三，舊本，一舊刻，一舊抄。」丁丙提出的是四條：一是舊
刻；二是精本；三是舊抄；四是舊校。今人的一些古籍版本
教科書則往往抽象出三性：一是歷史文物性（即文物價值），
二是學術資料性（即文獻價值），三是藝術代表性（指印刷、
裝幀、用紙等方面的技術水平或版本形式之美）。隨著新書
版本學的被公認，新書也有一個確定新善本的問題。上面關
於善本的說法對新書或新文學如何確定新善本仍有借鑒意
義。新文學史料學家朱金順在其著作《新文學資料引論》「版

---

[12]　司馬長風《中國新文學史》（中卷），1978 年 12 月版，昭明出版社，
　　　第 43 頁。

本」篇中就系統地談到新善本的確定及其意義問題。他所列新文學的新善本主要包括重要新文學書籍的原本、孤本、手稿本、精校本等等。

那麼對於一部具有初版本（或初刊本）、不同的再版本（修改本）和定本的現代長篇小說來說，我們又應如何從中確定善本呢？一般的做法自然是認定其初版本。但是初版本就一定「善」嗎？如果該小說有初刊本，那麼與初刊本相比，其初版本也許要「善」。令人難以擇「善」而從的是許多長篇小說不只有初版本，還有修改本及作家最後搞定的定本。沃爾夫岡·凱塞爾認為定本代表了作者成熟的意志，「這個版本是作者曾經親自處理的，所謂『最後修訂的』版本，它因此代表他最後決定的意志。」[13]這種定本難道就不可以算作善本嗎？當《中國新文學大系》和許多中國現當代文學史都只認長篇小說的初版本時，許多作家的文集或全集收的卻是定本。這是否意味著「善本」的多重標準呢？「善本」本是古書版本中辨優的標準，其最本質的含義應是一個「真」字。善本首先是古書中最可信的版（文）本。而許多現代長篇小說名作有不同的版（文）本，其每一個版（文）本都是作者的手筆，都可信。我們若從中求「善」，這個「善」首先應該善在文本內容的真實性和美學價值上。所以所謂「新善本」，對現代長篇小說來說不只應該是善版本，更應該是善文本。實際上，善本這個概念從歷史源頭上就值得商榷。版本學家常說到的「善本」概念來源的最早文獻《漢書·河

---

[13]　（瑞士）沃爾夫岡·凱塞爾《語言的藝術作品》（陳銓譯），1984年7月版，上海譯文出版社，第26頁。

間王傳》中所用的概念是「善書」。一般都認為這「善書」即「善本」。這種理解可以存疑。善書應指圖書（文本）內容好，而善本是指版本內容好。善書不一定是好版本，而善本也不一定是好書（好文本）。這些具體的區別對現代長篇小說名作的文學史評述很重要。以《創業史》（第一部）為例，若要從其諸版（文）本中擇出真正的善文本，那既不是其初刊本、初版本，也不是其定本，而是其再刊本。文學史若只拘泥於傳統「善本」的標準，只提其初版本，那就不可能公正地評述一部具有眾多版（文）本的長篇小說在文學史上的價值。

　　對於那些「悔其少作」的作家來說，其作品的修改本或定本肯定優於初刊本或初版本。許多研究者也認定作品會越改越好，他們往往擇出改得好的詞、句作為事例來論證，並引用魯迅〈不應該那麼寫〉一文及文中轉引的惠列賽耶夫的話來作理論論證。實際上，魯迅引用惠列賽耶夫《果戈理研究》中的話主要是想說明從作家手稿本去學習寫作技巧的問題。我們且看魯迅引用的那一段：

　　　　應該這麼寫，必須從大作家們的完成了的作品領會。那麼，不應該那麼寫這一面，恐怕最好是從那同一作品的未定稿本去學習了。在這裏，簡直好像藝術家在對我們用實物教授。恰如他指著每一行，直接對我們這樣說——「你看——哪，這是應該刪去的。這要縮短，這要改作，因為不自然了。在這裏，還得加些渲

染，使形象更加顯豁些」。[14]

　　這裏所說的也就是我們前面提到的手稿詩學的問題。我們從作家的手稿的改動中可以看到一部名作的淵源和成長，並從中學到作家的寫作技巧。但我們如果用這段話評價作品公開發表或出版以後的版本變遷，那就不完全妥當。我們的確能從一部現代長篇小說的先後版本中找到修辭完善、技巧改進的例子，但這並不足以證明後來的修改本整體上一定比先前的版本好。就是從創作或修辭的角度看，修飾、修改以後的版本也未必就更好。魯迅本人編選《中國新文學大系・小說二集》時，在作品初刊稿和經過作者添削的初版本之間，往往採用了前者。他說：「因為我覺得加了修飾之後，也未必一定比質樸的初稿好。」[15]先後版本之間優劣的比較應該全面權衡，應該考慮到不同的版（文）本本性。僅僅從創作學或修辭學來評價一部作品，無疑有以偏概全之嫌，往往會形成一種版本進化論觀點。這種版本進化論同樣也會影響我們對一部作品作出完整的正確的文學史評價。就中國現代長篇小說名作的版本變遷來說，既有版本進化的作品，如《圍城》，更有版本退化的作品，如《創業史》、《青春之歌》等。就一部具體作品來說，也是既有藝術改進的方面，更有除魅化的修改。所以不可一概以版本進化論觀之。

　　既然「善本」的標準和版本進化論都不能對一部小說進行完整的公正的文學史評述，那麼文學史、小說史的寫作就

---

[14]　《魯迅全集》第 6 卷，1981 年版，人民文學出版社，第 311 至 312 頁。
[15]　《中國新文學大系・小說二集〈導言〉》，1935 年版，上海良友圖書公司。

應該有所改變。那就是至少在評價一部小說之前，應該敘述其版本變遷史。更科學的評價應該是從一部小說的不同版（文）本來作具體的論析。某些中國古代文學史在對古典小說名作進行敘述時往往會敘述其版本淵源，如鄭振鐸《插圖本中國文學史》。而中國現當代文學史卻很少敘述一部現代小說名作的版（文）本變遷。現代文學史由於囿於初版本，對小說的版本變遷幾乎不提。當代文學史對小說的版本變遷略有提及，也不完整。如郭志剛等人編寫的《中國當代文學史初稿》提到《青春之歌》、《紅日》、《在茫茫的草原上》的部分版本的修改。張鍾等人編寫的《當代中國文學概觀》對《青春之歌》的修改有所論述，提及《戰鬥的青春》、《茫茫的草原》的修改本。但往往是小說曾引起爭論，文學史要敘述這場爭論，才提到修改問題，才涉及版本問題。所以筆者認為 20 世紀的中國文學史、小說史還必須重寫。20 世紀 80 年代後期以來大陸所謂「重寫文學史」的討論強調重寫的只是「文學」而不是「史」。要真正突出「史」的科學性，應該關注作品的版本問題。因此，重寫文學史、小說史的一個重要方面，就是加進現代長篇小說名作的版本問題，對其不同的版（文）本進行具體的、歷史的、動態的評述。既要注意作品面世的歷史時刻，也要述及版本變遷的歷史。許多現代長篇小說的命運如人之一生，有青春的勃發與錯誤、中年的精明與世故、老來的通達與固執。正如我們要完整地評述一個人不可漏掉其生命中的任何一個時段一樣，對現代長篇小說名作的評述亦不可漏缺它的初刊本、初版本、修改本和定本。漏缺任何一個內容有改動的重要版本、都是對一部

作品歷史的閹割和掩埋。中國現代文學史、小說史的寫作，
必須備眾本、寫眾本！

第二章

《倪煥之》

版本源流圖示：

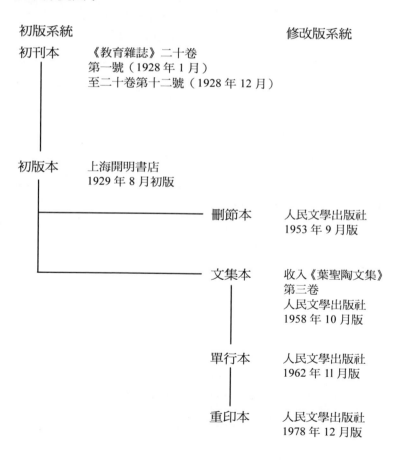

初版系統　　　　　　　　　　　　　　修改版系統

初刊本　　《教育雜誌》二十卷
　　　　　第一號（1928 年 1 月）
　　　　　至二十卷第十二號（1928 年 12 月）

初版本　　上海開明書店
　　　　　1929 年 8 月初版

　　　　　　　　　　　　　刪節本　　人民文學出版社
　　　　　　　　　　　　　　　　　　1953 年 9 月版

　　　　　　　　　　　　　文集本　　收入《葉聖陶文集》
　　　　　　　　　　　　　　　　　　第三卷
　　　　　　　　　　　　　　　　　　人民文學出版社
　　　　　　　　　　　　　　　　　　1958 年 10 月版

　　　　　　　　　　　　　單行本　　人民文學出版社
　　　　　　　　　　　　　　　　　　1962 年 11 月版

　　　　　　　　　　　　　重印本　　人民文學出版社
　　　　　　　　　　　　　　　　　　1978 年 12 月版

　　從 1928 年 1 月 20 日起，葉聖陶應《教育雜誌》編者李石岑、周予同之約，在該刊第二十卷第一號「教育文藝」專欄開始連載長篇小說《倪煥之》，至該刊第二十卷第十二號載完，共 30 章。經修改後於 1929 年 8 月由開明書店初版，書前收夏丏尊〈關於《倪煥之》〉一文，書後收〈作者自記〉並節錄茅盾的〈讀《倪煥之》〉一文。這個版本在 1949 年前共印時十三版。經刪改後，1953 年 9 月人民文學出版社出了只有 22 章的刪節本，3 篇附錄文章亦刪去。到 1956 年，這個版本共印三次。1956 年的俄譯本也是根據這個版本。1958 年人民文學出版社出《葉聖陶文集》第三卷時，又收入 30 章本，但作者進行了大量修改，同樣刪去三篇附錄文章。1962 年 11 月據文集本又出了一個單行本，1978 年 12 月又據這個版本重印，附作者新作〈後記〉。在《倪煥之》版本變遷過程中，重要的修改有三次，是新文學名作中改動處數較多的作品。本章主要對校初刊本與初版本、初版本與刪節本、初版本與文集本，以辨其版本差異。

一、主要版本對校記

　　在《倪煥之》初版本的〈作者自記〉中葉聖陶曾說：「我不大歡喜校勘疏忽的書本，這回校自己的書，頗用了點心思。全書排成後又曾請調孚先生精細校閱。」在未決定出版之前，葉聖陶還請夏丏尊校讀過一次。所以初版本中誤植非常少。但筆者以初版本與初刊本對校後發現作者所謂的「校勘」中實際上還包括不少「修改」，除了許許多多的小段落

調整合併成較大的段落之外，文字上的改動有 90 多處。其中改動最多的章節是第二章（20 處）和第三章（26 處）。

這些修改包括以下內容：一是刪去 6 處文字。其中最大的一處是第十八章開頭一段，初刊本中原為：

> 如果我們仔細描寫倪金結婚以後怎樣愛好的情形，把所謂閨房之樂刻畫得又具體又生動，人家將譏議我們是在寫一部戀愛小說了。總之，他們倆有如回復到純真的童年，無憂無慮，只覺歡愛織成個甜美的網，包孕著他們，他們樂得專有這獨享的天地。一回接吻，一度擁抱，你都可以想像與外國名畫中間的戀愛的小天使一樣，這一個真同蘋果一般的臉貼在那一個的嫩藕似的小腿上，而那一個的比一朵花還可愛的小紅唇又印上這一個的純潔無瑕、長著小翅膀的背心；他們有這樣的歡喜與天真。

初版本第十八章開頭刪去這一段，一則是怕被「譏議我們是在寫一部戀愛小說」，甚至是怕這一段會引起性愛方面的聯想。第二可能是考慮到開頭一句是敘述者站出來和讀者說話，與整部小說的第三人稱敘述格調不和諧。其餘 5 處文字多屬冗贅而被刪。其次是直接對話改為間接敘述的有 14 處。這樣一修改雖然失去了原有的真切和動感，卻使文字更簡潔更精煉。如第二章中原有一處倪煥之和他父親關於擇業的對話：

> 「這事情沒出息！」煥之不自主地把仿佛覺得的意思漏出了嘴邊。

「為什麼沒出息？你倒要同我說個明白！那些事情才是有出息的？你說！亂說亂批駁，我不許！」

「打電報不消用思想，是呆板的事。而且幹這些事情不能給多數人一些益處。我想，要幹事情總要幹那於多數人有益處的。」

這樣的觀念，在煥之的心頭萌生已有一二年了，（略）

初版本 15 頁至 16 頁改為：

煥之不自主地透露說這事情沒出息，因為不消用思想，只是呆板的事。並且，幹這事情不能給多數人一些益處。他說，要幹事情總要幹那於多數人有益處的。這個觀念，在他心頭萌生已有一二年了，（略）

在其他的改動文字中有一處值得一提，初刊本第三章寫煥之初次當教師時對那個校長的感覺：

想像中的教員，總以為是和顏悅色的。這個人的臉，幾時曾放鬆來呢？難道因為現值放假，故把和善的臉暫時收起，待開學再顯出來麼？而且這個人似乎沒有三句話可以談的，（略）

初版本 29 頁改為：

他平時擬想教師的神態，以為總該是和顏悅色的。可是這校長的臉就證明了他的擬想的錯誤。他又覺得同這校長沒有三句話可以談的，（略）

前一節文字本來很幽默，但可能是顧及倪煥之到校後所見所

聞都令他悵然的心態,在初版本中捨此幽默。這類修改都可見作者「頗用了點心思」。除去以上修改,其餘的都只在詞句上作了細微改動,或為了語言的規範化,或是修辭上的斟詞酌句。

1953 年的刪節本是在初版本基礎上進行刪除和改動的。刪去的 8 章是初版本第二十章和第二十四章至第三十章,即刪去概述「五四」運動的一章並使故事終止於倪煥之參加「五卅」運動。初版本的第二十一章、第二十二章、第二十三章則順移作刪節本的第二十章、第二十一章和第二十二章。另外,初版本的第二十三章移作刪節本第二十二章時刪去一節文字:

> 而況又有賭博。那是侍候在農民錢袋邊的一個魔鬼,只等袋裏略微有點兒內容,它就伸進嘴去吸,直到皺癟了為止。還有酒!越是困頓得沒法想的農民,酒就如他們的性命。慢性酒精中毒,體力儘管消滅,結果鋤頭成了使不動的傢伙。(見初版本 324 頁)

刪節本 170 頁刪此節。同頁還有一處被修改,初版本是:

> 田主是口惠而實不至,胥吏便乘機撈取油水;這些雖然未必像人道主義的文學者所描寫的那麼壞透,狠透,卻也就夠農民的受用!他們只好特別低廉賣掉僅有的收穫去繳租,(略)

刪節本 170 頁改為:

> 田主的剝削,胥吏的敲詐,都有想像不到的那麼壞

> 透，狠透，農民們只好特別低廉賣掉僅有的收穫去繳
> 租，（略）

刪節本的這些刪除及改動將導致文本闡釋的重大差異。

　　文集本《倪煥之》是主要以初版本為底本進行修改的。
筆者對校這兩個版本，發現修改了 4200 多處文字（統計的
標準是刪除一節或連續的句子算 1 處，兩個半句前後語序調
換只算 1 處。其他修改以逗號隔開的半句為單位計算即半句
中不管改動多少處仍以 1 處計算）。《倪煥之》在《葉聖陶
文集》第三卷中占四分之三的篇幅，葉聖陶校改這一卷就用
了七八個月的業餘時間，因此可見修改《倪煥之》所用時間
之長。這個版本中的絕大多數章節都修改了百處以上，而第
二十五章則改動 233 處。這個版本中僅「那」字改為「哪」
字的就超過 100 次，可見作者修改時的認真和細緻。這個版
本只有兩處較重要的修改是參考了刪節本的。《葉聖陶文集》
第三卷 345 頁與刪節本一樣刪去那節關於農民致貧的另外
兩個原因（賭博和酒）的文字（前文已引），同頁也與刪節
本一樣改動一處文字，但語言上又有所修改。刪節本改初版
本文字前文已引，文集本又改為：

> 田主的剝削，胥吏的敲詐，壞和狠都達到想像不到的
> 程度，農民們只好特別廉價賣掉僅有的收穫去繳租，
> （略）

除此之外，文集本《倪煥之》所有的修改都在詞語和句子方
面，其中又主要是詞語的修改。詞語的修改幾乎涉及所有的
詞類，修改的方式則有調換、顛倒、增刪等。調換詞語如：

胸次→胸中　　感念→感想　　步武→步伐
生事→生活　　鄉曲→鄉里　　討究→研究
表見→表現　　接續→繼續　　輪次→依次
就使→即使

比較特殊的調換是同音詞或同音語素的調換，如：

利害→厲害　　計畫→計劃　　耽心→擔心
贏餘→盈餘　　須要→需要

還有方言詞調換成普通詞語，如：

起先→開頭　　顛頭→點頭　　池蕩→池塘
自家→自己　　一歇→一會

還有文言詞語或古白話詞語調換成現代口語詞語，如：

奔→跑　　　　頗→很　　　　欲→要
故→所以　　　若→如果　　　尚→還
著花→開花　　杯箸→杯筷　　（不）省→（沒）到
聞說→聽說

詞語的顛倒主要是語素次序的顛倒，較重要的有：

歡喜→喜歡　　氣力→力氣　　累積→積累
減削→削減　　加增→增加

增，主要是通過雙音化、多音化和兒化來修改詞語，如：

已→已經　　　　怎樣→怎麼樣　　河埠→河埠頭
末了→末了兒　　錯→錯兒

刪，包括去掉助詞「的」、「地」和數詞「一」、量詞「個」
及其它實詞或片語，如：

門第的觀念→門第觀念　非常之安全→非常安全

一陣地談話→一陣談話　像一個→像個

誰個→誰　忘記了→忘了　人世間→人間

句子方面也通過調換、顛倒、增刪等方式進行了大量修改。
文集本修改之細緻、修改處數之眾多不能一一縷述。

二、版本變遷：從藝術修改到語言規範化

《倪煥之》的版本變遷表現為從藝術修改到語言規範化
的過程。具體說，其版本變遷體現了三種不同的意向：從初
刊本到初版本的修改主要是小說藝術完善方面的考慮；從初
版本到刪節本的變遷是為了與新的文學規範接軌；從初版本
到文集本的改動基本上是一個語言上加工變換的問題。

從初刊本到初版本的修改，葉聖陶說他「頗用了點心
思」。這心思主要用在文本的藝術改進上。既有詞句上的潤
色，如「以次」改為「依次」，「哀愁」改為「無端的哀愁」
等。更有整體上謀篇佈局、敘述格調、人物刻畫等方面的精
心修改。為了整體的效果，作者在修改時甚至不惜犧牲局部
的精彩。關於第二章和第三章的修改最能體現這一點，這兩
章改動最多，刪去的文字和直接對話改為間接敘述的文字主
要集中在這兩章（刪 4 處，改 11 處）。這兩章寫倪煥之來
到水鄉小鎮任教以前的經歷、感受以及家境，不是小說表現

的重點所在，因此作者以回溯和補敘的方式來寫。但其篇幅
不宜太長，筆法卻應概括、簡潔，所以在初版時作者就朝這
方面用心思，或刪去冗贅，或改變表現方式。另外，將初刊
本許多小段合併為大段，表面看只是文面上的調整，實則已
顧及上下銜接，這也是藝術改進中的一個方面。總之，初版
本總體上是比初刊本藝術上更為精良的一個版本。

關於為什麼要出《倪煥之》刪節本呢？葉聖陶說：「一
九五三年人民文學出版社準備把它重印，有幾位朋友向我建
議，原來的第二十章和第二十四章到末了兒的七章不妨刪
去。我接受了他們的建議，因此，一九五三年的版本只有二
十二章。」[1]而葉聖陶 1953 年 4 月 15 日的日記說得更具體：
「文學出版社方白來訪，謂彼社將重印余之《倪煥之》，建
議刪去其第二十章及第二十四章起至末尾之數章。余謂此書
無多價值，可以不印。方囑余考慮，留書而去。余略一翻觀，
即寫信與雪峰、方白，首先不主張重印。若他們從客觀需要
考慮，認為宜出，余亦不反對，同意方白之建議。」可見，
這次修改雖然有些被動，但葉聖陶畢竟還是接受了這種修改
建議。那麼為什麼要這樣刪改呢？通過具體分析，我們發
現，其中第二十章的刪除可能只因為考慮到它在整個文本藝
術構成中的不和諧問題。這一章是從辦刊物、集會結社、西
洋學術及文學的引進、各種社會思潮的流行等方面概述「五
四」新文化運動的。提及當時許多典型辭彙如「覺悟」、「新」、
「解放」、「人」、「德漠克拉西」、「勞動」等。可說是

---

[1] 《葉聖陶文集》第三卷〈前記〉，1958 年 10 月版，人民文學出版社。

一篇很好的歷史論文。在初版本序文即〈關於《倪煥之》〉中夏丏尊曾批評這一章「是抽象的疏說，覺得於全體甚不調和」。因此，在刪節本中刪此章。而最後 7 章的刪除和第二十三章的改動，我們卻可以從多方面推斷砍削這些內容是為了與新中國的文學規範接軌。

我們先看這些修改內容本身。刪節本所刪的最後 7 章（第二十四至三十章）寫了北伐的勝利給倪煥之先前所在的那個鄉鎮帶來的變化，蔣老虎盜取了革命果實；寫了上海工人第三次武裝起義後的革命氣象及所遭遇屠殺的慘景，革命者王樂山被捕死；寫了倪煥之在革命前的興奮、革命中的狂熱和革命低潮時的憂鬱、激憤，最後生病逝去。這 7 章描寫了 20 世紀中國歷史中重要的大革命年代，但為了讓作品在當時能得以發表和出版，許多真實情況都未明白交代。如王樂山是共產黨還是國民黨左派？倪煥之加入的是不是國民黨？誰是上海大屠殺的兇手？大屠殺的陰謀和事實又如何引發人民的憤慨和鬥爭？等等。作者都處理得極其隱約、暗晦。另外，整個故事以悲劇作結局，雖然已寄希望於未來，不免籠罩著濃厚的幻滅氣氛。這些處理方式顯然不合新中國文學的寫作規範。1949 年 7 月第一次文代會召開，確立毛澤東的〈在延安文藝座談會上的講話〉為國家的文藝總方針。文藝的工農兵方向、文藝為政治服務成為新中國文學的根本準則和頭等任務。一系列新的文學規範被確認，如寫工農兵生活和形象，表現英雄主義和理想主義，樂觀取向和讚歌格調等等。《倪煥之》既然是在新的歷史語境中進行修改，自然不得不受這些新的文學規範制約。它的刪節也可能有避

免初版本藝術缺憾方面的考慮，但刪節後的文本客觀上是一個更接近新的文學規範的文本。刪去這 7 章既避免了交代人物黨派歸屬等政治麻煩，又去掉了悲觀、幻滅的結局。刪節後，故事終止於「五卅」，文本呈樂觀取向。故事的結尾一段是：

> 他開始跑步，向那邊奔去；一個久客的遊子望見了自家的屋標，常常會這樣地奔跑。自己像魚呀，像鳥呀，這一類的想頭主宰著他，他所感受的超乎欣快以上了。

這完全是左翼革命文學和新中國文學的「向太陽升起的地方走去」的光明式結尾。更重要的是倪煥之從此奔向工農的懷抱，將與工農相結合。此外，刪節本第二十二章（170 頁）刪去初版本第二十三章一節文字（上文已引），刪去了造成農民貧困的另外兩個原因：賭博和酒。使讀者不產生農民與賭徒或酒徒之間的聯想，農民的形象也仿佛高大一些。刪節本同頁修改的一處（上文已引）又更突出了田主和胥吏對農民的剝削程度。這是兩處輔助性的修改。總之，在刪節本中主要人物雖然不是工農兵而是知識份子，卻是知識份子投奔工農階級。工農「是非常地偉大」（刪節本 172 頁），是知識份子新生的力量和源泉。因此，這種刪除和改動使刪節本更接近新的文學規範，當然不是說它完全吻合新的文學規範。

在刪節本《倪煥之》扉頁的「內容說明」中有這樣一句導讀性文字：「主人公懷抱著高遠的空想，企圖改造學校、改造家庭、改造社會，但是一切都失敗了，最後投身到火熱

的群眾鬥爭中，才找到了真正的道路。」刪節本出版後批評
家也給予了肯定和新的闡釋。如負責操作這個版本出版工作
的方白說：「我以為作者刪去這一部分在當時不能不含混其
詞的文章是對的。現在的結尾無損於小說的完整，它說明這
位主人公終於找到了自己的隊伍，或者說他已找到一個新的
學校。那麼，如果他要改造社會，當然不會依靠他的老學校，
而就一定要依靠這個新學校了。」[2]也有文學史家將刪節本
寫進文學史，說：「『五卅』運動又將我們的主人公向前引
了一大步，他開始認識到無產階級的堅決革命意志和偉大的
力量。」「作者就這樣完成了倪煥之性格的發展和思想認識
的改變。」「作者描繪了小資產階級知識份子走向革命的曲
折道路，指出了當時知識份子唯一光明的出路——和工農結
合，到群眾革命鬥爭中去。」[3]有的文學史則說：「解放以
前未經修訂的原著在缺點方面比現在的修訂本還更多一
些」。[4]這些闡釋和結論也證明刪節本《倪煥之》是一個更
接近新的文學規範的文本。可見葉聖陶刪節《倪煥之》與當
時老舍刪節《駱駝祥子》、曹禺修改《雷雨》是有同樣的性
質、意圖和效果。

　　刪節本《倪煥之》是一個新文本，它誕生於新的歷史語
境之中，人們完全可以根據新的文學規範和價值取向為這個
文本賦值和賦義。刪節本自身在誘導人們朝一個新的方向解

---

[2]　方白〈從空想走向現實〉，《大公報》1954 年 6 月 9 日。

[3]　吉林大學中文系中國現代文學史教材編寫小組，《中國現代文學史》
　　第一冊，1959 年 12 月版，吉林人民出版社，第 212 頁。

[4]　孫中田等《中國現代文學史》上卷，1957 年 9 月版，吉林人民出版社，
　　第 120 頁。

讀。刪節本具有和初版本不同的版（文）本本性。在此我們可以將它們作一比較。在初版本的 30 章中，前 19 章主要涉及教育和家庭內容，後 11 章主要寫社會革命。表現了倪煥之一生在愛情婚姻、教育事業和革命活動三個層面的追求和結果。在全書中，這種內容就構成一種內在結構，構成此起彼伏的三大段落。而作者特意安排的三次行船和四次飲酒又更確切地傳達了倪煥之的這種人生節奏和整個故事的敘述節奏。三次行船安排在第一章（1916 年初）、第十七章（1918 年春）、第二十一章（1919 年冬）。四次飲酒安排在第三章（1912 年初）、第四章（1916 年初）、第二十四章（1927 年大革命前）、第二十九章（1927 年大屠殺後）。[5]三次行船展示了倪煥之對理想教育、理想家庭、理想社會的憧憬。四次飲酒則展示了倪煥之愁鬱—興奮—興奮—愁鬱的心態。倪煥之一次次憧憬著理想並在追求過程中為之興奮，而結果都是愁鬱甚至幻滅。積極地說他是由希望而失望，復又從失望中產生新的希望，循環至死。初版本就這樣表達著理想與現實無盡衝突的普遍性主題。用倪煥之的話是「理想當中十分美滿的，實現的時候會打折扣！」或者說追求的東西在到手的一剎那間改變了面目。同時，初版本在結尾表明倪煥之這一類的人是「不中用」的。第三十章寫倪煥之在昏沈中想：「……脆弱的能力，浮動的感情，不中用，完全不中用！一個個希望抓到手裏，一個個失掉了；再活三十年，還不是一個樣！像我一樣的人，當然也沒有一個中用！成功，

---

[5]　參考商金林《葉聖陶傳論》，1995 年 10 月版，安徽教育出版社，第 486 至 488 頁。

不是我們配受領的獎品；將來自有與我們全然兩樣的人，讓
他們受領去吧！」作者讓倪煥之在臨死前審判他自己及和他
一類的人，讓他最後坐一次特殊的船（靈柩）航向死亡之海，
而把成功和希望轉讓給了另一類人。有 30 章的初版本雖有
佈局上頭重腳輕、行文上前緩後急的缺憾，但自成一有機整
體。而只有 22 章的刪節本解構了 30 章本的整體結構，而自
成一語義系統。它省去差不多整整一輪追求和幻滅的過程，
讓故事終止於倪煥之走向工農，呈另一種主題指向。使文本
成為知識份子「皮毛理論」的一種確證，並吻合了毛澤東的
權威詮釋：「革命的或不革命的或反革命的知識份子的最後
分界，看其是否願意並且和工農眾相結合。」[6]因此，可以
重新闡釋文本。前 19 章表現的是倪煥之在教育和家庭方面
一種改良主義的空想式追求，後 3 章則寫他走向堅實的革命
活動。倪煥之也成為從空想走向現實的典範，成為知識份子
與工農相結合的典型。在初版本中倪煥之逃不出「循環」和
「命運」（見初版本 417 頁），刪節本中倪煥之逃脫了循環，
掌握了自己的命運；初版本中倪煥之只有死路一條，刪節本
中起死回生，讓倪煥之找到了參加工農革命的活路；初版本
中倪煥之屬於「不中用」的階級，刪節本中倪煥之融入或依
附了工農階級。在 22 章本中進行循環闡釋，許多細節都會
有新的釋義。

從初版本到文集本，葉聖陶又說：「現在編文集，又有
幾位朋友向我勸告，說還是保存原來面目的好，人家要看的

6　《毛澤東選集》第二卷，1966 年 7 月版，人民出版社，第 523 頁。

是你那時候寫的東西什麼樣兒。我想這也有道理，就把刪去的八章補上了。」[7]於是文集又恢復了 30 章本，但這個 30 章本已不是初版本那個 30 章本。在這之前，葉聖陶編訂文集第一卷時曾在其「前記」中談到他修改舊作的一個原則：「改動不在內容方面」。因此，文集本《倪煥之》除了那兩處參考過刪節本而修改的文字會引起不同釋義之外，在思想內容上再無其他大的修改。其故事情節、整體結構、人物塑造、表現方式等方面都與初版本一致，未作改動。但在詞語和句子上大量改動。可以說，文集本大體保存了初版本面目，語言細部上卻面目不同了。這是一個語言上加工變換了的版（文）本。

葉聖陶這一次之所以要對初版本進行語言上的加工變換，有多種原因。葉聖陶一向不滿意舊作，常用炒冷飯的比喻來說明舊作的不必重印。但人民文學出版社已將他的文集列入出版計劃並屢次勸說他，他才同意出文集。既是出文集，自然帶有作品定型的意思；既出定本，自然有必要趁機精心潤色，少留遺憾。因此在前 3 卷《葉聖陶文集》中所收短篇和長篇小說，作者都在語言上仔細改過，《倪煥之》改動最多。作者修改《倪煥之》語言的又一重要原因是想借舊作的修改為現代漢語規範化作一榜樣。作者曾說：「至於舊作所用的語言，一點是文言成分太多，又一點是有許多話說得彆扭，不上口，不順耳。在應該積極推廣普通話的今天，如果照原樣重印，我覺得很不對。」這是《葉聖陶文集》第

---

[7]　《葉聖陶文集》第三卷〈前記〉，1958 年 10 月版，人民文學出版社。

一卷「前記」裏的話，用來說明《葉聖陶文集》第三卷中的《倪煥之》的修改原因同樣適合。1955 年 10 月，全國現代漢語規範化問題學術會議召開。10 月 26 日《人民日報》發表社論號召「每一個說話和寫文章的人，特別是在語言使用上有示範作用的人，注意語言的純潔和健康。」並指出：「語言的規範化必須寄託在有形的東西上。這首先是一切作品，特別重要的是文學作品，因為語言的規範主要是通過作品傳播開來的。作家們和翻譯工作者們重視或不重視語言的規範，影響所及是難以估計的，我們不能不對他們提出特別嚴格的要求。」[8]葉聖陶身為著名作家、語文界領袖和出版界官員，自然會以身作責，積極回應國家號召，為現代漢語規範化竭盡全力。實際上，他本人早已就是現代漢語規範化的推動者之一。比如，50 年代初，他就用規範的語言修改過國家的許多文件和社論。1955 年 7 月至 10 月，他又發表 3 篇文章談漢語規範化問題。因此這之後不久所進行的文集本的修改是他的漢語規範化實踐的一種具體表現。

　　文集本《倪煥之》語言上的修改，主要體現在兩大方面。一方面是語言的錘煉加工。即通過調換音節、增刪辭彙、修整句子等使語言變得更洗練更精當更和諧更流暢，也使那些缺乏表現力的詞句變得更具體更生動。這是文集本在語言藝術上精益求精的追求。另一方面是為了使語言更合現代漢語規範而進行的調整和變換。這除了使那些不合語法不合邏輯的詞句變得更通順更合理之外，主要是對文言詞句、古白話

8　　〈為促進漢字改革、推廣普通話、實現漢語規範化而努力〉，《人民日報》1955 年 10 月 26 日社論。

或近代白話詞句和方言詞句的修改問題。二、三十年代，文言初廢，白話剛興。在這樣一個漢語發展過渡期，作家寫作難免出現語言雜糅現象。所以《倪煥之》的寫作難免將文言、古白話或近代白話和歐化語夾雜使用。寫《倪煥之》之前，作者主要生活在江浙和上海一帶，所以寫作時又難免摻進吳方言。當然，葉聖陶當年寫《倪煥之》時，以他的當教師和當編輯的職業習慣和他的認真性格，也在力求使該作符合當時的白話語言規範的。但 50 年代漢語規範化的要求更高，或者說真正的現代漢語規範化運動是 50 年代中期以後才開始的。以這個時候的標準看《倪煥之》，自然有許多不合規範的詞句。而那些文言成分、方言成分和早期不完善的白話成分，更顯得不順耳不上口。因此，文集本《倪煥之》自然把這些方面作為修改重點。據葉聖陶之子葉至善回憶，父親說「他在學校裏讀的是文言，寫的也是文言。『五四』前後提倡寫白話文，寫出來的其實是四不像：文言的成份還相當多；又摻雜些外國腔；是從當時那些生硬的翻譯文字學來的；再加上些舊小說中的古代口語和別地方人不能懂的蘇州方言。這樣的文字不整理一遍，叫人怎麼看得下去呢？」[9]也正是基於這種認識，葉聖陶把《倪煥之》細細整理（修改）了一遍。總的看來，修辭方面的考慮倒在其次，主要還是為了使小說語言更合 50 年代的漢語規範。通過對語言的錘煉加工和變換調整，文集本《倪煥之》向語言美化、通俗化、口語化、規範化方向更進一層了。

---

[9]　葉至善〈編後絮語〉載《中國現代作家選集·葉聖陶》，1983 年版，三聯書店香港分店。

　　對文集本《倪煥之》，簡單地看，只是語言上有所修改
而已，內容沒有什麼改變，因而還是葉聖陶自己所認為的保
存了原來面目的舊作。但嚴格地說，它已是一個不同於初版
本的新的文本了。這不只是一個人脫了舊衣換上新衣的問
題，而是一個 20 年代穿長袍馬褂的人變成了 50 年代穿革命
裝的人的問題。更哲學的說法是不能兩次走進同一條河流的
問題。所以，從大的方面可以說，初版本《倪煥之》與文集
本《倪煥之》是兩個不同時代的版（文）本，它們體現了不
同時代的語言規範，體現了不同的語言格調。可舉一例：第
十章，倪煥之看到小鎮燈會的熱鬧，想到民眾娛樂的重要，
認為它是精神上的一服補劑。接下的文字初版本 129 頁是：

> 因為有這補劑，才覺得繼續努力下去還有滋味，還有
> 興致。否則單作肚皮的奴隸，即使不至悲觀厭世，也
> 必感人生的空虛。有些人說，鄉村間的迎神演戲是迷
> 信又廢費的事情，應該取締。這是單看了一隅的說
> 法；依這說法，似乎農民只應該勞苦勞苦，一刻不息，
> 直到埋入墳墓為止的！要曉得一場的迎神演戲，可以
> 換回農民不知多少的新鮮的精力，因而再高興地舉起
> 他們的鋤頭。

文集本 208 頁改為：

> 因為有這服補劑，才覺得繼續努力下去還有意思，還
> 有興致。否則只作肚子的奴隸，即使不至於悲觀厭
> 世，也必感到人生的空虛。有些人說，鄉村間的迎神
> 演戲是迷信又廢費的事情，應該取締。這是單看了一

面的說法；照這個說法，似乎農民只該勞苦又勞苦，一刻不息，直到埋入墳墓為止。要知道迎一回神，演一場戲，可以換回農民不知多少新鮮的精力，因而使他們再高興地舉起鋤頭。

這是比較典型的修改。這兩節文字意義幾乎沒有出入，但語感、文風等卻是不一樣的。更有一些修改表面看也只是詞句的改動，實際意義卻稍稍變了。如初版本 319 頁是：

青年女學生那種天真，活潑，又因環境的關係，剔除了好些女性的可厭的嬌柔，對於他是開拓了嘗味的新領域。

文集本 432 頁改為：

青年女學生那種天真活潑，又因環境的關係，沒有那些女性的可厭的嬌柔，這在他都是新的認識。

這一處寫倪煥之到上海女子中學以後的新感受。仔細比較會發現前後文字意義有所不同。如「嘗味」強調的是感覺，「認識」側重了理智。由此還可推知，寫作者的思想感情，前後已不同了。這一點葉聖陶自己也承認：「即使改動不大，也多少要變更寫作當時的思想感情。」[10]初版本是他而立之年熱血之作，文集本則是他花甲之年冷峻的修改。不同的認知、感情、趣味自然都會隱現在語言文字之中，使文集本與初版本有一種微妙的區別。至於第二十三章刪去使農民致貧的「賭博」和「酒」的文字以及突出他們受剝削程度的文字，

---

[10] 《葉聖陶文集》第一卷〈前論〉，1958 年 4 月版，人民文學出版社。

說明文集本《倪煥之》多少也沾了一點新中國成立後突出階級性的寫作風氣。所以文集本更不純是一本「舊作」了。總之，文集本《倪煥之》是舊貌換新顏，與初版本《倪煥之》相比，「本」性不同。

　　在現代作家中，葉聖陶是比較注重版本問題的。他在與朱自清合著的《略讀指導舉隅》的「前言」中，談到閱讀指導的第一項就是「版本指導」。說「讀者讀一本書，總希望得到最合於原稿的，或最為作者自己愜意的本子；因為惟有讀這樣的本子才可以完全窺見作者的思想感情，沒有一點含糊。」告誡當時的國文教師指導學生時，「哪種本子校勘最精審，哪種本子是作者的最後修訂稿，都得給他們說明，使他們遇到那些本子的時候，可以取來覆按，對比。」[11]現在，當我們把他的名作《倪煥之》取來對比之後，發現其初版本、刪節本、文集本都是校勘精審的本子，都很少有誤植情況。而文集本可能是作者最滿意的本子，因為後來的重印本都依據這個版本。概言之，《倪煥之》的每一個版本都打上了特定時代的歷史印記，它的每一個版本都可以窺見作者當時的思想感情，它的每一次修改都可以窺見作者思想感情的變化。相比較而言，其初版本比初刊本藝術上更精良，文集本比初版本語言上更流暢，刪節本則表現了作者價值觀念和審美意識的一次轉換；初刊本、初版本是 20 年代的白話文本，文集本體現了 50 年代的漢語規範，刪節本卻用 20 年代的漢語詞句表述了 50 年代的文學精神。

---

[11]　《葉聖陶語文教育論集》1980 年 8 月版，教育科學出版社，第 23 頁。

第三章

《家》

版本源流圖示：

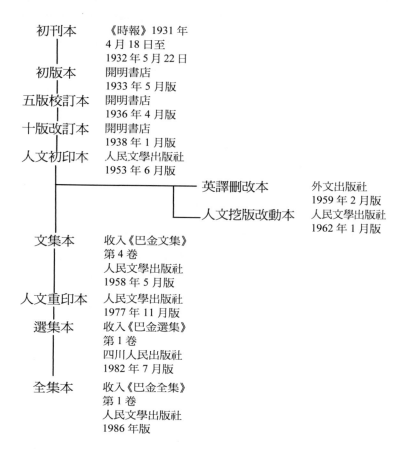

初刊本　《時報》1931 年
　　　　4 月 18 日至
　　　　1932 年 5 月 22 日
初版本　開明書店
　　　　1933 年 5 月版
五版校訂本　開明書店
　　　　1936 年 4 月版
十版改訂本　開明書店
　　　　1938 年 1 月版
人文初印木　人民文學出版社
　　　　1953 年 6 月版
　　　　　　　　英譯刪改本　外文出版社
　　　　　　　　　　　　　　1959 年 2 月版
　　　　　　　　人文挖版改動本　人民文學出版社
　　　　　　　　　　　　　　1962 年 1 月版
文集本　收入《巴金文集》
　　　　第 4 卷
　　　　人民文學出版社
　　　　1958 年 5 月版
人文重印本　人民文學出版社
　　　　1977 年 11 月版
選集本　收入《巴金選集》
　　　　第 1 卷
　　　　四川人民出版社
　　　　1982 年 7 月版
全集本　收入《巴金全集》
　　　　第 1 卷
　　　　人民文學出版社
　　　　1986 年版

　　1931 年 4 月，巴金應上海的《時報》之邀開始寫作構思已久的長篇小說。同月 18 日，這部作品以《激流》為名開始在《時報》上連載，至 1932 年 5 月 22 日載完。小說正文共 39 章，每章有章題。另加〈引言……〉和〈後記〉。由於連載時是隨寫隨印，小說自然有待完善。所以，1933 年 5 月開明書店據《時報》初刊本排印單行本時，作者對小說進行了首次全面修改。用《家》取代原書名《激流》（使「激流「成為以《家》為開頭的三部曲的總題」，原來的〈引言……〉改題為〈《激流》總序〉，以〈呈獻給一個人〉一文為《家》的「代序」。小說正文則通過少數章節的合併、擴寫和部分章題的調整、修改而變成了 40 章，是為初版本。1936 年開明初版本《家》第五次印刷時，作者又趁機作了一些修改，並加〈五版題記〉。我們稱之為五版校訂本。1938 年開明書店第 10 次印刷的《家》，又被作者從頭到尾修改了一遍。刪去各章章題，只留章碼；文字內容亦改變很多。又加〈十版改訂本代序——給我底一個表哥〉。1953 年的人文初印本是作者又一次修改的結果。增寫了注釋，新寫了一篇〈後記〉，後附〈《激流》總序〉，刪去十版改訂本中的兩篇〈代序〉和一篇〈題記〉。在人文初印本基礎上先後又有三個不同的修改本：一是收入 1958 年出版的《巴金文集》中的《家》，其正文文字、內容有很多改動，置於卷首的〈《激流》總序〉和卷尾的〈後記〉、〈呈獻給一個人（初版代序）〉、〈關於《家》（十版代序）〉、〈和讀者談《家》〉等在文字或內容上亦有所修改。二是 1959 年 2 月由外文出版社出版的英譯本。這個版本的中文底本是刪改本。三是

1962 年 1 月仍由人民文學出版社出版的挖版改動本。1977
年《家》被人民文學出版社重印，其正文未作新的改動，只
改正了少數幾個錯字。另外增收〈關於《激流》〉一文並新
寫一篇重印〈後記〉。1982 年《家》收入四川人民出版社
出的《巴金選集》第一卷，是為選集本。它是《家》的最後
一次修改，不過改動很少。序、跋文除保留了文集本所收之
外，卷首增收選集總「代序「《文學生活五十年》，卷尾增
收 1977 年人文重印本的重印〈後記〉（易題為〈一九七七
年再版後記〉，刪去最後兩段文字）。1986 年收入《巴金
全集》第一卷中的《家》，以選集本為底本，卷首收全集〈自
序〉、〈《激流》總序〉，小說正文之後附錄〈呈獻給一個
人（初版代序）〉等十篇序跋文，是為《家》的定本。以上
為《家》的版本沿革大概。[1]

《家》曾被稱為新文學的第一暢銷小說。迄 1951 年 4
月，開明書店共印行 32 版（次）。迄 1985 年 11 月，人民
文學出版社就印行了 20 版（次）。其版本演變之複雜，修
改次數之多，亦可為新文學作品之最。如果算正文本和序、
跋等副文本的改動，共修改有 9 次之多。如果只算正文本內
容上的改動並考慮到這種改動的遞進性（排除英譯刪改本和
1962 年人文挖版改動本），《家》的修改也有 6 次。巴金
本人在〈關於《激流》〉中說：「一共改動了七、八次」。

---

[1] 考巴金〈關於《激流》〉，香港《文匯報》1981 年 1 月 10 日。又參
考龔明德《新文學散箚》1996 年 11 月版，天地出版社，第 135 至 150
頁。辜也平《巴金創作綜論》1997 年 10 月版，福建教育出版社，第
152 至 174 頁。

在《無題集‧為舊作新版寫序》中說：「至少修改了八遍」。在《病中集‧談版權》中說：「共改了八次」。將《家》的這許多版本逐一對校實非易事。因此，本章主要對校其初版本（第一個全本）和全集本（定本），重要修改之處兼校其他重要版本。

一、初版本與全集本對校記（兼校其他版本）

筆者對校《家》的初版本和全集本，發現共修改 14000 多處。修改以調換和增刪字、詞為主，完全刪去的半句以上的文字有 1100 多處，新增加的半句以上的文字有 300 多處。修改處數最多的章節是第二十五章、第二十六章、第二十八章和第三十一章，均超過 600 處。修改最少的章節也超過 160 處。從我們的對校來看，《家》修改的細密程度可為中國現代長篇小說之最，幾乎是每章、每段甚至每句都有所修改。從修改內容看，則包括語言、細節、情節、人物等多方面。下面呈示對校初版本與全集本（兼及其它重要版本）所看到的主要的修改內容。

首先是關於高家的經濟狀況和社會環境方面的敘述有所修改。第六章寫覺新的父親要求覺新自己去掙錢，初版本中父親說：

> 我已經給你找好了一個位置，就在××公司，錢雖然不多，總夠你們兩個人零用。你好好去做，將來也許還有更好的事。明天你就到××公司辦事，我領你去，那裏面有幾個同事都是我的朋友，（略）。（文

集本修改，文同全集本。）

全集本 40 頁為：

> 我已經給你找好了一個位置，就在西蜀實業公司，薪
> 水雖然不多，總夠你們兩個人零用。你只要好好做
> 事，將來一定有出頭的日子。明天你就到公司事務所
> 去辦事，我領你去。這個公司的股子我們家裏也有好
> 些，我還是一個董事。事務所裏面幾個同事都是我的
> 朋友，（略）。

改動使公司實指，且突出了高家是該公司重要股東。第三十
五章鬧分家時，覺新回答覺慧和覺民，初版本是：

> 我得了祖父遺命所給的一千元的公司股票，四叔他們
> 還不大肯承認呢！（十版改訂本將「一千」改為「三
> 千元」。文集本又改，文同全集本。）

全集本 379 頁為：

> 我得了爺爺遺命所給的三千元西蜀商業公司的股
> 票，四爸他們還不太肯承認。

接著初版本是「姑母只得了一點東西」，全集本 379 頁為：

> 姑媽只得了一點東西，還有五百塊錢的股票。（文集
> 本改為如此。）

這兩處改動讓高家又擁有了另一家公司的股票。第三十章寫
到為高老太爺壽辰準備慶典，初版本中這一章的第三自然段
是：

人們早早預備起來，要用盛大的儀式來慶祝這一個偉大的日子。公帳上特別提出了一筆鉅款來籌備慶祝典禮，這意見是由平日管帳的三叔克明提出，而經過祖父底贊同的。克明說得好：「反正有的是用不完的錢，每年要收那麼多擔租穀，多花幾個錢也不要緊！」其餘的人自然也不反對。有錢人家常常是不肯放過可以表示自己有錢的機會，況且又是在一個沒有綁票匪的社會裏。（文集本修改，文同全集本。）

全集本 307 頁這一段為：

克定第一個主張用盛大的儀式慶祝這個日子。他認為應當在公帳上特別提出一筆款子來籌備慶祝典禮。克定甚至強調地說：「橫豎有的是用不完的錢，每年要收那麼多擔租穀。劉升下鄉回來說，今年收成好，雖然有兵災，還可以比去年多收一點。多花幾個錢也不要緊！」管事劉升的話是大家聽見的。克安非常贊成克定的主張。平日管帳的克明考慮了一下也就同意了。他還把這個意見向老太爺報告，並且參照父親的意思擬了一些具體的辦法。

前後兩段都提到高家的地租剝削的經濟來源，但前一段指出高家處在一個「沒有綁票匪」的較太平的社會裏，後一段則提到「兵災」。前一段裏提出花錢搞慶典的是克明，後一段則改為克定提出這個主張而克安非常贊成，突出高家的敗落與這兩個敗家子的揮霍有關。第三十三章還有兩處修改也能見出高家的經濟狀態。全集本 359 頁有一處高老太爺罵克定

的話是初版本沒有的：

> 畜生，你欠了這麼多的債，哪裏有錢來還啊？你以為
> 我很有錢嗎？現在水災，兵災，捧客，糧稅樣樣多。
> 像你這樣花錢如水，坐吃山空，我問你，還有幾年好
> 花？（略）（文集本增加。）

突出了克定的揮霍，也突出了高家所處的社會環境的不安
定。這一章的最後一段裏，初版本並無沈氏和克定講話的情
節，全集本卻有（文集本已改如此），其中：

> （略）。克定一邊打自己的臉頰一邊帶可憐相說：「他
> 們都是這樣說，我欠的賬爹會替我還的。橫豎我家是北
> 門的首富，有的是用不完的錢。」（見全集本 362 頁）

從敗家子口裏說出高家的經濟狀況。

其次是可能引起性聯想的詞句幾乎都刪去。第六章寫覺
新結婚的晚上，賀客散去以後，「他底旁邊睡著一個不相識
的姑娘」。接著初版本說：

> 在這時候他要做戲，而且甚至這把戲在事前也曾有人
> 教過他。（人文初印本刪後半句。）

全集本 39 頁沒有後半句，從語氣上看，後半句中的「把戲」
似指房事，故刪。第二十三章寫連長太太初版本是：

> 這時候從轎子裏走出一個三十多歲富於肉感的女
> 人，（略）（人文初印本刪「肉感的」，文集本又改，
> 文同全集本。）

全集本 220 頁為：

> 從轎子裏走出來一個三十多歲的女人，（略）

初版本第二十五章倩如對琴說的話中有：

> 你便自願地拋棄了你所愛的人去給人家做發洩獸欲
> 的工具嗎？（文集本刪同全集本。）

全集本 244 頁無此句。接著初版本是：

> 至於無愛的結婚，變相的賣淫，精神上的苦痛，（略）
> （人文初印本刪同全集本。）

全集本 244 頁無其中「變相的賣淫「半句。同一章寫琴跟著
剪了髮辮以後的倩如走在街上，初版本有：

> 一種羞辱侵襲了她底全身，她覺得自己仿佛是被剝了
> 衣服光赤著身子在街上走著，展覽給那般色情狂的男
> 子看。（人文初印本刪同全集本。）

全集本 246 頁無此句。同章寫琴在思考，初版本有：

> 難道女子只是人家底玩物，只是人家底發洩獸欲的工
> 具嗎？（文集本刪同全集本。）

全集本 248 頁無後半句。接著初版本又有：

> 你願意拋棄你們所愛的人，去給人家做發洩獸欲的工
> 具嗎？（文集本刪同全集本。）

全集本 248 頁其後半句為「去做別人的玩物嗎？」第二十六章
寫鳴鳳被告知要去做馮樂山的姨太太以後的心理，初版本有：

把自己底青春拿去服侍一個脾氣古怪的老頭兒，得不
到一點愛撫，自己只給人家做了發泄性欲的機器。（人
文初印本改「性欲「為「獸欲」，文集本又改，文同
全集本。）

全集本 250 頁為：

把自己的青春拿去服侍一個脾氣古怪的老頭子，得不
到一點憐惜。

同一章，鳴鳳立在覺慧窗外，初版本裏她想：

那時候她便成了人家底人，會被抱在那老頭兒底懷裏
像肉塊一樣。（人文初印本刪同全集本。）

全集本 255 頁無後半句。同章寫覺慧知道鳴鳳將嫁的消息後
所想，初版本是：

要他把她從那淫欲的馮樂山底爪下救出來。（文集本
改同全集本。）

全集本 262 頁為：

要求他把她從馮樂山的手裏救出來。

接著他又想，初版本是：

明晚上在那淫縱的擁抱裏，她會哀哀地哭著她底被摧
殘了的青春，（略）（文集本改同全集本。）

全集本 262 頁為：

明天晚上在那個老頭子的懷抱裏，她會哀哀地哭著她

的被摧殘的青春，（略）

接著敘述鳴鳳從覺慧房裏出來後所想，初版本有：

這證明他底愛，然而同時又表明她是要失掉他底愛而到
那淫縱的老頭兒那裏去了。（文集本改同全集本。）

全集本 263 頁為：

這證明瞭他的愛，然而同時又說明她就要失掉他的愛
到那個可怕的老頭子那裏去了。

接著敘述鳴鳳立在湖邊，初版本有：

他底愛並不能夠拯救她，並不能夠把她從淫縱的擁抱
中救出來，（略）（人文初印本刪後半句。文集本改
同全集本。）

全集本 264 頁只有：「但是他的愛也不能拯救她，（略）」。
接著初版本寫鳴鳳想：

她想與其把身子擲到那淫縱的懷抱中去，還不如投入在晶
瑩清澈的湖水裏，（略）（人文初印本改同全集本。）

全集本 264 頁為：「她要把身子投在晶瑩清澈的湖水裏，
（略）。」第二十七章寫覺慧有了準備放棄鳴鳳的想法後，
初版本有：

而且這時候他已經想像著她是怎樣地躺在老頭兒底
懷裏做那人底發泄獸欲的工具了。（人文初印本刪同
全集本。）

全集本 267 頁沒有這些文字。第二十八章寫覺慧在懺悔，初版本裏他說：

> 現在是她在這湖水裏斷送了性命，而另一個女郎含著眼淚到馮家去埋葬她底青春，做老頭兒底發泄性欲的工具。（人文初印本修改，如將最後半句改為「做那老混蛋底發泄獸欲的工具。」「女郎」改為「女子」。文集本又修改，「女子」換成了「婉兒」。選集本又改，文同全集本。）

全集本 277 頁為：

> 現在她死在湖水裏，婉兒含著眼淚到馮家去受罪。

關於勞動人民方面的敘述也有所修改。第四章寫女傭張嫂，初版本有：

> 她那和怪叫差不多的鼾聲一股股地從被裏冒出來，因為是被厚的被蓋悶住了以後發出來的聲音，所以更顯得可怕。她底身子臃腫的擺在床上，成了一大堆；這肥婦熟睡著，動也不動一動，和豬一樣。她（指鳴鳳）不覺罵了一句：「真正是活活的一口豬！」（人文初印本刪「和豬一樣」，將「她不覺罵了一句：『真正是活活的一口豬！』」改為「鳴鳳罵了一句：『睡得這樣死！』」選集本又刪「肥婦」等，文同全集本。）

全集本 26 頁為：

　　她那跟怪叫差不多的鼾聲一股一股地從被裏冒出
　　來。鳴鳳罵了一句：「睡得這樣死！」

刪去貶損張嫂的文字和有損鳴鳳性格美的語句。第二十六章
有一處同樣寫了張嫂的鼾聲，初版本裏是鳴鳳又「苦笑地說
了一句：『又是那一口豬』」。全集本 256 頁亦無此句（人
文初印本刪此句）。第十二章紅燈教是匪的敘述及第十八章
敘述玩龍燈人的江湖氣質和硬充好漢的心理的文字也被全
集本刪改了。在第三十六章裏，全集本 384 頁增加了 6 自然
段多的文字〔文集本開始增加的〕，是覺慧與僕人袁成對話
的情節，突出了袁成的忠誠、善良和勞動人民對有錢人家的
「規矩」的不同看法。第三十八章寫瑞珏死後高家長輩沒有
人去看過她，初版本有一句是：

　　現在沒有一個人來理她了。（人文初印本把「理」改
　　為「理睬」，文集本改換此句，文同全集本。）

全集本 406 頁為：

　　倒是底下人對她好，不管是我們這房或別房的都去看
　　過她。

增寫底下人的深情。同一章裏，全集本 411 頁至 412 頁又增寫
了女傭黃媽關愛覺慧的情節（文集本開始增寫這些情節）。此
外，全集本還有一些敘述群眾麻木態度的文字被刪改（人文
初印本開始刪改）。

　　修改得更多的是作品中的人物。除了增加袁成、文德等
僕傭外，作品中的重要人物差不多都有不同程度的修改。

　　覺慧是所有人物中修改處次最多，言行和性格改動最大
的一位。這主要從他與其他人物關係的改變上得到體現。首
先是覺慧對鳴鳳的感情和態度有不少修改。第十章寫覺慧在
花園與鳴鳳相遇，初版本裏鳴鳳說了許多崇拜他、保佑他的
話，覺慧聽了只是很感動（人文初印本開始刪鳴鳳的話，文
集本讓覺慧對她有更明確的態度，改同全集本）。全集本
88 頁加上「我將來一定要接你——」「我如果讓你永遠做
我的丫頭，那就是欺負你。我絕不這樣做！我一定要對得起
你！」等話。鳴鳳走後，初版本寫覺慧：

> 他不覺忘了自己地念道：「這女兒真是純潔的，這女
> 兒真是純潔的。只有她……只有她底靈魂才是偉大的
> 呵？」他走到她剛才坐過的石凳面前，跪下去，不住
> 地去吻那似乎還有一點熱氣的石凳，口裏喃喃地說：
> 「你真是純潔，你真是偉大！我比起你底一隻腳也不
> 配呵。」（人文初印本裏已刪去許多詞句，基本上同
> 後來的文字。文集本改定，文同全集本。）

全集本 89 頁改為：

> 他忘了自己地低聲說：「鳴鳳，你真好，真純潔。只
> 有你……」他走到她剛才坐過的石凳前，坐下去，把
> 兩肘放在石桌上，捧著頭似夢非夢地呆呆望著遠處，
> 口裏喃喃地說：「你真純潔，你真純潔……」

改定後，除了使文字更樸實、簡潔之外，也改變了覺慧對鳴
鳳的感情強度。前文中覺慧只是狂熱，後文裏其情感更深

沈。第二十五章覺慧在頭腦裏比較了社會和鳴鳳二者的重要性之後，是「鳴鳳完全失敗了」。初版本寫「他是準備著到了某個時候便放棄她。」（人文初印本已刪）全集本 235 頁無此句。第二十六章寫覺慧不知道鳴鳳出嫁的事，初版本說原因之一是：

> 他在家裏時也忙著寫文章或者讀書，即使有機會聽見別人說起鳴鳳底事，他也連忙避開，他怕別人知道了他和鳴鳳的關係。（文集本改此文字，文同全集本。）

全集本 258 頁為：

> 他在家裏時也忙著寫文章或者讀書，沒有機會聽見別人談鳴鳳的事。

改定後，抹去覺慧怕人知道他和婢女戀愛的心理，並肯定他不知道鳴鳳出嫁的事。接著初版本寫鳴鳳對覺慧說：「我想和你說幾句話」，覺慧指著桌上的稿紙、雜誌說了一大堆如何如何忙的話。就是不讓鳴鳳說幾句話，後來還「粗聲」說話。聯繫前面他有放棄鳴鳳的念頭，此處的言行都像是覺慧故意為之（人文初印本壓縮了覺慧說的話，文集本則改同全集本）。全集本 259 頁至 260 頁縮短了覺慧的話，後來「短短地說」並「關心地問」，還在「帶著她到花園裏好好地安慰她」與「要交出去的文章」之間展開了思想鬥爭。同一章，接著覺慧從覺民那裏知道鳴鳳明天要嫁出的消息，決定去找鳴鳳。初版本寫：

> 去，他必須到她那裏去，去求她寬恕，去為他自己贖罪。

他走到僕婢室裏，輕輕推了門。屋裏漆黑。她大概睡了。他不能夠進去把她喚起來，因為在那裏睡著幾個娘姨。他便又絕望地走回來。他回到自己房裏，他發見屋子開始在他的周圍轉動起來。（十版改訂本、人文初印本分別在字句上有小改動。文集本又改，文同全集本。）

全集本 262 頁改為：

去，他必須到她那裏去，去為他自己贖罪。

他走到僕婢室的門前，輕輕地推開了門。屋裏漆黑。他輕輕地喚了兩聲「鳴鳳」，沒有人答應。難道她就上床睡了？他不能夠進去把她喚起來，因為在那裏還睡著幾個女傭。他回到屋裏，卻不能夠安靜地坐下來，馬上又走出去。他又走到僕婢室的門前，把門輕輕地推開，只聽見屋裏的鼾聲。他走進花園，黑暗中在梅林裏走了好一陣，他大聲喚：「鳴鳳」，聽不見一聲回答。他的頭幾次碰到梅樹枝上，臉上出了血，他也不曾感到痛。最後他絕望地走回到自己的房裏。他看見屋子開始在他的四周轉動起來……

初版本裏覺慧只去找了鳴鳳一次，這裏卻找了三次，更突出覺慧對鳴鳳的感情。第二十八章寫覺民、覺慧談心時，初版本裏覺慧說：

一個人孤立著，常常缺乏大的勇氣。而且當初我是決心放棄了她，我想不到她會走這樣的路。我的確是愛

她的，可是在我們這樣的環境裏我和她怎麼能夠結合呢？除非貢獻了大的犧牲。我也許是太自私了，也許是被別的東西迷了眼睛，我自己不願犧牲，卻把她犧牲了。（十版改訂本作了修改，如刪去「而且當初我是決心放棄了她」。人文初印本又刪去「除非貢獻了大的犧牲」，「我自己不願犧牲」。文集本改定，文同全集本。）

全集本 277 頁為：

我想不到她會走這樣的路。我的確愛她。可是在我們這樣的環境裏我同她怎麼能夠結婚呢？我也許太自私了，也許被別的東西迷了我的眼睛，我把她犧牲了。……

改定後，刪去了覺慧放棄鳴鳳的念頭、缺乏大的勇氣、不願犧牲等想法和性格，也迴避了「貢獻了大的犧牲」也許可以與鳴鳳結合的問題。

　　覺慧對祖父的感情、態度更有不少修改。第九章寫覺慧對祖父不瞭解，但初版本接著是：

但他對於祖父依然保持著從前的敬愛，因為這敬愛在他底腦裏根深蒂固了。兒子應該敬愛父親，幼輩應該敬愛長輩——他自小就受著這樣的教育，印象太深了，很難擺脫，況且有許多人告訴他：全靠他底祖父當初赤手空拳造就了這一份家業，他們如今才得過著舒服的日子；飲水思源，他就不得不感激他底祖父。

因此他對於祖父便只是敬愛著，或者更恰當一點說，只是敬畏著，雖然在他底腦裏，常常浮出種種不滿意祖父底行為的思想。……（人文初印本刪去這一節文字，文集本、選集本等也如此。）

全集本 71 頁無此節文字，刪去覺慧對祖父「根深蒂固」的敬愛及感恩心理。第三十五章，覺慧去看病倒的祖父，初版本有：

「你好，我很喜歡你。」祖父很費力地說了這樣的話，又勉強笑了一笑，從被裏伸出右手來要握覺慧底手，覺慧受了大的感動，便把身子靠近床邊，跪在踏凳上，讓祖父底冰冷的瘦弱的手去撫摩他底頭。

「你很好」，祖父又用他底微弱的聲音斷續地說，「他們說你底脾氣古怪……你要好好地讀書，不要學他們底榜樣。」祖父把手從覺慧底頭上取下來，但立刻又放上去了。

「我現在完全明白了，」祖父歎息地說。「你常常看見你底民哥嗎？他還好罷。」

覺慧注意到祖父底聲音有點變了，他開始看見祖父底眼角上嵌著兩顆大的眼淚。他覺得自己也要哭了，為了這意料不到的慈祥和親切，這是他從來不曾在祖父那裏得到過的。他忍住眼淚勉強答應了一個是字。

「我錯了，我對不起他。……你快去叫他回來罷，我想見他一面。……你給我把他找回來，我決不會再為難他的……」祖父說到這裏用手拭了拭眼睛，忽然看

見覺慧底眼淚正沿著面頰流著，便感動地說：「你哭了。……你很好……不要哭，我底病馬上就會好的。……不要哭，年紀輕的人要常常高興，哭得多了，會傷害身體。……你要好好地讀書，好好地做人，……這樣就是我死了，我在九泉也會高興的。」

覺慧一時感情爆發，忍不住便把頭俯在床上壓著祖父底手哭起來。（十版改訂本只改動稱謂。人文初印本改動很多，如刪去「覺慧受了大的感動」，「跪在踏凳……他底頭」，「他覺得自己也要哭了」，「他忍住眼淚」及「祖父說到這裏用手拭了拭眼睛」之後的全部文字。文集本又修改，除了少數字句，基本上同全集本一樣。選集本又改定，文同全集本。）

全集本 370 頁至 371 頁改為：

「你過來，」祖父很費力地說，又勉強笑了笑。覺慧把身子靠近床。

「你給我倒半杯茶來，」祖父說。

覺慧走到方桌前，在一個金紅磁杯裏倒了半杯熱茶，送到祖父面前。祖父抬起頭，覺慧連忙把杯子送到祖父的嘴邊，祖父吃力地喝了兩口茶，搖搖頭說：「不要了，」疲倦地躺下去。覺慧把茶杯放回方桌上去，又走到祖父的床前來。

「你很好，」祖父把覺慧望了半晌，又用他的微弱的聲音斷續地說，「他們說……你脾氣古怪……你要好好讀書。」

覺慧不做聲。

「我現在有些明白，」祖父吐了一口氣，然後慢慢地說。「你看見你二哥嗎？」

覺慧注意到祖父的聲音改變了，他看見祖父的眼角嵌著兩顆大的眼淚。為了這意料不到的慈祥和親切（這是他從來不曾在祖父那裏得到過的），他答應了一個「是」字。

「我……我的脾氣……現在我不發氣……我想看見他，你把他喊回來。……我不再……」祖父說，他從被裏伸出右手來，揩了揩眼淚。

改定後，覺慧幾乎對祖父不動感情，好像一個旁觀者。接著在祖父臨死時，初版本有一節覺慧對祖父開始瞭解的敘述：

> 他想這許多年來只有在這一天，而且在那短時間內，他才找著一個祖父，一個喜歡他的祖父，而且他們兩個才開始走向著相互瞭解的路。這只是開始，只展示了一線希望，什麼事都還沒有做，可是又「太遲了」。（略）事實上如果早一天，如果在還沒有給過他一線希望的時候，那麼這分別並不是什麼難堪的事，他決不會有什麼遺憾。然而如今在他底面前躺臥著那垂死的老人，他（祖父）在幾點鐘以前曾經把他（祖父）底心剖示給他看過的，而且說過自己是怎樣錯誤的話。……（人文初印本刪去這些文字，其他版本同。）

全集本 374 頁無這節文字，「（略）」處的文字保留下來。

在第三十八章，全集本 408 頁加一處文字，敘述覺慧抨擊四

叔、五叔為祖父寫的「行述」（文集本開始增加這一處文字，
後來的版本只在文字上略有修改），抨擊了包括祖父在內的
高家人。第三十九章結尾，全集本比初版本多出四個自然段
（文集本開始增加的），其中寫覺慧對祖父靈位牌上的文字
皺眉頭，說了一句「這又是奴隸性在作怪」。

覺慧對琴的態度和感情也有所修改。第十一章在覺慧的
日記中，初版本有：

> 其實我愛琴姊也不過是把她當作我底長姊罷了。難道
> 男女之間就只有夫婦之愛嗎？（文集本刪去，其後的
> 版本也一樣。）

全集本 95 頁無這些文字。第三十八章覺慧與覺新談話時，
琴和覺民進來，初版本是：

> （琴）依舊是活潑美麗的面龐，使覺慧不由得把眼光
> 在那上面放了許久。（文集本改同全集本。）

全集本 409 頁這後半句為：「覺慧的眼光在這張臉上停了一
會兒。」第四十章覺慧去與琴道別，初版本是：

> 周圍的一切都沒有了。他底眼裏只有一個她底面龐，
> 但隔了一扇玻璃窗。（文集本開始改，同全集本。）

全集本 424 頁為：

> 他的眼裏只有一張她的臉，但是隔了一層玻璃。

覺慧對其他人如覺新、瑞珏、黃媽的感情和態度也有較小的
修改。

覺慧對鳴鳳的感情、態度在修改，鳴鳳的性格特徵也在被修改。如，鳴鳳罵張嫂的粗話被刪去（引文見前）。又如，第四章寫鳴鳳睡覺解衣，初版本是：

> 胸前那兩堆柔軟的肉凸起在汗衫裏，她忍不住用手去揉了一下。臉上略為露了笑容。（人文初印本刪去「她忍不住」以後的文字，文集本改定，文同全集本。）

全集本 27 頁只有「胸前兩堆柔軟的肉在汗衫裏凸起來。」（全集本唯一較露的文字）去掉了鳴鳳有輕浮嫌疑的文字。一些從鳴鳳口中可能說不出來的話或不太符合她的身份的想法也被修改，如，初版本第十章有「你不曉得我是怎樣地崇拜你（指覺慧），」（人文初印本刪）「你不知道我是多麼地崇拜你！」（人文初印本改「崇拜」為「尊敬」）全集本 87 頁或刪或改。同一章裏初版本鳴鳳說：「我一生只愛過三個人」（文集本改同全集本），全集本 87 頁為「我一輩子就只有三個人」。同一章中初版本鳴鳳講：

> 以前大小姐向我講過愛字，後來琴小姐也同我講過，直到近來我才知道愛是怎麼的一回事。（人文初印本刪，其後版本也刪。）

全集本 87 頁無此句。同一章，初版本寫鳴鳳：

> 她依舊夢幻地說下去，「我常常祝告死了的太太和大小姐暗中保佑你，保佑你身體好，好好地讀書，將來做一個好人，做一個偉大的人。（略）（人文初印本刪，文集本改同全集本。）

全集本 88 頁改成其他文字。第二十六章鳴鳳站在覺慧房間
的窗外，初版本寫：

> 房裏的燈光愛憐地撫著她底頭，她很痛切地感到她好
> 像是一隻船迷失在黑暗的海裏，只有那燈光才是她底
> 指路的明燈。（略）她想不顧一切跑進房裏，跪倒在
> 他底面前，用眼淚來洗滌他底腳，向他細細哭訴她底
> 苦痛，並且哀求他把她從不幸中拯救出來。（人文初
> 印本在字句上有改動，如刪去「用眼淚來洗滌他底
> 腳。」文集本又刪改，文同全集本。）

全集本 255 頁為：

> 房裏的燈光愛憐地撫著她的眼睛。（略）她想不顧一
> 切地跑進房裏，跪在他的面前，向他哭訴她的痛苦，
> 並且哀求他把她從不幸的遭遇中拯救出來。

同一章，鳴鳳立在湖邊回想，初版本裏是：

> 她自己一輩子以一顆天真的女孩的心愛人，希望一切
> 的人幸福，她不歇地為人服務，（略）（人文初印本
> 只改動少數位，文集本刪去這些文字。）

全集本 264 頁無這些文字。接著鳴鳳又想，初版本有：

> 他有他底前途，他有他底事業。他應該做一個偉大的
> 人。她不能夠拉住他，她不能夠妨礙他，她不能夠把
> 他永遠拉在她底身邊。她應該放棄他。他底存在比她
> 底更重要得多。她不能讓他犧牲他底一切來拯救她。

她是應該去了，在他底生活裏她是應該永遠地去了。為他計她沒有再見他的必要了。事情已經弄成了這樣，如果不犧牲他，一切便都無可挽回了。然而對於她，他是比較自己還要寶貴的。她是甘願犧牲自己的。這樣想著，她底事情便完全決定了。（人文初印本刪去「為他計她沒有再見他的必要了」並改某些詞語。文集本又修改一些詞語，如「底」改「的」等。選集本改定，文同全集本。）

全集本 265 頁為：

他有他的前途，他有他的事業。她不能夠拉住他，她不能夠妨礙他，她不能夠把他永遠拉在她的身邊。她應該放棄他。他的存在比她的更重要。她不能讓他犧牲他的一切來救她。她應該去了，在他的生活裏她應該永久地去了。她這樣想著，就定下了最後的決心。

以上多處修改，使文字簡潔了，更去掉了作者硬加在鳴鳳身上的某些思想、言語和行動。還有其他一些涉及鳴鳳的修改不再縷述。

覺慧對高老太爺的感情、態度被修改，而高老太爺也被作者作了一些修改。其中重要的有第九章覺慧被叫到祖父房裏時，初版本寫祖父：

臉長長的，帶了一層暗黑色，唇邊生了幾根鬍鬚，頭頂禿了一些，但頭髮並未完全變白。兩隻眼睛閉著，鼻裏微微出聲。（文集本修改，與全集本只有一字之差。）

全集本 69 頁為：

> 長臉上帶了一層暗黃色。嘴唇上有兩撇花白的八字鬍。頭頂光禿，只有少許花白頭髮。兩隻眼睛閉著，鼻孔裏微微發出一點聲息。

改定後的文字對高老太爺的描寫更確切些。接著寫祖父訓覺慧，初版本是：

> 本來學生囂張了，（略）簡直目無法紀，被軍人打一頓，倒是很好的事，你為什麼要跟著他們胡鬧？（人文初印本將「事」改為「事情」，「要」改為「也」。文集本又刪改，文同全集本。）

全集本 72 頁為：

> 本來學生就太囂張了，（略）簡直目無法紀。你為什也跟著他們胡鬧？

改文中，高老太爺那句幸災樂禍的話被刪去了。第三十二章又寫到高老太爺，初版本有：

> 他正是舊時代底代表，要在滅亡的命運之前，作他底最後的掙扎，這時候他是很強的。他底狂怒很可怕（人文初印本把「強」改為「倔強」。文集本又刪改，文同全集本。）

全集本 342 頁僅為：「他很倔強」。第三十三章高老太爺罵克定，全集本 357 頁增加幾句罵辭（文集本開始增加），表示了他對自己偏愛克定的悔恨和自己被克定欺騙的憤恨。同

一章，全集本 361 頁至 362 頁又增寫高老太爺的心理語言（文集本開始增加）：

> 他已經完了。沒有人相信他。大家都在欺騙他。各人在走各人的路。連他喜歡的克定也會做出那種丟臉的事。還有克安。這些人都在做夢啊！高家垮了，他們還會有生路嗎？這些敗家子坐吃山空，還有什麼前途？全完了，全完了！

更突出了高老太爺的空虛、幻滅。對第三十五章裏高老太爺認錯的修改（引文見前文），也更符合他的性格思想和身份，他不可能對孫子認錯的。接下來，初版本寫：

> 祖父又催促覺慧道：「你快去把你民哥叫回來罷，我已經好久不看見他了。」（人文初印本除對此略有文字改動外，加「你去告訴他，馮家底親事我不再提了，好叫他放心。」文集本又把這句改為：「你告訴他，馮家的親事暫時不提了。我怕我活不久了，我想看看他，看看你們大家。」選集本改定，文同全集本。）

全集本 371 頁為：

> 祖父又催促覺慧道：「你快去把你二哥喊回來。……馮家的親事……暫時不提。……我怕我活不長了……我想看看他，……看看你們大家。」

改定後的話更真切。既表現了他將死時的善心腸和對子孫的眷戀，還再現了他當時底氣不足的狀態。後來，覺民回來了，高老太爺說了彌留之際最後幾句話，初版本是：

　　……你回來了。……馮家親事已經叫你大哥去退
了。……你們要好好地讀書。……路是很長的……我
還要走很遠的路……那樣好的地方，……我從來沒有
看見過那樣好的地方，……他們呢？……只有你們兩
個？……你們聽見那音樂嗎？……那樣好聽的音
樂。……我要先去了。（人文初印本改為：「你回來
了。……馮家的親事不提了。……你們不要怪我。……
路是很長的……我還要走很遠的路……我很累，……
你們呢？……只有你們兩個？……好，我要走了……」
文集又修改，文字基本同全集本。選集本改定。）

全集本 375 頁為：

　　「你回來了。……馮家的親事不提了。……你們要好
好讀書。唉，」他吃力地歎了一口氣，又慢慢地說：
「要……揚名顯親啊。……我很累。……你們不要
走。……我要走了。……」

改定後，矯情的成分沒有了，更好地表現了高老太爺的性
格、思想和感情。改定後，我們再看全集本第三十五章，高
老太爺是一步步走向死亡，而他對覺民的婚事也一步步鬆
口。先是說「我不再……」，接著說「馮家的親事……暫時
不提。」最後乾脆說「馮家的親事不提了。」於此可見高老
太爺在臨終之際如何給自己一步步找臺階下。這樣來寫高老
太爺的固執可謂神妙！

　　陳姨太也是一個漸漸被修改的人物。第九章開始寫陳姨
太，初版本說：

祖父還有著一個姨太太，這一個瘦長的女人並沒有一點愛嬌，而且正合於「語言無味面目可憎」這兩句成語，但她卻和祖父一起過了十多年。（十版改訂本在其後加「她是在祖母去世以後被買來服侍祖父的。」文集本又改，文同全集本。）

全集本 70 頁至 71 頁為：

祖父還有一個姨太太。這個女人雖然常常濃妝豔抹，一身香氣，可是並沒有一點愛嬌。她講起話來，總是尖聲尖氣，扭扭捏捏。她是在祖母去世以後買來服侍祖父的。祖父好像很喜歡她，同她在一起過了將近十年。她還生過一個六叔，但是六叔只活到五歲就生病死了。

改定後，對她的聲、態等描述更具體，還突出了她地位的低下和經歷的不幸。同一章又寫陳姨太，初版本是：

那一個瘦長的粉臉在他底眼前晃了一下，他看出了狡猾的微笑。（人文初印本在「狡猾」前加「一個」。文集本改定，文同全集本。）

全集本 73 頁為：

那張顴骨高、嘴唇薄、眉毛漆黑的粉臉在他的眼前晃了一下。她帶進來一股刺鼻的香氣。

這裏，對陳姨太的描繪也比初版本更細緻，還去掉了修飾詞「狡猾」。其後在改定本中多處增加「花枝招展」、「尖聲」、

「滿身香氣」、「梳好頭、擦好粉、畫好眉毛」一類描寫，
寫她的聲音、神態、氣息，突出她的愛打扮。第三十四章寫
覺慧拒絕捉鬼人進房時又提到陳姨太，初版本是：

> 她自己是不敢和覺慧對抗的。於是只得承認自己底失
> 敗，帶著滿面的羞容走開了。可是在心裏她卻打算著
> 報仇的方法。這仇結果是報復了，雖然受害的並不是
> 覺慧本人。（十版改訂本把其中最後兩句縮改為：「可
> 是在心裏她卻打算著報仇的方法。」文集本改定，文
> 同全集本。）

全集本 369 頁為：

> 她一個人跟覺慧作對，不會占到便宜。她敷衍般地罵
> 了覺慧幾句，就帶著滿面羞容扭著身子走開了。可是
> 在心裏她咒罵著這個不孝順爺爺的孫兒。

從初版本所言，陳姨太所想的報仇的方法就是逼瑞玨出城生
孩子（後來瑞玨死了），陳姨太未免歹毒。而改定後，刪去
了這種情節聯繫，也說明陳姨太並非心地太壞的人。

　　克明則是身份調整最大而品行、性格等也有所修改的人
物。在初版本裏，克明只「做過不小的官，他有過種種名譽
的職務」（見第二十三章）。全集本裏他的身份不同〔文集
本開始修改克明的身份〕。克明除了「做過不太小的官」「有
過種種名譽的職務」外，還是日本留學生、省城裏的大律師，
開有律師事務所。他的品行、性格也有所不同。第九章裏，
初版本說祖父和「叔父們」把小旦弄到家裏來化裝照相。（十

版改訂本把「叔父們」改為「三叔四叔們」，文集本又改為
「四叔」）。全集本 70 頁只有「祖父和四叔」，把三叔克
明排除在風雅事之外。第二十三章寫連長太太要住高家客
廳，初版本寫克明：

> 他想閉著眼，蒙著耳走回到自己底房裏去，不看見這
> 一切。但是在旁邊站著他底兄弟侄兒和僕人們，他們
> 沈默著，似乎都在對他做鬼臉，都露出了鄙夷的樣
> 子。於是他底勇氣同著憤怒來了。他想這女人留在客
> 廳裏，不僅侮辱了那尊嚴的地方，而且會散佈著淫欲
> 的毒氣在這公館裏，會敗壞了高家底家風。在這省城
> 裏，高家底家風是常常被人讚美稱道的。這時候好像
> 被一種崇高的理想（衛道的理想）鼓舞著，他大步走
> 到客廳底門前，推了門進去，屬聲對那女人說，（略）
> （文集本修改，文與全集本只一字之差。選集本改
> 定，文同全集本。）

全集本 220 頁至 221 頁為：

> 他不能夠讓自己合法的財產權和居住權給人任意侵
> 犯。他應當出來維護法律。同時他又想，讓這個女人
> 住在客廳裏，不僅侮辱了這個尊嚴的地方，而且會在
> 公館裏散佈淫亂的毒氣，敗壞高家的家風。這時候他
> 好像被「衛道」的和「護法」的思想鼓舞著，邁著大
> 步走到客廳的門前，掀開了門簾進去。他屬聲對那個
> 女人說，（略）

前面克明是怯弱的衛道者，改定後他成了勇敢的衛道護法者。對第三十章第三段花錢搞慶典的提出者的改動（引文見前），也避去了克明主動揮霍的嫌疑。第三十四章開頭寫高老太爺病了，全集本 363 頁加「克明一連幾天坐在家裏，陪醫生給老太爺看病，照料老太爺吃藥，他連律師事務所也不去了。（略）」（文集本開始加此情節）以顯克明的孝心。同一章寫到第二次捉鬼時，全集本 365 頁至 366 頁加「克明和覺新都不贊成這樣的做法」，但陳姨太、太太們、克安、克定都同意，「克明就勉強點了頭」（文集本開始加這些文字），又為這位留學過日本的大律師進行開脫。

　　其他許多人物都有不同程度的修改。

　　以上修改自然都落腳於語言的修改，而幾乎不涉及以上內容，只是一種純語言上的修改則在《家》的修改中占較大的比例。有重複的句子的刪除，有句子的縮短、倒裝，有加主語或移動主語，有錯句的改正等。但更多的修改是詞語方面的調換、顛倒、增刪等。詞的調換如：

　　　　姊→姐　　主子→主人　　穩婆→接生婆

　　　　勞動家→勞動者　　智識→知識　　知道→曉得

　　　　落雪→下雪　　平靖→太平　　遲→晏　　底→的

詞的顛倒比較典型的有：

　　　　苦痛→痛苦　　演講→講演　　滿布→佈滿

　　　　互相→相互　　爭鬥→鬥爭

詞的增刪主要是增字或刪字。增，主要是雙音化或多音化，如：

應→答應　　但→但是　　這→這個

笛→笛子　　老友→老朋友

刪，較典型的有：

話語→話　　專門家→專家　　這樣子→這樣

這時候→這時

　　《家》的修改主要集中在以上幾方面。除了這些之外，還有情節和結構的微調，議論語的刪除，時間的修改等等。

二、版本變遷：在繁複修改中翻新

　　巴金是現代中國最愛修改自己作品的作家之一，他的許多作品出版後都反覆修改過。他在許多序跋文、創作談和「隨想錄」中對這些修改情況都作過說明和解釋。其中他反覆地談及他的修改動機和態度。他說：「我願意做一個『寫到死，改到死』的作家。」[2]因為是「邊寫邊學，因此經常修改自己的作品。」[3]「無論如何，修改一次總比不修改好，至少可以減少一些毛病。」[4]「大的毛病是沒法治好的了，小的還可以施行手術治療。我一次一次地修改也無非想治好一些小瘡小疤。」[5]「關於修改作品，有人有不同的看法，可是我堅持作家有這個權利。我說過，作品不是學生的考卷，交

---

[2] 巴金〈談《秋》〉，《收穫》1958 年第 3 期。
[3] 巴金〈關於《激流》〉，《文匯報》1981 年 1 月 10 日香港。
[4] 巴金〈談《秋》〉，《收穫》1958 年第 3 期。
[5] 巴金〈談《春》〉，《收穫》1958 年第 2 期。

出去以後就不能修改。作家總想花更多的功夫把作品寫得更好些。拿我來說，就是把武器磨得更鋒利些。」[6]他又說：「幾十年來我不斷地修改自己的作品，因為我的思想不斷地在變化，有時變化小，有時變化大。」[7]從這些言談中，可以看出巴金修改舊作既有藝術上不斷完善的考慮，也有思想上不斷更新的追求。對其代表作《家》所進行的繁複修改也體現了這兩種修改動因。

　　巴金早期對《家》的修改主要是前一種動因。所以，前三次修改主要是做一些技術上或藝術上的補正和改進工作。從初刊本到初版本的修改，主要是彌補初刊時隨寫隨印留下的疏漏，如文字上的梳理、行文上的統一、章節上的調整。第三十五章高老太爺死後鬧分家的幾段則是情節上的補足。初版本成為第一個全本。從初版本到五版校訂本的修改主要是改錯，巴金在〈五版題記〉中說：「我把誤植的字一一改正，另外，還改排了五頁，因為這裏面有我自己認為不妥當的地方。」[8]在五版校訂本到十版改訂本的修改中，章題的刪除、稱呼的改變等也主要涉及文題相符、敘事客觀等藝術問題。至此，《家》已有了一個藝術上相對完美、校勘上相對精良的版本了。新中國成立後，巴金對《家》進行的修改則體現了上面所說的兩種動因，由於思想變化而想去修改作品的動因則占了主導地位。因此這些修改既有藝術上的進一步完善，更有思想內容上的翻新。關於人文初印本的那

6　　巴金《病中集‧談版權》，1997年3月版，人民文學出版社。

7　　巴金〈關於《火》〉，香港《文匯報》1980年2月24日。

8　　《巴金全集》第1卷「附錄」，1986年版，人民文學出版社。

次修改，巴金說：「我本想把這小說重寫，可是我終於放棄
了這個企圖。……我索性保留它底本來的面目吧。然而我還
是把它修改了一遍，不過我改的只是那些用字不妥當的地
方，同時我也刪去一些累贅的字句。」[9]但這「用字不妥當」
方面的修改，不只是語法或語言規範上的，也涉及了文本的
內容。從人文初印本到文集本的修改不僅有語言上的修改，
更有情節、人物等文本內容上的變動。至於出英譯刪改本則
更帶有一種非藝術的功利目的，是以滿足民族自尊心和吻合
政治標準第一的尺度去刪改的。這次刪改是「整章的刪節」，
「一切為了宣傳，凡是不利於宣傳的都給刪去，例如在地上
吐痰、纏小腳等等等等。」[10]50年代的幾次修改使文本的思
想內容有了較大的質變，尤其是文集本。70年代末至80年
代初的幾次修改基本上是少量文字上的完善、修訂，最終使
《家》有了定本。

　　從《家》的前後近五十年的歷時性繁複修改中，我們固
然能看到巴金思想感情和藝術態度的變化，更應看到每次修
改帶來的文本差異。我們無法將每次修改前後的版本一一對
校並一一論析這種差異。我們主要從《家》的最初的全本（初
版本）和定本（全集本）的對校中來看這種差異，一些重要
的改動兼校其他重要版本。通過對校可以看出《家》的版本
變遷過程及版本之間的差異，可以看出初版本與定本之間的
更大的出入。《家》得到了較全面的翻新。這種翻新主要是
內容性因素，其次才是形式因素。

---

[9]　《家・後記》，1953年6月版，人民文學出版社。
[10]　巴金《病中集・一篇序文》，1997年3月版，人民文學出版社。

　　我們先來討論《家》中對高家的經濟狀況和社會環境方面的修改。這類修改主要是在出文集本的時候。首先，修改後使高家除了擁有大量田產之外，還成為公司股東，擁有大量股票，再加上克明又開律師事務所。這樣高家便更帶有資產階級特色了。高家既是成都北門的首富，這種修改就比較合理。既為高家人物營造了一個更真實的經濟環境，也符合20世紀初中國許多封建大家族轉向工商業的歷史事實。而對高家經濟狀況的修改就涉及到對高家的階級性質的如何界定問題。高家到底是一個封建地主家庭還是一個帶有濃厚封建色彩的資產階級家庭呢？在初版本中似乎是前者，在文集本至定本中更像後者。而巴金本人在新中國成立前後的說法是不一樣的，我們將他在《家》的序跋文和一些與《家》有關的創作談中的不同說法列為一表：

初版本〈後記〉：資產階級的家庭 （1932年）	全集本「附錄」〈初版後記〉：資產階級家庭
〈十版改訂本代序〉：資產階級的大家庭 （1937年）　　　　資產階級家庭	文集本、選集本、全集本「附錄」〈關於《家》〉（十版代序）：封建大家庭
〈《談家》〉：封建大家庭 （1957年）　　地主階級的封建大家庭 　　　　官僚地主家庭	文集本、選集本「附錄三」〈和讀者談《家》〉：同左 （本文系據1956年為英譯本《家》寫的〈後記〉改作，收入《巴金文集》第14卷時，題改為〈談《家》〉。發表於1957年第1期

	《收穫》雜誌時，題改為〈和讀者談《家》〉）
〈談影片的《家》〉：官僚地主家庭（1957 年）	
〈談《春》〉：封建大家庭（1958 年）	
〈談《秋》〉：官僚地主家庭（1958 年）　　封建舊家庭	
法文譯本〈序〉：專制的封建家庭（1977 年）	全集本「附錄」：同左
羅馬尼亞文譯本〈序〉：封建地主家庭（1979 年）　　封建大家庭	全集本「附錄」：同左

　　從上表可以看出，巴金在新中國成立前一直認為高家是資產階級家庭，而 50 年代則開始認為高家是封建地主家庭或官僚地主家庭。甚至在文集本至全集本中改〈十版改訂本代序〉中的「資產階級家庭」等說法為「封建大家庭」。而巴金對作品的具體修改與這剛好相反，到文集本及其以後的版本中，都突出了高家的資產階級性質。這種相互矛盾我們只能這樣解釋：巴金對作品的修改遵從了藝術規則和歷史事實，而巴金對作品的解釋則可能受 50 年代批評家的影響，或者是巴金不自覺地迎合了時代潮流，把作品放進了 50 年代的解讀語境中。巴金在 50 年代以後的許多序跋文和創作談中都更強調了《家》的反封建主題。因此，對高家的階級性質只有這樣界定，才可能更好地去確證這個主題。然而作者本人的導讀是無法替代我們對文本的解讀的。

　　這方面的修改又使高家處在一個「水災，兵災，捧客，糧稅樣樣多」的社會環境中，並強調了克安、克定這種敗家

子的內裏蛀空。這就有意識地暗示了高家敗落、崩潰的另一些重要原因。巴金曾在〈十版改訂本代序〉中說舊家庭崩壞的「必然的趨勢，是被經濟關係和社會環境決定了的。」巴金說這是他的信念。但是這種信念在《家》的初版本或文集本之前的諸版本中並沒有充分的表現。以至 40 年代的批評家讀《家》的十版改訂本時對此提出批評。巴人指出：「巴金在《家三部曲》裏，把中國家庭的崩潰，是僅僅放在禮教傳統和新思想的爭鬥下崩潰的。他沒有在那裏描出由於國際資本主義的侵入，因而摧毀了中國的封建經濟基礎，使家族制度崩潰的畫面。」[11]徐中玉也說：「決定著這個資產階級大家庭的崩壞的命運的經濟關係和社會環境兩個因素，在這三冊書裏並沒有得到適當的足夠的反映。」[12]巴金的修改是不是對這種批評的回應，不能確定。但這種修改至少是強化了巴金在〈十版改訂本代序〉中說過的寫作意圖，比初版本更多地揭示了高家崩潰的複雜原因。這些修改影響我們對《家》的思想蘊含的闡釋，使文集本至全集本等版本更多幾分深刻和真實。

　　《家》的另一種翻新是刪去初版本中可能引起性聯想的詞句。到文集本，這種潔化修改已完成。這種修改在一定程度上也改變了版本本性。相對於初版本來說，文集本至全集本可以叫潔本了。實際上，即便是《家》的初版本也可以算

11　巴人《略論巴金家的三部曲》，《奔流文藝叢刊》，1941 年 2 月 15 日，第二輯。

12　徐中玉〈評巴金的《家》《春》《秋》〉，《藝文集刊》第 1 輯，1942 年 8 月版，中華正氣出版社。

是一種潔化敘事。巴金是恥於寫性也不善寫性的，《家》的初版本中幾乎沒有什麼較露骨的涉性情節。除了一句涉及鳴鳳性徵的敘述之外，只有高家父子與戲子一起照相，克安、克定嫖妓並勾引女傭之類的簡單交代。對此，並無正面敘述。但是初版本裏仍然有一些可能引起讀者的性聯想的詞句。這些詞句有一部分只是套入當時流行的一些空泛的反對封建婚姻的議論。如「無愛的婚姻，變相的賣淫……」等。巴金在 1958 年談到這類修改時說：「許倩如在課堂中寫給琴的字條上有這樣的一句話：『你便拋棄你所愛的人，給人家做發泄獸欲的工具嗎？』我現在刪去了它，因為有人認為這不像一個少女的口氣。其實當時有些少女不僅說話連行動也非常開通。只為了表示女人是跟男人『完全』一樣的人。許倩如寫出那樣的話也是很尋常的事情。」[13]但是巴金迫於批評而刪去了。還有一部分詞句則是青年巴金通過人物寫出的一種性的想像。如鳴鳳想：就在七天以後她「會被抱在那老頭兒底懷裏像肉塊一樣」。又如，覺慧想：這時鳴鳳「是怎樣地躺在老頭兒底懷裏做那人底發泄獸欲的工具了」。這類性的想像固然能表現馮樂山的獸性，卻像雙刃劍一樣，也損害了正面人物自身。而且這只是一種將來時的擬想，並非現實。巴金刪去這些詞句時是否也從這種藝術表現效果上來考慮的呢？不得而知。但巴金對這所有的可能涉性的詞句的刪除主要是在 50 年代完成的，是對新的道德觀念、潔化的敘事方式、狹隘的文學批評等的歸順，則可想而知。

---

[13] 巴金〈談《秋》〉，《收穫》1958 年第 3 期。

　　對勞動人民的敘述所進行的翻新，基本是在新中國成立後的人文初印本到選集中完成的，最集中地體現在文集本中。舉凡有醜化或貶抑勞動者的詞句都被刪去，又增加了敘述底下人美好、善良品行的文字，還補敘了瑞珏、覺慧等與僕傭的深厚情誼。這類修改主要是把勞動人民的形象描敘得更好，同時對覺慧、鳴鳳、瑞珏形象的美化也起到一定的作用，當然也更好地傳達了巴金童年與僕傭親近的經驗和情感。而紅燈教是匪的敘述的刪除則避去了誣衊農民起義的嫌疑（在新中國官方歷史敘述中，紅燈教這類民間組織也是被放在農民起義隊伍之中的）。對勞動人民敘述的翻新自然與新社會勞動人民當家作主的歷史語境相關，也與新中國強調寫工農兵的文學指令相關。這也許是巴金思想發生變化或思想改造的一種證據吧。

　　《家》在內容性因素上的翻新更多的還是體現在人物形象及人物關係的修改上。而對覺慧的修改最突出。這些修改主要是在人文初印本和文集本中完成的。我們將初版本中的覺慧與全集本中那個最後定型的覺慧比較，會發現有很大的差別。在初版本中，他雖然不與祖父親近，卻有著對他的敬愛之情和感恩心理。還在祖父臨死前的短時間裏感覺到找著了「一個喜歡他的祖父」，為他的即將死去而悲傷、惋惜。而在全集本中，他對祖父只有敬畏，對祖父之將死木然冷觀，幾乎沒有什麼親情的牽繫。在祖父死後還對他的「行述」、靈位牌上的文字加以抨擊，儼然一個不妥協的反封建英雄。又如，在初版本裏，覺慧對鳴鳳開始是狂愛，接著是準備放棄。突出了他在愛情上飄浮不定、缺乏勇氣、不願犧

性的貴族少爺特性，當然也顯示了他的「匈奴未滅，何以家
為」的獻身社會的熱忱。而在全集本裏，覺慧對鳴鳳的愛則
更深沈，強化了他在愛情和事業的選擇上的矛盾心態，也抹
去了貴族少爺的怯懦性。總之，我們在初版中看到作者對覺
慧的敘述雖然有矯情之處，如，寫他吻鳴鳳坐過的石凳等。
但這個覺慧相對來說寫得感情更豐富，性格更變化，更具有
歷史真實性，是一個較典型的帶有貴族少爺習氣的「五四」
少年。而到全集本，對覺慧的敘述雖然較自然，但也迴避了
他應有的許多特性，反不及初版本中的形象豐滿。覺慧被英
雄化、完美化與 50 年代巴金刻意強調《家》的主題中的反
封建意向是直接連在一起的。

　　覺慧對祖父的感情和態度被修改後，只影響了他的性
格。而對他與鳴鳳感情關係的修改，不僅影響他的性格而且
牽涉了他與琴的感情關係。初版本中，覺慧隨時準備放棄鳴
鳳，卻直到覺民與琴關係確定了以後還仍然愛著琴。雖然他
聲明「我愛琴姊也不過是把她當作我底長姊罷了。」但對琴
的愛戀是十分明顯的。覺慧陷入與鳴鳳、琴的三角關係中，
也與覺民、琴構成三角關係。初版本寫出了覺慧感情的複雜
及心態的複雜。他的心裏一直存在「兩個面龐」（初版本第
三章標題）。聶華苓曾對巴金說：「你的《家》不行，寫戀
愛也不像，那個時候你還沒有結婚。」[14]這話若是針對《家》
初版本而言，則未必妥當。要真切地寫出少年人游移不定的
愛未必要等到結婚，巴金在初版本裏已經做到了。而經過人

---

[14]　巴金〈關於《激流》〉，香港《文匯報》1981 年 1 月 10 日。

文初印本、文集本的逐漸修改，到全集本時，覺慧由多情向
專情的方向移動了許多，這種三角關係也被有意淡化。一方
面是強化了覺慧對鳴鳳的愛，另一方面則弱化了覺慧對琴的
愛。如他不再把眼光在琴的面龐上「放了許多」而只「停了
一會兒」。這種修改是雙向互動的，還會導致理解上的三向
互動。如他對鳴鳳的愛少，對琴的愛多，對覺民的妒忌也多，
反之亦然。這種修改還會牽涉到作品內在結構的變動。如在
初版本中，覺新三兄弟就明顯地組成了三個三角關係。全集
本中覺民、覺慧的三角故事就有些遮掩了。

　　覺慧身上無疑有巴金的影子，而鳴鳳和瑞珏也被巴金
賦予了自己的思想，這尤其是在初版本《家》中。巴金早
年的思想是安那其主義、人道主義、民主主義等的混雜。
他把這些思想賦予了他筆下的人物，讓它成為他們的信
仰。初版本中的鳴鳳和瑞珏就被巴金外貼了本不屬於她們
自己的思想及言行。在《家》的翻新過程中，鳴鳳和瑞珏
則得到不同程度的修改。這些修改也主要體現在人文初印
本和文集本中。對鳴鳳的修改除了刪去她的輕浮的舉止、
粗話和書生氣的話等外，還刪去了她可能是來自人道主義
或安那其主義的「人類愛」的思想。如，她懷著天真的心「愛
人」、「希望一切的人幸福，她不歇地為人服務」等文字都
被刪去。另外，初版本中寫鳴鳳之死突出了她「甘願犧牲自
己」以成全覺慧的前途、事業和偉大。這種「獻身」的思想
無疑也是巴金個人的、是來自安那其主義的。通過修改，這
種思想也被淡化。鳴鳳之死只是一個剛烈女子的殉情，其背
後不再有這種深刻的思想動機。所以定本中的鳴鳳除了被美

化了一些，還比初版本中的鳴鳳顯得更真實更樸實。而對瑞
玨的修改，重要的是在第二十四章。這一章主要寫瑞玨與梅
的一次長談。初版中的瑞玨在這裏表現了一種基督的情懷：
她說她「愛」自己的情敵梅，她向梅請求「寬恕」。在這裏，
巴金個人的思想意識對人物的外貼和強加也是非常明顯
的。而在定本中，人物的這類言辭和這類對人物的敘述幾乎
都刪去了，比初版本顯得更自然些。總之，對鳴鳳和瑞玨的
修改，除了一些藝術上完善的修改之外，更主要的是抹去了
巴金舊有思想的印痕。

在《家》的〈十版改訂本代序〉中，巴金曾說：「我所
憎恨的並不是個人，卻是制度。」在新中國成立後寫的許多
創作談中，巴金更強調了這個觀點。隨著時間的推移，在這
個觀點的支配下，巴金對陳姨太的認識有了改變，這導致了
對這個人物的修改。對她的較重要的修改都是在出文集本時
進行的。巴金當時這樣談到陳姨太：「我承認我寫《家》的
時候，我恨陳姨太這個人。我們老家從前的確有過一個『語
言無味、面目可憎』的『黃老姨太』，我一面寫陳姨太，我
一面就想到『黃老姨太』。不過我恨她不如我恨陳姨太那麼
深。我在陳姨太身上增加了一些叫人厭惡的東西。但即使是
這樣，我仍然不能說陳姨太就是一個『喪盡天良』的壞女人。
她沒有理由一定要害死瑞玨，即使因為妒忌。陳姨太平日所
作所為，『無非提防別人，保護自己』。因為她『出身貧賤』，
並不識字，而且處在小老婆的地位，始終受人輕視。在高家，
老太爺雖然不討厭她，但是除了老太爺外就沒有一個人對她
友好。甚至在老太爺跟前的時候，她也會想到老太爺死後她

的難堪的處境。因此她不得不靠老太爺的威勢過日子，而且
她更不得不趁老太爺在時替自己打算。她不曾生兒育女，自
己家裏的人也已死絕，老太爺是她唯一的親人，也是她唯一
的靠山。她當然比別人更關心老太爺。她沒有知識，當然比
別人更容易被迷信俘虜，她相信『血光之災』，她不能想像
老太爺死後滿身浴血的慘狀。（略）陳姨太也得拿他做護身
符，她只是一個舊社會中的犧牲者。（略）倘使把一切壞事
都推在『出身貧賤』的陳姨太身上，讓她為官僚地主家庭的
罪惡負責，這不但不公平，也不合事實。鞭撻了人卻寬恕了
制度，這倒不是我的原意了。」[15]這裏有巴金對一開始寫陳
姨太時的回憶，也有巴金修改陳姨太時的新認識，這更是巴
金對文集本中的陳姨太這個人物的解讀。改定後的陳姨太被
描寫得更具體、更愛打扮，更突出了她的姨太太角色特徵和
地位。而刪去她的復仇動機，就使避「血光之災」只證明了
她的迷信和對老太爺的關心，從而使她從蓄意害人中解脫出
來。對陳姨太的修改更明顯地突出了巴金寫作中恨制度不恨
人的主題意向、也突出了巴金新的階級意念。刪去陳姨太的
復仇動機與瑞玨之死的關係，固然使第三十四章的結尾少了
一個懸念，使第三十四章和第三十六章的「復仇」少了一種
連貫，但卻使陳姨太這個人物變得更真實些。

　　作者感情的微妙變化也會影響對人物的修改。《家》的
寫作本來有很多真實的人物原型。《家》問世後，巴金的家
人、親戚往往對號入座。這很有可能使巴金回想起與這些真

---

[15]　巴金〈談影片的《家》〉《大眾電影》，1957 年 10 月，第二十期。

實原型之間的關係而在感情上起一種變化，從而使這種感情因素在修改《家》時起作用。這裏就有一個與作品中的人物感情聯繫較虛而與真實的原型感情聯繫較實的區分。同時，巴金在創作《家》時為激情所裹挾，而在修改《家》時則更清醒。這又有激動與理智或感情的熱與冷之分。這種微妙的變化的確體現在巴金對人物的修改上。如對劍雲的修改。《家》的〈十版改訂本代序〉副標題是〈給我底一個表哥〉，這個表哥就是劍雲的原型。這篇文章裏說這個表哥有「謙遜」、「勇敢而健全的性格」「卻得了劍雲那樣的命運」。而《家》中的劍雲則被寫成一個怯懦的自卑狂。這個表哥曾是巴金的「指路」者，最初把巴金的眼睛撥開，巴金對他充滿感激。當巴金在《家》的結尾「拿『很重的肺病』，來結束劍雲底『微小的生存』時」，這個表哥也不表示他的抗議。出於對這個表哥的感情，巴金實在不忍給劍雲一個太悲慘的結局，所以在十版改訂本中對他的結局作了修改。巴金在〈給我底一個表哥〉一文的注解中說：「關於劍雲底結局在《家》底舊版本裏面有著這樣的話：『……我知道他患著很重的肺病，恐怕活不到多久了』（第四十章）。現在我把它們改作了，『他得了肺病，倒應該好好地養一兩年才行。』」另外，關於劍雲的一些修飾辭與敘述，如「膽怯」、「固執」、「可憐」、「謎」、「神經病」等在十版改訂本及其以後的版本中也刪去不少。對克明的修改，重要的原因也是作者的這種類似的感情變化。克明的原型是巴金的二叔。從巴金的〈談《春》〉、〈懷念二叔〉等文章中可以看出對他的感情。這種與人物原型的真實感情影響了他對作品人物的修改。克明

最終改定為一個恂恂儒者。對他的修改主要是在文集本中完成的。

　　其他人物的修改主要從藝術表現效果上考慮的，對文本的闡釋並無太大的影響。高老太爺是其中改動較大的。雖然覺慧對高老太爺心腸更硬了，可是作者反倒對高老太爺更同情更瞭解。他的內心世界更豐富，他的言辭更真實也更性格化。雖然在 50 年代的創作談中，巴金一再強調高老太爺是「封建統治的君主」、家中的「暴君」，但在作品中並沒有把他改得更壞以突出反封建的主題。對他的修改基本上是一個如何寫好人物的藝術問題。

　　上述修改內容已含有不少對作品情節、結構的修改。對《家》進行的修改還有一些往往只是為了使情節自身發展更具合理性或結構更緊湊。如第二十三章寫連長太太帶著勤務兵要住高家，被克明厲聲說了一通。臨走時，勤務兵丟下「等一會兒老子給你們喊一連人來」的話。初版本並無後續情節，全集本裏則有：果然不久，一個兵來貼了某排駐此的白紙條的交代，使情節完整。第十九章提到「周外婆家的蕙表姐和芸表姐」的兩段文字僅僅是為了三部曲結構的縝密。修改《家》時，《春》、《秋》已出，蕙和芸正式出場。補上這兩段文字，等於在《家》中補一伏筆。這一「草蛇灰線」便把三部曲前後緊緊貫串。這類修改也主要是一個藝術上的完善問題，這就使《家》的定本在情節和結構的組織上相對完美。

　　《家》的這些修改都落腳於語言的修改。同時，巴金也有意識地從純語言角度修改《家》。巴金說他改《家》是為

了減少一些小毛病，這「小毛病」有許多正是純語言上的。如初版本《家》中有重覆的搭配，有缺主語、用詞不當等語病的句子，有冗長的歐化的敘述，有較多的文言、方言和「五四」式白話，有不夠完美的表達等。巴金為了使語言規範化、美化、通俗化、民族化，在《家》的版本變遷過程中作了極為細密的修改。從《家》的初版本到定本（全集本）可以說是從語言上來了一個全面的翻新。初版本和定本完全是兩個具有不同時代語言風格的版本。這是語言藝術上的進步，尤其使定本在語言上更簡潔、更精粹。然而這種進步中也包含著一種反歷史性，那就是把 20 年代的一些特有語詞改成 50 年代或 80 年代的說法。如把「智識」改為「知識」等。這種進步也會損失作品語言的四川地方特色。如「落雪」改為「下雪」等。

除了以上修改，《家》還有許多細微的修改。這些修改也只是為了藝術上的完善。如敘述語言中對人物稱謂的改變可能是為了統一敘述視角，像把「祖父」改為「高老太爺」就是用全知型視角代替作者借作品中人物敘述的半知型視角。又如，鳴鳳出嫁的時間，初版本中是七天以後，而文集本改為三天以後。七天那麼長的時間，而覺慧對此事竟不採取措施來處理，只能說明他是有意放棄鳴鳳。這與初版本中覺慧對鳴鳳的態度是相吻合的。三天的時間很短，覺慧不知此事是可能的。覺慧是因這種客觀原因而未對此事採取措施的。這種改動與那個更愛鳴鳳的覺慧就不矛盾了。另外，議論的刪除是為了在敘事作品中減少那種非敘事性話語。這些修改都體現了巴金的藝術匠心。

　　對《家》的修改多半都是巴金主動修改，只有英譯刪改本是在被動狀態下進行的。巴金除了對這次刪改表示不滿和自責之外，對其他多次修改都持肯定態度。他有一種作品越改越好的觀念，所以他說：「我一直認為修改過的《家》比初版本少一些毛病」，絕不會「讓《家》恢復原來的面目」，「我更希望讀者們看到我自己修改過的新版本。」[16]他甚至一度堅持不讓初版本《家》入選《中國新文學大系》。他只認《家》的定本。他並不反對通過「異文」去分析他不同時期思想的變化，但他卻未認識到這些「異文」通過闡釋的循環會改變文本的釋義，因而《家》的不同版本是不同時期提供給讀者的不同文本。他基本上認為《家》的版本變遷是一種藝術完善過程，並沒有看到《家》的不同版本的文本歷史變異。

　　通過繁複的修改，《家》從內容因素到形式因素都有不同程度的翻新。《家》的修改主要是出於完善藝術的動機，但也不自覺地在思想內容上進行了掩蓋、塗抹和刷新。《家》的版本變遷有藝術質量的提升，但也有改過頭甚至錯改之處。巴金否認他改作品是為了迎合潮流，但我們也會看到他所領受的外界的壓力。巴金把他的作品當作「武器」，以極其認真的態度不斷地打磨這件 30 年代的「武器」，至於是不是用 30 年代的擦布、50 年代的磨刀石，80 年代的水，對他來說是不重要的問題。

16　《巴金全集》第 1 卷「附錄」《為香港新版寫的序》。

第四章

《子夜》

版本源流圖示：

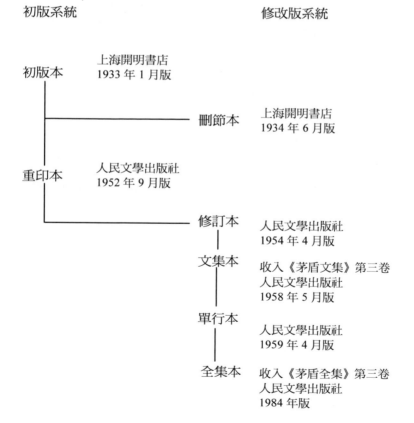

初版系統   修改版系統

初版本   上海開明書店
         1933 年 1 月版

              刪節本   上海開明書店
                       1934 年 6 月版

重印本   人民文學出版社
         1952 年 9 月版

              修訂本   人民文學出版社
                       1954 年 4 月版

              文集本   收入《茅盾文集》第三卷
                       人民文學出版社
                       1958 年 5 月版

              單行本   人民文學出版社
                       1959 年 4 月版

              全集本   收入《茅盾全集》第三卷
                       人民文學出版社
                       1984 年版

　　1931 年 10 月至 1932 年 1 月和 1932 年 10 月至 12 月，
茅盾用了大約 6 個月的時間寫完《子夜》，共 19 章。茅盾說
他最初給這本小說擬了三個題目：夕陽、燎原、野火。後來
決定用《夕陽》，署名為逃墨館主，交出一部分稿子給《小
說月報》連載。所以第一章以《夕陽》為題在 1932 年 1 月《小
說月報》第二十三卷新年號上發表。該期雜誌剛出樣本便在
上海「一‧二八」事件中毀於戰火。在《子夜》初版之前，
1932 年 6 至 7 月間，其第二章和第三章又分別以「火山上」、
「騷動」為題，發表在《文學月報》創刊號和第二期上。《子
夜》手稿扉頁上豎寫標題「夕陽」，下面橫書英文：

A Romance of modern China in transition

In Twilight $\left\{\begin{array}{c} \text{a \quad novel \quad of} \\ \text{Industrialized China} \end{array}\right\}$

　　《小說月報》停刊後，茅盾決定出單行本並將小說題目
改為《子夜》。1933 年，開明書店出《子夜》初版本，附
有無標題的跋文。開明本書名雖為《子夜》，但扉頁題簽下
反覆襯書斜行英文是：

The Twilight: a Romance of China in 1930

唐弢說這個底版是茅盾自己設計的，茅盾則說是開明書店編
輯搞的。《子夜》初版後極為暢銷，因查禁，開明書店在 1934
年便出了只有 17 章的刪節本。據說第三版及第四版都是這樣
的刪節本。[1]開明版《子夜》1951 年 12 月印至第二十六版。

---

[1]　（日）松井博光《黎明的文學》第 171 頁（浙江人民出版社 1982 年 1
　　月版）說《子夜》第三版、第四版為刪節本，不完全確切。開明書店

　　1952 年 9 月，人民文學出版社據開明書店紙型重印，
共 19 章。1954 年人民文學出版社第五次印刷時「經作者修
訂，重排出版」（見本書「重版說明」），是為修訂本。1958
年，《子夜》收入《茅盾文集》第三卷時是「根據修訂本又
經作者校閱後編入」（見「第三卷說明」）。1959 年據此
本出《子夜》單行本，有葉淺予插圖十六幅。《子夜》單行
本 1977 年 12 月北京第二十次印刷時，作者又寫《再來補充
幾句》一文附書後。1984 年，《子夜》收入《茅盾全集》
第三卷，附有〈後記〉、〈再來補充幾句話〉、〈致德國讀
者〉及蒙文版序、朝文版序等。在「本卷說明」中說是「據
《茅盾文集》本並參照初版本校注後編入。」所謂「參照初
版本校注」，據校注者說是將修訂本改過來的「司機」、「女
護士」等辭彙又恢復為初版本中的「汽車夫」、「看護婦」
等，[2]這是「校」。「注」即加註腳。全集本實乃文集本，
不過加入了校注者的這類改動和注釋。《子夜》諸版本中只
有修訂本改動處次較多，本章主要對校初版本和修訂本。

一、初版本與修訂本對校記

　　《子夜》修訂本在初版本基礎上改動 600 餘處，修改最
多的是第十五章（60 處），最少的是第十九章（3 處）。[3]這

　　1933 年 6 月出《子夜》三版，並無刪節。朱金順先生藏有此版實物，
　　可以為證。

[2]　孫中田《〈子夜〉的藝術世界》，1990 年 12 月版，上海文藝出版社，
　　第 230 頁。

[3]　參考孫中田《〈子夜〉的藝術世界》，1990 年 12 月版，上海文藝出

些修改包括對初版本誤植的訂正、標點符號的增加和改換、字詞的改換、句子和段落的刪改。文字的修改主要在字、詞方面。而從內容上看，重要的修改又主要在性內容和革命（者）及農民、工人的敘述方面。其他的修改可歸為藝術加工或語言規範化方面。

　　性內容的刪、改主要集中在第四章、第九章、第十四章、第十五章和第十八章，重要的刪改有 23 處。第四章最後一部分寫曾家駒逃進巷底一所樓房，發現眼前的婦人是那個屢次見了便引動邪念的錦華洋貨店的主婦。初版本寫：「一股欲火便燒得他全身的血都發熱。」修訂本 102 頁刪此句。接著初版本寫：

> 被這意外的攻擊所驚悸，那婦人只是啞口地抗拒著；懷抱中的小孩子也放開了，她雙手護著她的下體，在那裏翻滾，在那裏掙扎。她的眼睛直瞪著，無表情地看著曾家駒的凶邪的臉孔。小孩子爬在床角，驚怖到哭不出聲音來。

修訂本 102 頁刪改為：

> 這意外的攻擊，使那婦人驚悸得像個死人，但一剎那後，她立即猛烈地抗拒，她的眼睛直瞪著，釘住了曾家駒的凶邪的臉孔。

初版本又寫：

版社，第 223 頁至 230 頁。書中說日本的是永駿先生曾有〈茅盾《子夜》校勘記〉發表，但筆者無法查到此文。又孫先生給筆者的回信說他統計修訂本修改的具體數字是 624 處。

同時，嗤──的一聲，年青婦人身上的薄衣服也已經
撕下，露出了雪白的肉體。

修訂本 103 頁刪此句。接著初版本又寫那婦人「忘記了自己
似的赤條條地站著」，修訂本 103 頁亦刪去。曾家駒對那婦
人開了一槍，初版本寫：

槍聲過後，只聽得那婦人苦悶地哼了一聲，身體一
歪，倒在床角邊，從她的雪白的胸脯上骨都都地冒出
了鮮血。

修訂本 103 頁刪去這些描寫。經過這些刪改，那受害婦女被
強暴過程中的肉體描寫沒有了，且突出了她的反抗性格。第
九章結尾處，初版本寫李玉亭進酒店喝酒「直到他那酒紅的
眼睛前閃出無數的女人的舞影，都是笑開了鮮紅的小嘴，跳
動著高聳的乳房，只有大幅雪白的毛布鬆鬆地披在身上。」
這是對李玉亭剛剛在趙伯韜那裏看到的劉玉英妖冶放蕩一
幕的重播，修訂本 238 頁刪去。第十四章最後一部分寫吳蓀
甫強暴王媽，初版本寫她：

（略）這臉上有風騷的微笑，這身上有風騷的曲線和肉
味！吳蓀甫的眼睛變小了，嘴唇邊的皮肉簌簌地抽動。

修訂本 374 頁刪去這些文字。初版本又寫：

吳蓀甫的沈重身體就撞了上去。一聲蕩笑。

修訂本同頁亦刪去，而這一聲蕩笑似乎是王媽發出的。初版
本寫到王媽的風騷與幾分淫欲的自願，修訂本更突出了吳蓀

甫的強暴；初版本寫吳蓀甫身上「狂暴的破壞的火焰」中帶
有幾分由王媽誘發的性欲，修訂本中王媽只是「一件東西！
可以破壞的東西！可以最快意地破壞一下的東西！」初版本
接著寫王媽滅燈，書房漆黑：

　　　遠處的燈光把樹影投射在窗紗上蠕蠕而動。……

這一處帶有暗示、渲染「性」的文字，修訂本同頁改為：

　　　只有遠處的燈光把樹影投射在窗紗上。

　　第十五章中的性內容刪改最多，主要是關於革命者的。
關於蔡真的顛屁股的敘述都刪改了。初版本寫「那女子把屁
股一顛，那破舊的木床架就格滋格滋地響；」修訂本 390 頁
刪去。初版本又寫蔡真：

　　　又把屁股沈重地顛了一顛，（略）。

修訂本 390 頁改為：

　　　把身子沈重地顛了一顛，（略）。

初版本又寫她：「屁股用勁地顛著，」修訂本 391 頁刪去「屁
股」。接著初版本寫蔡真：

　　　驀地捧住了陳月娥的面孔，就和她親一個嘴。

修訂本 391 頁改為：

　　　驀地抱住了陳月娥，臉貼著臉。

初版本寫瑪金罵蔡真：

　　「色情狂！……光榮的失敗！都是一貫的！」

修訂本 391 頁改為：

　　「小蔡，安靜些！……光榮的失敗！哎！」

本章又寫到瑪金與蘇倫的性問題。蘇倫與瑪金談到戀愛問題
時，瑪金笑著拉開領口的鈕子，初版本寫她「露出了肉感的
上半個胸脯。」修訂本 399 頁刪去。接著初版本寫蘇倫「眼
光停留在瑪金那裸露的胸口。」「蘇倫吮住了瑪金的嘴唇了。
瑪金的身體稍稍動了一下，又格格地笑。」修訂本 399 頁和
400 頁刪去。初版本中蘇倫接著說：

　　「瑪金！你的奶就像七生的炮彈尖頭一樣！」

修訂本 400 頁改為：

　　「瑪金！你這，就像七生的炮彈尖頭一樣！」

初版本中寫瑪金聽了這話「更笑得狂了」，但她忽然猛一翻
身說：「算了，沒有工夫再浪費了！」修訂本 400 頁刪去引
號中文字。接著，初版本寫她：

　　撿起一件「工人衣」來，就那麼站在床前脫了身上的
　　洋布旗袍，把那「工人衣」穿上。她一面套袖子，一
　　面回過臉去看看蘇倫，忍不住又笑了起來。

初訂本 400 頁刪減成：

　　撿起一件「工人衣」正待穿上；

這時，蘇倫卻突然撲到瑪金身上。初版本接著有蘇倫「取了

第二次的攻勢」等文字，修訂本 400 頁亦刪去。初版本寫蘇倫求瑪金說：

> 你不要那麼固執，呀，掃興！你有工作，我們快一點，十分鐘！

修訂本 400 頁刪為：

> 你不要那麼封建⋯⋯

而初版本中接著是：

> 突然瑪金怒叫了一聲，猛力一個掙扎，將蘇倫推下，趕快跳離床，睜圓了眼睛怒瞅著蘇倫，敞開了衣襟的一對乳峰像活東西似的在那裏跳。蘇倫也跳了起來，又向瑪金身上撲。瑪金閃過，就往房外跑，卻又驀地站住，對蘇倫厲聲斥道：
>
> 「你敢！你和取消派一鼻孔出氣，你是我的敵人了！」

瑪金之所以改變情態並不是因為蘇倫的性要求，而是他罵了工作、總路線、蘇維埃和紅軍。修訂本 400 頁將上面兩自然段刪為：

> 突然瑪金怒叫了一聲，猛力將蘇倫推開，睜圓了眼睛怒瞅著蘇倫，跳起來，厲聲斥責道：
>
> 「哼！什麼話！你露出尾巴來了！你和取消派一鼻孔出氣！」

最後一次性內容的修改是在第十八章。在吳蓀甫的妹妹四小

姐的夢中，她曾失身於詩人范博文，初版本寫：

> 她的嘴唇被吮住，發熱的微抖的又是迫切無禮的手觸
> 到她的乳房，她的肚皮，她的臍下，而且她像醉了似
> 的，任憑撥弄著！

修訂本 451 頁刪成：「像醉了似的。」

對革命（者）及農民、工人敘述的修改，是修訂本又一重點。上述第十五章中性內容的刪改其實也是關於革命者形象的修改問題。此外，這一章對革命者克佐甫的敘述在語詞上有所修改。如他「堅決地下命令道。」修訂本 393 頁改為「堅決地說道。」而「克佐甫已經跳了起來，厲聲叫道」一句修訂本 394 頁改為「克佐甫就嚴厲地指責她道。」又，「他嚴厲地制止了任何人發言，堅決地再下命令道。」修訂本 395 頁改為「堅決地下命令道。」修改後減少了一點他的專斷程度。第九章劉玉英罵那些專門寫標語的小赤老像老鼠，初版本接著讓她說：「這些活像老鼠的小赤老，我就不怕；我倒怕真老鼠！」修訂本 237 頁刪去此句。第四章對暴動農民的敘述也有所修改。如初版本寫：

> 阿金的丈夫搶前一步，揪住阿金的頭髮，惡狠狠地問。

修訂本 97 頁改為：

> 阿金的丈夫搶前一步，怒聲問。

初版本寫：「那些人的眼睛裏都放出要吃人的凶光。」修訂本 78 頁刪此句對農民的敘述。幾個農民罵阿金「臭婆娘」的話，修訂本 99 頁也刪去。對工人的敘述也在字眼上有些

修改。如初版本說「有些死不回心轉意的女工們」，修訂本
376 頁改為「有些堅強的女工們」（第十五章），形容詞由
貶義換成褒義。第十六章寫朱桂英的弟弟小三子（工人），
初版本是：

> 小三子漲紅了臉，也像瘋狗似的亂跳亂叫道：（略）

修訂本 405 頁改為：

> 小三子漲紅了臉，亂跳亂叫道：（略）

小三子的母親扭住他，也要去參加鬥爭，初版本寫：

> 小三子性起，一使勁把老太婆推開了，就拉著金和尚
> 跑去，順手帶上了那竹門，又把鐵鈕反扣上，讓老太
> 婆獨自在裏面跳罵。他們兩個人竟自去了，頭也不回。

修訂本 405 頁刪去此段。還有，小三子和金和尚（工人）對
話中「他媽的」的口頭禪全部刪去。這些修改減少了小三子
等給人的粗野、暴躁的印象。

　　修訂本的修改還有一種情況是詞語的調換。其中有少數詞
語的調換是出於政治意義上的考慮，如作者敘述語言裏的「共
匪」修訂本一律改為「共軍」或「共產黨」，「農匪」則改為
「武裝農民」。而人物對話中的這類詞語並未調換，依然如初
版。更多的詞語調換則是考慮到語言規範化問題，如：

> Neon→霓紅　　聽筒→電話筒　　氣狀→氣派
> 刮刮而談→誇誇而談

還有一些是將初版本中的 30 年代的慣用名詞換成 50 年代的

新叫法，如：「看護婦」換成「女護士」、「汽車夫」換成「司機」等。修訂本其餘的修改包括字詞、句子和句群的調換、增刪，屬於藝術上的錘煉和加工，為的是使藝術表達更準確、更簡潔或更生動、更形象。如第十章通過李玉亭的眼睛看吳蓀甫的小客廳，初版本寫：

　　　牆壁上那幅絲織的「明妃出塞圖」，

修訂本 246 頁改「絲織的」為「緙絲的」。「緙絲」也作「刻絲」，是我國特有的傳統絲織手工藝。這裏用「緙絲的」來修飾，說明此畫不同於一般的絲織品，它的名貴恰好襯托了主人的豪華闊綽。這體現了茅盾在人物環境描寫上的精心設計。又如，第四章寫曾家駒打劫，初版本有一句是：

　　　他糊裏糊塗舉起手槍來對床上放射了。

修訂本 102 頁改「糊裏糊塗」為「慌慌張張」。在這種情境中寫他的慌張神態顯然比寫他的糊塗意識更合理，也更能表現一種動態感。這些修改體現了作者選字擇詞的錘煉之功。有些語句，如初版本第九章寫完劉玉英肉體、相貌後的一句：「是妖冶的化身，是近代都市文明的特產！」這類補充性或評述性語句，作者或覺冗贅或覺有礙敘述格調的和諧而將它們刪去。使修訂本在語言上更簡淨。以上字詞、句子的修改都只是語言層面的藝術打磨，一般不會涉及場面、情節、結構等大構件。也有少數細節或情節，本是一種枝冗敘述而被刪改的。如農民軍攻打宏昌當的情節被刪掉許多文字。

二、版本變遷：面對不同時代的禁忌

　　《子夜》諸版本中最重要的版本是初版本、刪節本和修訂本，而這幾個版本的變遷，主要是不同時代的禁忌所至。30 年代的民國和 50 年代的新中國國家意識形態的不同勢必影響文學生產，勢必有不同的禁忌制約文學作品的寫作和出版。

　　作為左翼小說的代表作，《子夜》真實地描寫了 1930年前後中國社會多方面的現實狀況及其因果連鎖關係。從小說的標題寓意、敘事內容、思想傾向以及後來作者多次談到的明確的寫作意圖等都可以看到這部作品與國民黨官方的意識形態相悖。這無疑體現了作者的寫作膽識和勇氣。但在30 年代，《子夜》要出版也不能不有所顧忌，不能不講究一點寫作策略。因此初版本《子夜》在敘事上便用了一些特殊的方式。1939 年，茅盾在新疆學院的演講中就談到這種情況：「因為當時檢查的太厲害，假使把革命者方面的活動寫得太明顯或者是強調起來，就不能出版。為了使這本書能公開的出版，有些地方則不得不用暗示和側面的襯托了。不過讀者在字裏行間也可以看出革命者的活動來。比如同黃色工會鬥爭等事實，黃色工會幾個字是不能提的。」[4]又如紅軍的活動也不是正面敘述而是通過書中的資本家、教授等人物的交談帶出。最明顯的是敘事者假裝站在官方立場，既通過人物之口罵「共匪」、「農匪」，又在敘述語言中大量用

---

[4]　茅盾〈《子夜》是怎樣寫成的〉，《新疆日報》副刊《綠洲》，1939年 6 月 1 日。

「共匪」、「農匪」等字眼（敘述語言中的這些詞在修訂本中都改過來了）。這些做法無非都是為了通過檢查官的耳目，使《子夜》能得以順利出版。

然而《子夜》還是觸時忌了，初版本出版不久還是遭禁。1934 年 2 月，國民黨中央宣傳委員會發出密令，查禁「鼓吹階級鬥爭」、「描寫共黨秘密活動」、「宣傳共產主義」、「對於現狀異常不滿，並帶煽動詞句」等「共產黨及左傾作家之文藝作品」共 149 種。茅盾的多種創作被禁。後經各書店請願交涉，中宣委決定對 149 種圖書分五檔對待。茅盾的創作除了《路》、《蝕》列入「暫緩執行查禁之書目」外，其餘皆列入「應刪改之書目」。其中，《子夜》應刪改的理由如下：「二十萬言長篇創作，描寫帝國主義者以重量資本操縱我國金融之情形。97 頁至 124 頁譏刺本黨，應刪去，十五章描寫工潮，應刪改。」這第 97 頁至第 124 頁，其實就是整個第四章。5 所謂的「譏刺本黨」是指初版本第四章寫了粗野、愚蠢的曾家駒得到國民黨「某省某縣第某區黨員證第二十三號」，成了「黨老爺」，以及曾家父子重視黨證的不同心理。寫了這位國民黨黨員如何打劫和強暴婦女的過程。還寫了曾家駒的小孩如何尿濕了《聖諭廣訓》一般神聖的《三民主義》一書，及農民軍攻打雙橋鎮時曾滄海如何頭頂淋過孩子尿的《三民主義》祈求總理陰靈保佑等細節。第十五章的「描寫工潮」其實寫到了

5　參考唐弢《晦庵書話》，1998 年 5 月版，三聯書店，第 54 頁。倪墨炎《現代文壇災禍錄》，1996 年 12 月版，上海書店出版社，第 195 至 213 頁。

屠維嶽如何同工會的錢葆生較量的內容，但女工在革命者
瑪金等人領導下罷工、衝廠的情節更打眼。這兩章犯了時
忌，國民黨「檢查老爺」自然不會放過。當書店老闆問茅
盾如何刪改這兩章時，茅盾說：「我覺得與其刪改，弄得
面目俱非，不如乾脆把這兩章抽掉了事。所以一九三四年
再版的刪改後的開明版《子夜》，就只有十七章了。」[6]這
就是《子夜》的刪節本。同年下半年所謂「救國出版社」
翻印原版《子夜》，在〈翻印版序言〉中評說：「它出版
不久，即被刪去其最精采的兩章（第四章及第十五章）；這
樣，一經割裂，精華盡失，已非復瑰奇壯麗之舊觀了！」[7]這
種說法雖不免誇大其辭，但《子夜》一經刪削，的確就成為
肢體不全、前後斷裂、文氣阻隔的文本了。茅盾最初想通過
長篇小說去完成表現中國「整體性」現實的神話。這個寫作
計劃幾經壓縮，最後才有了初版本《子夜》這部「半肢癱瘓」
（茅盾語）的作品。《子夜》中留下幾個沒有展開的小結構，
第四章就是其中之一。農民運動這條線在第四章戛然而止，
為《子夜》留下殘缺。但後人閱讀這個文本時並未為此深
感惋惜，而是把這條線索轉讀為小說的重要背景。[8]刪節本
刪去此章，文本的背景更加模糊，第一章吳老太爺之逃入
上海也就沒了照應，後來來到裕華絲廠的曾家駒也就沒了
來源。工人運動是小說另一線索，第十五章則是工運發展

6　茅盾〈一九三年的文化「圍剿」和反「圍剿」——回憶錄（十七）〉，
　　《新文學史料》1982 年第 4 期。
7　同註 2。
8　黃修已《中國現代文學發展史》（修訂本），1997 年 1 月版，中國青
　　年出版社，第 331 頁。

的高潮。刪節本刪此章，這個高潮不再存在。領導工運的革命者形象更蒼白，對李立三路線的批判也抹去了。這兩章的刪除，不僅造成小說章節內涵的損耗，而且使小說中的某些社會關係、情節演變的因果牽聯被割斷。初版本的殘缺畢竟是作家的創造，不失為殘缺之美。刪節本的割裂則導致殘缺過度，是給藝術作品施肉刑。

　　這個《子夜》刪節本的出版，雖然得到作家的被迫認可，但到底是一個不能代表作家意志的版本。它不可能作為研究《子夜》文本意義遷沿的證據，它只是現代文禍史的一個證物。但它是研究《子夜》版本變遷的重要一環，它是當時的政治禁忌對文學生產產生影響的一個例證。

　　新中國成立後，文學更成了國家意識形態的有機構成。文學有了新的規範，《在延安文藝座談會上的講話》所提倡的文學為政治服務、寫工農兵、作家世界觀的改造等規定為作家們所遵從。文學被賦予了新質，但新的禁忌隨之而來。初版本《子夜》雖是左翼小說，甚至被認為是「迎合當時中共的政策要求」，「為黨宣傳，為共黨統戰，最標準，最有力的『政治小說。』」[9]但終究與新的文學規範不能完全吻合。在新的歷史語境中，它難免又犯忌。《子夜》修訂本的出現便是對新的禁忌的一種迴避。《子夜》修訂本的修改自然有不少屬於藝術上的加工、潤色，但這些修改對文本釋義影響不大。真正能改變文本釋義的是那些可能犯忌的性問題等修改內容。

9　　李牧《三十年代文藝論》，1973 年版，臺灣黎明文化事業股份有限公司。

　　早在婦女評論的寫作中，茅盾就直接切入性的問題。他認為女性的解放不必一定要從經濟獨立做起，女性肉體和精神的解放更為迫切。其中，肉體束縛的解放又應置於精神束縛的解放之前。前者在獲得身體自由，後者是獲取新性道德。茅盾並不是狹隘地談性，而是把性的解放與女性的解放、人的解放及社會的進步連在一起。與此同時，他又在文論中引進自然主義作為理論支持，因為自然派作家寫性。在〈自然主義與中國現代小說〉一文中他說：

> 自然派作者對於一椿人生，完全用客觀的冷靜頭腦去看，絲毫不攙入主觀的心理；他們也描寫性欲，但是他們對於性欲的看法，簡直和孝悌義行一樣看待，不以為穢褻；亦不涉輕薄，使讀者只見一件悲哀的人生，忘了他描寫的是性欲。[10]

這裏同樣提到「性」與「人生」的關係。也是在這篇文章中，茅盾把所謂自然派的寫性與中國古代「滿紙是輕薄口吻，肉麻態度，成了『誨淫』的東西」的舊小說區別開來。後來茅盾的《蝕》、《虹》等小說寫性也力求寫出其人生內容和社會性。有人說茅盾是高舉文學的社會性大旗而建立起「寫『性』說『欲』的合法性」的。[11]這實際可以指茅盾早期的整個寫作。

---

[10]　茅盾〈自然主義與中國現代小說〉，《小說月報》1922 年，第 13 卷第 7 期。

[11]　黃子平〈「灰闌」中的敘述〉，2001 年 1 月版，上海文藝出版社，第 55 頁。

　　《子夜》的寫作雖然已在向自然主義告別，但仍有許多性的內容。這裏主要不是表現對女性的關懷，也缺少其早期小說那種爭取身體自由和具有性自主意識的女性。但仍在性的階級性、性與革命的關係等問題中顯示了性的社會性內涵，仍描寫了許多被物化、商品化的女性形象。與早期小說更類似的是，《子夜》初版本仍有茅盾慣常喜愛的女性性徵的描寫，如寫乳房、屁股、身體曲線和肉感等。這是既審性又審美。初版本《子夜》對性的描寫並未引起民國的檢查官員的注意。實際上，相對於「鼓吹階級鬥爭」等激進思想來說，性描寫在民國官方看來算不得什麼禁忌。張資平的《愛的交流》等小說被禁，並不是因為其中的性內容而是其中的所謂「革命內容」。茅盾小說的被禁也是同樣的原因。新中國成立後，「人性論」既受批判，「性」無形之中也成為禁忌。敘事的潔化成為社會主義文學的一種審美規範。而這種規範的建立正是從對現代文學名作的修改開始的。茅盾積極參與了這種修改，1954 年版的《蝕》、《子夜》都刪削了許多性內容。

　　性內容的刪削使《子夜》修訂本成為一個相對的潔本。那些局部的刪削不僅改變著局部語義，對整個文本釋義亦產生重要的影響。先說對革命者的性描寫。革命與性的複雜糾葛原本是茅盾的《蝕》、《虹》等作品的主題，《子夜》第十五章仍然承續了這個主題。在《蝕》裏，在革命政府所在地武漢，「『要戀愛』成了流行病，人們瘋狂地尋覓肉的享樂，新奇的性欲的刺激；……」在《子夜》中，在上海，革命者也忙於「兩邊的工作」，「性的要求和革命的要求，同

時緊張！」《子夜》初版本通過蔡真顛屁股、和陳月娥親嘴、被罵為「色情狂」等描寫，側面烘托她因忙於「兩邊的工作」而瘦了。《子夜》修訂本刪掉了這些描寫。初版本又通過寫瑪金露胸脯、乳峰、身體和狂笑，而蘇倫吮她的唇、撫她的乳等寫他們忙於「性」的工作。然而瑪金因要忙於「革命」的工作拒絕了蘇倫的進一步的性要求。最後因蘇倫罵了總路線等，瑪金說他和取消派一鼻孔出氣，因此宣佈「你是我的敵人了！」瞿秋白說瑪金最後的表示是「真正的戀愛觀，」「這表現出一個女子認為戀愛要建築在同一的政治立場上，不然就打散。」[12]到修訂本，這些性的描寫都刪去了，瑪金最後的話也修改了。可見，修訂本中革命者的性方面的「工作」因被刪改而變為一種模糊敘述。因而使性的描寫在修訂本中開始變成地主、資產階級身上才有的敘事特權了。

　　對資產階級的性描寫原本是初版本《子夜》的一個突出特點。以至當時韓侍桁撰文批評：「作者懷著一種堅固的而並不十分正確的觀念，即，一切資產階級的婦女，必定是放蕩的，而資產階級的生活，必定缺少不了這些色情的女人的點綴。」又說：「但縱算這種色情狂是資產階級的事實，那也無須在書裏那麼誇大地寫的，因為資產階級的主要罪惡並不是在這裏的。」並認為徐曼麗、劉玉英、馮眉卿等「幾乎專門是為著性欲的場面而製造了的。」[13]作為「第三種人」

12　施蒂而〈讀《子夜》〉，《中華日報・小貢獻》，1933 年 8 月 13、14日。
13　韓侍桁〈《子夜》的藝術思想及人物〉，《現代》，1933 年 11 月，第四卷第一期。

的韓侍桁多少道出了《子夜》這部左翼小說的弊端。《子夜》
中的許多女性的確都被敘述成資產階級的消遣品、玩物、淫
具。至於王媽更被敘述成吳蓀甫的暴力破壞對象。修訂本對
資產階級性欲場面的描寫很少改動，值得一提的是對吳蓀甫
強暴王媽的細節的修改。吳蓀甫強暴王媽的情節，本是茅盾
接受瞿秋白的建議而安插的。瞿秋白說：「大資本家憤怒絕
頂又絕望就要破壞什麼乃至獸性發作。」[14]破壞點什麼可能
在情理之中，一定要獸性發作則未免專斷，尤其是對吳蓀甫
這種埋頭事業而犧牲家庭幸福的資本家來說。到修訂本時王
媽被刪去了「風騷的微笑」、「風騷的曲線和肉味」等，則
更難引起吳蓀甫的興（性）趣了。但失真歸失真，修訂本更
強化了王媽是個「東西」的印象。吳蓀甫把女人當作可以任
意破壞的東西，也許更能證明這個階級的罪惡。可見《子夜》
的階級偏見在修訂本中更突出了一些。至於地主之子曾家駒
強暴錦華洋貨店主婦的場面是韓侍桁文中唯一認為具有「深
刻的意義」和「真實性」的場面，說這裏「血與惡恨是更多
於性欲的味道」。[15]在修訂本中，這個場面的性欲感覺幾乎
沒有了，突出了仇恨。在修訂本中，當性在敘事時成為地主、
資產階級的特權，性就被定位為獸性，性就主要是生活腐
朽、人格低下、道德墮落的人的行為。在閱讀反應中就會引
起人們對這類人物的憎惡、鄙視、憤怒。在「十七年」的文

---

[14] 茅盾〈《子夜》寫作的前前後後——回憶錄（十三）〉，《新文學史料》1981 年第 4 期。
[15] 韓侍桁〈《子夜》的藝術思想及人物〉，《現代》，1933 年 11 月，第四卷第一期。

學中，性成為敘事禁區，即便寫到「性」，那也是反面人物
身上才應有的。而且到後來，它竟成了一種敘事成規，成為
醜化反面人物或落後人物的一種修辭法。這應該溯源於《子
夜》等作品的修改本。

　　革命的勝利和翻身解放，使新中國的文學在描寫革命者
和工農階級時日漸崇高化和神聖化，以至後來出現了所謂
「三突出」原則。《子夜》的寫作雖然在當時不無激進，但
畢竟與這種新的敘事傾向相悖。1952 年，茅盾在《茅盾自
選集》「自序」中對《子夜》未寫好「革命運動者及工人群
眾」「未能表現那時候整個的革命形勢」深表遺憾。1954
年的修訂本雖未能彌補這種遺憾，卻多少在減少這種遺憾。
作者對革命者和工農形象有所修改。對於革命者，茅盾當初
寫作時本無意對他們進行理想化處理。從對克佐甫、蔡真的
術語式的言談和他們的工作方式的描述中，作者意在表現李
立三路線的盲動，意在批評命令主義。瞿秋白說：「這正是
十九年的當時情形！也許有人說作者譏諷共產黨罷，相反
的，作者卻正借此來教育群眾呢！」[16]但是在《子夜》修訂
本中，作者還是作了更合時宜的小修改，如對克佐甫的專斷
態度有語詞上的修改。另外，如上文所述，通過潔化敘事，
刪減了革命者「兩邊的工作」中的性的工作，而突出了他們
更忙於革命工作。對農民的描寫本不是《子夜》初版本的重
點，只在第四章略有描寫。修訂本改掉了一些有損於農民形
象的貶義的修辭和罵語。關於工人階級的活動卻是《子夜》

---

[16]　施蒂而〈讀《子夜》〉，《中華日報・小貢獻》，1933 年 8 月 13、14
　　日。

敘述的一個重點。第五章、第七章、第十二章等章節都有涉及，而第十三章、第十四章、第十五章、第十六章等章節則是正面描寫。朱自清稱讚茅盾「罷工的各方面的姿態，在他筆底下總算有聲有色。」卻認為他「寫工人運動，但他們的力量似乎很薄弱，一次次都失敗了，不足以搖動大局。或者有人覺得作者筆下的工人太軟弱些，但他也許不願鋪張揚厲。」為什麼初版本對工人運動的敘述是這樣呢？朱自清又引用茅盾在〈我們這文壇〉一文中說的話：「我們也唾棄那些，印板式的『新偶像主義』——對於群眾行動的盲目而無批評地讚頌與崇拜。」[17]而修訂本《子夜》不可能把工人的力量改為太強大，也不可能盲目地去讚頌，那是只有重寫原作才能做到的。但作者對工人的敘述所作的刪削與修改還是體現了對新的敘事規範的認同。工人形象固然未高大起來，卻儘量減少了貶損修辭。

　　《子夜》修訂本的出現，聊以彌補作者在初版本《子夜》跋文中所說「倉卒成書，未皇細細推敲」的遺憾，但到底不能了卻作者真正的修改意願。茅盾晚年接受採訪時曾說：「《子夜》發表一兩年後，曾經考慮過要不要修改？」但由於時間、生活經驗和出版商等方面的原因終究不能如願。[18]茅盾真正想作的修改應該是向完成書中未完成的小結構、更全景式的描寫社會這樣的方向發展的，而不是修訂本的那種刪改。但茅盾終究作出了與原來的願望不同的、避免犯忌的

---

[17] 朱佩弦〈子夜〉，《文學季刊》，1934年4月1日，第1卷第2期。
[18] 見（法）蘇珊娜・貝爾納〈走訪茅盾〉，《新文學史料》，1979年第3期。

修改。與此同時，茅盾在談《子夜》的寫作過程和意圖的不同文章中對《子夜》還作了稍有不同的導讀。如，1939 年的〈《子夜》是怎樣寫成的〉一文還把吳蓀甫稱為「民族資本家」，而 1952 年寫的〈《茅盾自選集》自序〉卻把吳蓀甫等叫作「反動的工業資本家」。又如，前一篇文章說：「把革命者方面的活動寫得太明顯或者是強調起來，就不能出版」，後一篇「自序」和 1977 年版《子夜》中的〈再來補充幾句〉一文都把革命運動者及工人群眾的寫得差歸因於寫作時僅憑了「第二手」材料。這些不同的導讀性文字說明了作者的思想觀念在新時代的跟進，也可以作為修訂本之所以這樣修改的一種旁證。

　　以上論及的《子夜》的三個主要版本都留下了時代的印記。不同時代的禁忌導致了這三個版本的不同「本」性，而這種不同的「本」性在相互比較中越發鮮明。初版本不得不在偽裝中表明作者的敘事傾向，刪節本在被施「淩遲」之刑後損耗了內涵和題旨，修訂本在藝術上有所改進卻也在思想觀念上有所改變。初版本寫「性」表現出社會性，寫「革命」表現出批判性，修訂本則淡化了這些內涵。初版本是一個不足的產兒，刪節本不能代表作者的意志，而修訂本的出現也不合作者的初衷。《子夜》有許多遺憾！但《子夜》畢竟是中國現代文學史上一部具有史詩規模的名著。在它的諸多版本中，相比較而言，初版本是更有藝術價值的版本。時下，人們貶低《子夜》，所依據的卻往往是其修訂本。

第五章

《駱駝祥子》

版本源流圖示：

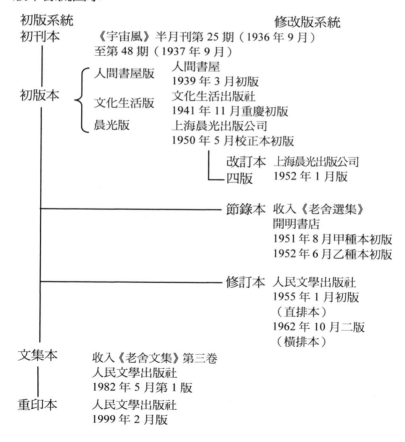

初版系統　　　　　　　　　　　　修改版系統

初刊本　　《宇宙風》半月刊第 25 期（1936 年 9 月）
　　　　　至第 48 期（1937 年 9 月）

初版本　　人間書屋版　人間書屋
　　　　　　　　　　　1939 年 3 月初版
　　　　　文化生活版　文化生活出版社
　　　　　　　　　　　1941 年 11 月重慶初版
　　　　　晨光版　　　上海晨光出版公司
　　　　　　　　　　　1950 年 5 月校正本初版

　　　　　改訂本　上海晨光出版公司
　　　　　四版　　1952 年 1 月版

節錄本　收入《老舍選集》
　　　　開明書店
　　　　1951 年 8 月甲種本初版
　　　　1952 年 6 月乙種本初版

修訂本　人民文學出版社
　　　　1955 年 1 月初版
　　　　（直排本）
　　　　1962 年 10 月二版
　　　　（橫排本）

文集本　收入《老舍文集》第三卷
　　　　人民文學出版社
　　　　1982 年 5 月第 1 版

重印本　人民文學出版社
　　　　1999 年 2 月版

　　老舍 1936 年夏天動筆寫《駱駝祥子》，1937 年夏天完篇，共二十四章。它連載於《宇宙風》半月刊第 25 期至第 48 期，每期一章。《駱駝祥子》的第一個單行本是 1939 年 3 月由上海中國科學公司印刷，人間書屋發行的。後來文化生活出版社、晨光出版公司都據人間書屋版印過單行本。人間書屋版、文化生活版皆無序、跋，而晨光初版則附有老舍寫的〈序〉。1951 年開明書店出版《老舍選集》收入節錄本《駱駝祥子》，這個「選集」有〈自序〉。1952 年 1 月晨光出版公司出了《駱駝祥子》的改訂本四版。所謂改訂，其實是刪節，前 23 章不動，而第 24 章從開頭刪起，刪去九個多頁碼的文字，只留最後八個自然段作全書的結尾。這種刪法不同於節錄本。1955 年人民文學出版社又出了《駱駝祥子》的新版本，我們稱之為修訂本，附有老舍寫的〈後記〉。1982 年 5 月人民文學出版社出版的《老舍文集》第三卷收入《駱駝祥子》。[1]1999 年的重印本又是根據文集本重印的。

　　《駱駝祥子》這部名著曾先後被譯成英、日、俄、意、法、朝等十多種文字。這些翻譯往往根據不同的版本，如，1973 年法譯本就是根據修訂本翻譯的，1945 年的美國譯本雖是據初版本翻譯，譯者卻將末段刪去，改悲劇結局為大團圓。這一類現象也是考察《駱駝祥子》版本時應該注意的。但是在《駱駝祥子》版本變遷過程中，最引人注目的還是節錄本和修改本。本章擬就初版本與節錄本、初版本與修訂本對校，以辨其版（文）本差異。

---

[1]　參考朱金順〈《駱駝祥子》版本初探〉一文。文見其著作《新文學考據舉隅》，1990 年 12 月版，中國文史出版社。

一、初版本與節錄本對校記

在開明書店出版的《老舍選集・自序》裏，老舍稱收入其中的《駱駝祥子》為「節錄本」，刊「選集」第 88 頁至書末第 250 頁，書末注明「據《駱駝祥子》刪節」。這個版本是在初版本基礎上進行刪節的，它取消了初版本標明章節的「一、二、三……」等章碼，每章之間空一行為記。除了改正初版本的某些誤植以外，節錄本只是刪節。筆者統計，共刪 145 處，具體情況見下表：

章節	一	二	三	四	五	六	七	八	九	十	十一	十二
處次	6	6	10	5	5	7	6	8	7	1(全刪)	6	9
章節	十三	十四	十五	十六	十七	十八	十九	二十	二十一	二十二	二十三	二十四
處次	8	10	6	4	7	5	6	5	5	6	3	1(全刪)

其中有 2 處只刪了一個字，有 5 處只刪了些句子，有 6 處只刪去半自然段，其餘每處都刪去一個或幾個自然段，最多的一處達 15 個自然段（5 個頁碼），第十章和第二十四章則全部刪去。所以在刪法上，節錄本主要是整段、整章地刪節。除了在章節中間刪節之外，作者又喜歡採用掐頭去尾的方法。如第二章刪去開頭兩自然段，第二十章刪去章末 7 自然段，第二十三章則刪去開頭 8 自然段和章末 15 自然段等等。通過刪節，節錄本只剩 9 萬多字，而初版本有 15 萬 7 千多字，刪去近 7 萬字。節錄本所刪節的內容主要在三個方面：一是其他人物的故事，二是關於祥子自身的敘述，三

是風景風物的描寫。有時這幾個方面的內容又常常不能截然剝離而是互相包容著。

節錄本所刪的其他人物的故事，較重要的有以下內容：

1. 對城裏人的敘述被刪 1 處。初版本 15 頁至 16 頁有一自然段（差不多一個頁碼）敘述城裏人會造謠，但關於戰爭的謠言卻傳達了正確的消息，戰爭一來闊人要逃命，窮人的手腳就貴起來。「選集」94 頁刪此段。

2. 關於大雜院居民的敘述被刪 3 處。初版本 190 頁至 191 頁大半段寫大雜院居民的生活苦況，頂苦的是老人和婦女。「選集」191 頁刪去。初版本 205 頁至 206 頁有一自然段寫春到人間，大雜院裏增加了困難，苦人們艱難地度著春荒。「選集」200 頁刪此段。初版本 218 頁有大半段寫夏天裏大雜院的孩子和婦女的生活境況。選集 208 頁刪去。

3. 關於車夫的敘述被刪 2 處。初版本 1 頁至 4 頁共五自然段介紹北平洋車夫的許多派別。「選集」88 頁刪去。初版本 49 頁至 50 頁兩自然段（第五章開頭兩段）寫車夫們對祥子的態度，先以為他發了邪財，對他充滿敬重，後發現他並未買房置地，也就冷談了。「選集」113 頁刪去。

4. 關於買駱駝的老者的敘述被刪 2 處。初版本 34 頁有一自然段寫老者對比 30 年前，發牢騷感慨。同頁又一自然段寫老者決定買下駱駝，就像愛書人見書想買，忘記了買到手並沒有好處。「選集」104

頁刪去這兩段。

5. 關於曹先生的敘述被刪 2 處。初版本 78 頁有一自
然段寫曹先生自居為社會主義者和唯美主義者，按
自己的理想佈置自己的工作和家庭。「選集」130
頁刪此段。初版本 144 頁至 145 頁有一自然段寫曹
先生由偵探的跟蹤所起的想法。他不肯利用下獄造
名譽，恨自己不能成為戰士，也不肯作冒牌的戰
士。「選集」162 頁刪此段。

6. 關於高媽的敘述被刪 3 處，但有 2 處比較重要。初
版本 82 頁至 83 頁有一自然段寫高媽催叫祥子換藥
及高媽「乾淨嘹亮」的性格。「選集」133 頁刪此
段。初版本 88 頁至 89 頁有兩個自然段寫「資本主
義」觀念對高媽的影響及高媽放高利貸的眼光和手
段，還有她的謹慎和潑辣。「選集」136 頁刪去。

7. 小馬兒祖孫的故事在節錄本中被刪盡。小馬兒祖孫
在初版本中出現兩次。第一次是在第十章中間部
分，從 115 頁至 121 頁。這裏寫了小馬兒祖父又冷
又餓在茶館裏暈厥等情節，其中寫到祥子對小馬兒
祖孫的同情之舉。這些內容在節錄本中隨著第十章
的全刪而被刪去。初版本第二十三章開頭八個自然
段也在節錄本中被刪去，這其中寫了祥子又遇小馬
兒的祖父。這時小馬兒已病死，老人的生活更悲慘 。
老人對祥子說了「幹苦活兒的打算獨自一個人混好，
比登天還難。」、「咱們賣汗，咱們的女人賣肉。」
等話，並建議祥子到「白房子」裏去找小福子。

8. 關於阮明的敘述被刪 2 處。初版本 143 頁至 144 頁
大半段寫阮明因曹先生給了他不及格的分數而懷
恨在心，想在曹先生身上泄怒。「選集」161 頁刪
這半段。初版本第二十四章又出現了阮明。這一回
他被祥子出賣了，被押著遊街，被拉去槍斃。這些
內容隨著第二十四章在節錄本中全刪而被刪去。

9. 關於劉四的敘述被刪 4 處，重要的有 3 處。初版本
163 頁至 164 頁即第十四章的開頭兩自然段寫劉四
看到這麼多人為他祝壽，感到滿意和自傲。但在熱
鬧中他又感到沒有兒子的淒涼和孤獨。「選集」173
頁刪這兩段。初版本 168 頁有一小自然段寫祝壽到
下午三四點鐘，劉四已覺索然無味。「選集」177
頁刪去。初版本 169 頁至 170 頁有一自然段寫祝壽
進展到晚上七點多鐘，劉四有點發睏，開始抱怨沒
吃飽，說廚子賺了他的錢，最後把白天的滿意全部
推翻。「選集」177 頁刪此段。

10. 關於高個子車夫的敘述被刪盡。初版本第十六章寫
到這個 40 多歲的車夫。193 頁有一自然段寫他拉車
姿態不好看，塌不下腰。「選集」193 頁刪此段。
初版本 194 頁至 196 頁共 14 個小自然段在「選集」
中被刪，其中主要寫高個子車夫拉車吃力及其原因。

11. 關於車夫二強子的敘述被刪 4 處。初版本 213 頁至
214 頁三個自然段寫二強子家中苦況。「選集」205
頁刪去。初版本 216 頁有一自然段寫二強子喝醉後
給女兒出賣身的主意。「選集」207 頁刪此段。初

版本 220 頁至 221 頁兩自然段寫二強子因女兒賣淫無臉回家，但喝了酒又無錢時他回來跟她要錢，要了錢又罵她。「選集」209 頁刪去。初版本 247 頁至 248 頁有一自然段寫二強子被祥子推倒在地，想反攻又不是祥子的對手，坐在地上。「選集」226 頁刪此段。

12. 關於小福子的敘述被刪 2 處。初版本 234 頁至 235 頁有一自然段寫小福子失去了招待客人的地方，沒有辦法，只好在家裏賤賣。「選集」217 頁刪此段。初版本 217 頁「小福子露出些牙來，淚落在肚子裏。」一句（段）「選集」208 頁亦刪去。

13. 關於「白麵口袋」的描寫被刪 1 處。初版本 287 頁至 288 頁有一自然段寫「白麵口袋」的小屋子及她的年齡、外貌、長奶等，「選集」248 頁刪此段。

14. 關於虎妞的敘述被刪處數最多。初版本 155 頁兩小自然段主要寫虎妞的醜態，「選集」168 頁刪去。初版本 207 頁至 208 頁有一自然段寫虎妞知道繼承劉四財產無望，留了個心眼：買一輛車給祥子拉，其餘的錢留有自己手裏，得樂且樂，眼前享受吧。「選集」201 頁刪此段。初版本 217 頁即第十七章最末一段中有「虎妞『成全』了小福子，也要在祥子身上找到失去了的青春」一句，「選集」208 頁刪去這一整段。初版本 238 頁有一自然段寫虎妞派小福子不停地採購，她自己只吃不動，怕犯了胎氣。「選集」219 頁刪此段。初版本 240 頁有一自

然段將虎妞與大雜院其他婦人相比，說她生孩子更危險。「選集」221 頁刪此段。至於虎妞與祥子在一起的敘述就刪得更多了。

節錄本刪節的內容主要還是關於主人公祥子的敘述。包括對他的形象的描繪、性格的刻畫、相關情節的敘述和各種心理活動的描寫等。其中刪得最多的是祥子的心理活動和心理狀態。在這些刪節的內容中有幾點特別值得呈述：

一是刪去祥子對車的態度及心理活動。初版本中，對車的不同態度和感情是祥子性格發展的重要表現，節錄本刪掉 4 處。第一章中祥子經過三年的奮鬥終於買到了自己的車，初版本 11 頁至 12 頁寫：

> 祥子的手哆嗦得更厲害了，揣起保單，拉起車，幾乎要哭出來。拉到個僻靜地方，細細端詳自己的車，在漆板上試著照照自己的臉！越看越可愛，就是那不盡合自己的理想的地方也都可以原諒了，因為已經是自己的車了。把車看得似乎暫時可以休息會兒了，他坐在了水籤箕的新腳墊兒上，看著車把上的發亮的黃銅喇叭。他忽然想起來，今年是廿二歲。因為父母死得早，他忘了生日在哪一天。自從到城裏來，他沒過一次生日。好吧，今天買上新車，就算是生日吧，人的也是車的，好記，而且車既是自己的心血，簡直沒什不可以把人與車算在一塊的地方。

接下一自然段寫祥子如何打算過這個「雙壽」。「選集」93 頁將這兩自然段一起刪去。第五章寫到祥子第一次失車之後

又準備為買自己的車進行第二次奮鬥，他捨不得花錢娛樂自己，初版本 50 頁至 51 頁寫道：

> 可是，他還是不敢去動它們。他必須能多剩一個就去多剩一個，非這樣不能早早買上自己的車。即使今天買上，明天就失了，他也得去買。這是他的志願，希望，甚至是宗教。不拉著自己的車，他簡直像是白活。他想不到作官，發財，置買產業；他的能力只能拉車，他的最可靠的希望是買車；非買上車不能對得起自己。他一天到晚思索這回事，計算他的錢；設若一旦忘了這件事，他便忘了自己，而覺得自己只是個會跑路的畜生，沒有一點起色與人味。無論是多麼好的車，只要是賃來的，他拉著總不起勁，好像背著塊石頭那麼不自然。就是賃來的車，他也不偷懶，永遠給人家收拾得乾乾淨淨，永遠不去胡碰亂撞；可是這只是一些小心謹慎，不是一種快樂。是的，收拾自己的車，就如同數著自己的錢，才是真快樂。（略）買上車再說，買上車再說！有了車就足以抵得一切！

「選集」114 頁刪此段。第十七章寫虎妞用自己的體己錢從倒楣車夫二強子手裏便宜買得一輛車，祥子知道這輛車的歷史，不喜歡它。初版本 211 頁至 212 頁寫：

> 拉出這輛車去，大家都特別注意，有人竟自管它叫作「小寡婦」。祥子心裏不痛快。他變著法兒不去想它，可是車是一天到晚的跟著自己，他老毛毛咕咕的，似乎不知哪時就要出點岔兒。有時候忽然想起二強子，和二強子

的遭遇，他仿佛不是拉著輛車，而是拉著口棺材似的。
在這輛車上，他時時看見一些鬼影，仿佛是。

「選集」204 頁刪此段。虎妞死後，為安葬她，祥子賣了這
輛常常見著鬼影的車。他也好像變成了另一個人，對車的態
度完全變了。初版本 267 頁寫道：

> 對於車，他不再那麼愛惜了。買車的心既已冷淡，對
> 別人家的車就漠不關心。車只是輛車，拉著它呢，可
> 以掙出嚼穀與車份便算完結了一切；不拉著它呢，便
> 不用交車份，那麼只要手裏有夠吃一天的錢，就無須
> 往外拉它。人與車的關係不過如此。自然，他還不肯
> 故意的損傷了人家的車，可是也不便分外用心的給保
> 護著。有時候無心中的被別個車夫給碰傷了一塊，他
> 決不急裏蹦跳的和人家吵鬧，而極冷靜的拉回廠子
> 去，該賠五毛的，他拿出兩毛來，完事。（略）

「選集」236 頁刪此段。這些敘述的被刪有損於祥子形象的
深度。

　　第二是刪去祥子對錢的態度和處置方法。初版本第七章
末有一小段在「選集」136 頁被刪去，其中就有祥子贊同的
「真理」：「什麼也是假的，只有錢是真的。」關於祥子的
這類敘述主要集中在第八章。高媽曾勸祥子把錢放高利貸。
初版本 87 頁至 88 頁寫道：

> 不過，對於錢的處置方法，他可不敢冒兒咕咚的就隨
> 著她的主意走。她的主意，他以為，實在不算壞；可

> 是多少有點冒險。他很願意聽她說，好多學些招數，
> 心裏顯著寬綽；在實行上，他還是那個老主意——不
> 輕易撒手錢。

「選集」136 頁刪此段。初版本 90 頁至 91 頁又有三個自然
段寫祥子對處置錢的新方法的拒絕。祥子原先拉包月的方家
全家大小連僕人都在郵局裏有個儲金摺子，方太太勸祥子也
到郵局立個摺子，祥子不幹。他認為：「現錢在手裏到底比
在小摺子上強，強的多！摺子上的錢只是幾個字！」對於銀
行銀號，祥子只知道那兒是出「座兒」的地方，至於裏面作
些什麼，他猜不透。他不明白人們為什麼單到這裏來鼓逗
錢。他以為：「（略）自己拿著自己的錢好，不用管別的。
他以為這是最老到的辦法。」「選集」137 頁刪去這三段。
後來高媽又給祥子出了通過請會來酬錢買車的主意，初版本
92 頁有一自然段接著說：

> 這真讓祥子的心跳得快了些！真要湊上三四十塊，再
> 加上劉四爺手裏那三十多，和自己現在有的那幾塊，
> 豈不就八十來的？雖然不夠買十成新的車，八成新的
> 總可以辦到了！（略）

「選集」138 頁刪此段。祥子終究不能實施這個主意，他買
了儲錢的悶葫蘆罐，把錢一塊一塊地放進去。接著初版本
94 頁寫道：

> 他決定不再求任何人。就是劉四爺那麼可靠，究竟有
> 時候顯著彆扭，錢是丟不了哇，在劉四爺手裏，不過

　　　　總有點不放心。錢這個東西像戒指，總是在自己手上
　　　　好。（略）

「選集」139 頁又刪此段。祥子的那一罐錢終於被孫偵探搶
走，他第二次買車的希望成了泡影。至於在初版本第二十三
章末尾寫祥子如何借錢、騙錢以及第二十四章寫他如何靠出
賣阮明賺到 60 塊錢等，那已是一種無賴式的掙錢方法了，節
錄本亦都刪去。這些被刪去的文字是祥子性格的一種見證。
　　　第三是刪去許多祥子與虎妞的關係的敘述（包括性）及
他對虎妞的感受。祥子第一次失車以後，拼命拉車準備第二
次買車。初版本 53 頁至 54 頁三小自然段寫虎妞勸他悠停著
來，祥子對她稜稜著眼說話，虎妞對祥子卻是一百一的客
氣、愛護。「選集」116 頁刪此三段。祥子第一次被虎妞引
誘，初版本 67 頁從「屋內滅了燈」至「星樣的遊戲」有一
自然段，借寫星星在天空中的各種運動、光焰和地上秋螢也
作星樣的遊戲來暗示房事。「選集」124 頁刪去。初版本 68
頁至 69 頁有一自然段寫祥子由昨晚與虎妞的事引起一系列
心理活動，想起那些搶他車的士兵也沒有虎妞那麼可恨可
厭！「她把他由鄉間帶來的那點清涼勁兒毀盡了」。初版本
69 頁至 70 頁有一自然段又繼續寫祥子對這件事的複雜感
受，「不但身上好像粘上了點什麼，心中也仿佛多了一個黑
點兒，永遠不能再洗去。」但他「越不願再想，她越忽然的
從他心中跳出來，一個赤裸裸的她，把一切醜陋與美好一下
子，整個的都交給了他，像買了一堆破爛那樣，碎銅爛鐵之
中也有一二發光的有色的小物件，使人不忍得拒絕。」等等

內容都和上面那一段一起在「選集」125 頁刪去。初版本 70
頁又有半自然段描寫祥子的感愛：壓抑、難過等，「選集」
126 頁刪去。初版本 74 頁有一自然段寫虎妞把車份錢退給
祥子，說「這兩天連車帶人都白送了！」然後一轉身把門倒
鎖上。這段帶有暗示「性」的文字，「選集」128 頁刪去。
在虎妞對祥子謊稱「有了」以後，初版本 107 頁至 108 頁有
三小自然段敘述祥子對於虎妞沒法可想。她說得出就行得
出，她已經把道兒都堵住了。「選集」147 頁刪去。在虎妞
坐著花轎來和祥子成親的那一天，初版本 178 頁至 179 頁有
一大自然段寫祥子和虎妞的樣態及祥子感受的文字。祥子覺
得自己既像個舊的又像個新的擺設，像木籠裏跑不出去的大
白兔，而在他看來虎妞——

> 她也是既舊又新的一個什麼奇怪的東西，是姑娘，也
> 是娘們；像女的，又像男的；像人，又像什麼兇惡的
> 走獸！這個走獸，穿著紅襖，已經捉到他，還預備著
> 細細的收給他。誰都能收拾他，這個走獸特別的厲
> 害，要一刻不離的守著他，向他瞪眼，向他發笑，而
> 且能緊緊的抱住他，把他所有的力量吸盡。（略）

「選集」184 頁刪去這些敘述。新婚第二天，祥子看見個澡
堂，決定洗個澡。初版本 181 頁有一自然段寫他在澡堂裏脫
光身體，覺得羞愧，「覺得自己不乾淨——心中那點汙穢仿
佛永遠也洗不掉」。「選集」185 頁刪此段。但他出澡堂後，
來到天橋，初版本 182 頁至 183 頁又一自然段寫他忽然想起
新房——

（略）雖然只住過一夜，但是非常的熟悉親密，就是
那個穿紅襖的娘們仿佛也並不是隨便就可以捨棄
的。立在天橋，他什麼也沒有，什麼也不是；在那兩
間小屋裏，他有了一切。回去，只有回去才能有辦法。
明天的一切都在那小屋裏。羞愧，怕事，難過，都沒
用；打算活著，得找有辦法的地方去。

「選集」186頁刪去此段。在葬虎妞時，初版本有一自然段
寫祥子楞楞磕磕地看著棺材被埋好，沒有哭。胸中像有一
把烈火把淚已燒乾，想哭也哭不出，呆呆地看著。「選集」
223頁刪此段。節錄本還刪去祥子與虎妞的許多對話及其他
情節。以上內容的刪去，也無疑會妨礙對人物的複雜性的
理解。

　　第四，刪去關於祥子墮落的許多敘述。祥子接受夏太太
的引誘是他墮落的開始。初版本259頁至261頁有8個自然
段在「選集」231頁被刪去。這其中主要寫祥子對夏太太的
欲火及其內心矛盾。他希冀著，鼓起些勇氣；又恐懼著，喚
醒了理智。「忽然希冀，忽然懼怕，他心中像發了瘧疾。這
比遇上虎妞的時候更加難過；那時候，他什麼也不知道，像
個初次出來的小蜂落在蛛網上；現在，他知道應當怎樣的小
心，也知道怎樣的大膽，他莫名其妙的要往下淌，又清清楚
楚的怕掉了下去！」以至當他去接夏先生時非常恨這個老瘦
猴，真想摔他個半死，並真的故意上下顛了幾下車把。「選
集」231頁刪去這些內容。祥子與夏太太發生性關係後，染
上了一身髒病。初版本264頁有一段寫祥子精神麻木，用眼

前的舒服驅走高尚的志願,「生活的毒瘡只能借著煙酒婦人
的毒藥麻木一會兒。」「選集」234 頁刪此段。初版本 267
頁至 268 頁又一自然段寫祥子不再勤奮,冬天來到時懶得出
車,出了車也無精打采慢慢地晃。「選集」236 頁刪此段。
當有一天傍黑,他「戰勝」了劉四(將劉四攢下車),他又
開始振作起來。初版本第二十二章就寫他試圖作一個新的祥
子的過程,有 5 處(5 自然段)或寫他又在吃喝上省儉,或
寫他計劃去找曹先生和小福子,或寫他對曹先生訴說自己的
經歷,或借景抒寫他的好心情,或寫他打算把小福子打扮一
番。節錄本刪去這些內容。但是祥子沒有在大雜院裏找到小
福子,到章末一段:

> 煙酒又成了他的朋友。不吸煙怎能思索呢?不喝醉怎
> 能停止住思索呢?

「選集」249 頁也將這段刪去。初版本第二十三章開頭 8 自
然段被節錄本刪去,這其中寫到祥子根本不想上曹宅去了,
他從小馬兒祖父的陳述中悟出了得樂且樂的道理。後來從
「白麵口袋」那裏打聽到小福子已上吊而死,祥子徹底絕望
了。這一章的最後 15 個自然段(從初版本 290 頁至 295 頁)
寫祥子的進一步墮落。寫他掏壞、醉酒、進白房子、佔便宜、
騙錢……變成了「走獸」。這個體面的高等車夫最終變成又
瘦又髒的低等車夫了。節錄本刪去這些段落。節錄本刪去的
第二十四章繼續寫祥子的墮落:他出賣了阮明,他走在紅白
喜事的儀仗隊中有氣無力地慢慢地蹭。被刪的初版本的最末
一段是:

> 體面的，要強的，好夢想的，利己的，個人的，健壯
> 的，偉大的，祥子，不知陪著人家送了多少回殯；不
> 知道何時何地會埋起他自己來，埋起這墮落的，自私
> 的，不幸的，社會病胎裏的產兒，個人主義的末路鬼！

　　節錄本刪節的還有風景、風物的描寫。初版本裏這些描寫有的只是人物活動的背景，有的是用景物來表現祥子的心情的。在寫法上，往往把對人物的敘述放在對景物的描寫之中。節錄本刪去的比較集中的景物描寫有以下 9 處。當祥子從兵營裏逃出來，牽著三匹駱駝，在天亮時向北平走去，初版本 30 頁至 31 頁有一自然段先寫東方的早霞的變幻，然後寫一切景物都有笑意，陽光照亮了一切，「也照亮了祥子的眉髮，照暖了他的心。」突出他獲得自由的歡欣。「選集」102 頁刪此段。快走到北平城的時候，祥子坐在河岸上，落了幾點熱淚，初版本 40 頁接著又是一段斜陽中的景物描寫。祥子覺得有趣，「只有這樣的小河仿佛才能算是河；這樣的樹，麥子，荷葉，橋梁，才能算是樹，麥子，荷葉，與橋梁。因為它們都屬於北平。」突出祥子對北平的依戀。接著，初版本 41 頁又有一段城門洞的景像描寫，祥子擠進了城，一眼看到新街口的寬且直的道路，「他的眼發了光」。突出祥子的興奮。「選集」108 頁將以上兩段刪去。到初版本第九章虎妞欺騙祥子說她「有了」，祥子心中一片空白，初版本 105 頁這時有半段寫祥子對景物的反映。他覺得景色有些可怕，「灰冷的冰，微動的樹影，慘白的高塔，都寂寞的似乎要忽的狂喊一聲，或狂走起來！」大白石橋「異常的

空寂，特別的白淨」，「連燈光都有點淒涼」。寫出祥子的
無助。「選集」146 頁刪此半段。第十章中即初版本 124 頁
至 125 頁有一自然段寫祭灶那天晚上北平古城的雪景和過
年氣氛。祥子拉著曹先生，只想立刻到家。「選集」149 頁
刪此段。第十八章又有兩處景像的描寫。初版本 226 頁有一
自然段寫雨前景像，「選集」213 頁刪去。祥子在雨中博鬥
了一陣，回到家裏，雨停了。初版本 228 頁至 230 頁三個自
然段寫雨後天空景像和大雜院雨後的慘像。「選集」214 頁
刪此三段。第二十二章寫祥子通過與曹先生的一陣談話，解
決了自己的工作和小福子的安置問題，出了曹宅。初版本
279 頁這時又有一處自然景物描寫，寫冬季裏最可愛的晴美
的一天中北平的景像，這種景像襯托著祥子歡快的心情。「選
集」244 頁將此段刪去。在被全刪的初版本第二十四章中還
有初夏時節故都風物和熱鬧景像的描寫。

二、初版本與修訂本對校記

1955 年人民文學出版社出版的《駱駝祥子》是在其初
版本基礎上修訂的。這次修訂除了訂正初版本的誤植之外，
一是加了 72 條文字注釋，即就書中一些方言、俗語、人名
等作簡要的腳註。二是作了 90 餘處文字修改，其中全刪或
刪而後改的文字有 25 處（第二十四章被全刪，算 1 處），
其餘都是文字上的調換。

在修訂本〈後記〉中作者說：「現在重印，刪去些不大
潔淨的語言和枝冗的敘述」。這包括性的內容、阮明的故事、

祥子的墮落等。我們先看性及與此相關的敘述被刪的情況。
修訂本幾乎刪盡初版本中較明顯的性敘述，共刪 12 處。初
版本 67 頁寫祥子與虎妞第一次發生性關係，是那段暗示性
的景物描寫：

> 屋內滅了燈。天上很黑。不時有一兩個星刺入了銀
> 河，或劃進黑暗中，帶著發紅或發白的光尾，輕飄的
> 或硬挺的，直墜或橫掃著，有時也點動著，顫抖著，
> 給天上一些光熱的動盪，給黑暗一些閃爍的爆裂。有
> 時一個兩個星，有時好幾個星，同時飛落，使靜寂的
> 秋空微顫，使萬星一時迷亂起來。有時一個單獨的巨
> 星橫刺入天角，光尾極長，放射著星花；紅，漸黃；
> 在最後的挺進，忽然狂悅似的把天角照白了一條，好
> 像刺開萬重的黑暗，透進並逗留一些乳白的光。餘光
> 散盡，黑暗似晃動了幾下，又包合起來，靜靜懶懶的
> 群星又復了原位，在秋風上微笑。地上飛著些尋求情
> 侶的秋螢，也作著星樣的遊戲。

這一段只有「屋內滅了燈」保留接上段，其餘文字在修訂本
50 頁全刪（第六章）。初版本 180 頁說虎妞是個「吸人精
血的東西」，修訂本 133 頁刪這半句（第十五章）。初版本
192 頁寫祥子琢磨出虎妞不許他拉車而每天好飯好菜養著
他，是為了讓他成為她的玩藝兒。這之後有一句寫道：「他
看見過：街上的一條瘦老的母狗，當跑腿的時候，也選個肥
壯的男狗。」修訂本 141 頁刪此句。初版本 199 頁寫虎妞想
著跟祥子在一起時的快活，接著是：「這點快樂也不在這兒，

也不在那兒，只是那麼一點說不上來的什麼意思，（略）」。
修訂本 147 頁刪去這些文字（以上第十六章）。初版本 216
頁寫虎妞羨慕小福子，接著是：「她看過春宮，虎妞就沒有
看見過。諸如此類的事，虎妞聽了一遍，還愛聽第二遍。」
修訂本 158 頁刪這兩句（第十七章）。初版本 257 頁寫楊媽
罵夏太太是「千人騎萬人摸的臭『×』」，修訂本 189 頁刪
去。初版本 258 頁至 259 頁有 5 個自然段寫祥子曉得婦女的
厲害和好處，寫他不拒絕夏太太的引誘及其欲念與理智的衝
突等。修訂本 190 頁將這些文字刪去，只留其中「祥子不由
的看了她兩眼」一句接上段。初版本 260 頁至 261 頁寫祥子
對夏太太有欲念以後，拉著夏先生很想把他摔個半死，並真
的把車把上下顛動幾下。在這些敘述中間穿插了祥子回想到
一個宅門裏姨太太與大少爺不甚清楚，大少爺幾乎把老爺毒
死的事情。祥子現在覺得那個老爺該死。在修訂本 190 頁刪
去這一處敘述。初版本 262 頁有兩句寫祥子染上性病後的感
覺和感受的文字，說他疼痛時後悔舒服時甜美等，修訂本
192 頁刪去。初版本 263 頁寫祥子性病未治好，但祥子「把
這個想開了，連個蒼蠅還會在糞坑上取樂呢，何況這麼大的
一個活人。」修訂本 192 頁刪此句（以上第二十一章）。初
版本 280 頁至 281 頁寫祥子「他已娶過，偷過；已接觸過美
的和醜的，年老的和年輕的；但是她們都不能掛在他的心
上，她們只是婦女，不是伴侶。」修訂本 205 頁刪去這些文
字（第二十二章）。初版本 288 頁有一處敘述「白麵口袋」
身世及她的撩奶表演的文字，修訂本 210 頁亦刪去（第二十
三章）。

　　其次是關於阮明和曹先生敘述文字的刪除。阮明的故事被刪盡，而對曹先生的敘述亦作了相應的刪改。阮明在初版本中出現 3 次。第一次在第十二章即 143 頁至 144 頁從「學校裏有個叫阮明的學生」到「到黨部去告發——曹先生在青年中宣傳過激的思想。」有一個半頁碼寫曹先生因未給阮明及格的分數，阮明懷恨在心，便把曹先生在課堂上講的及私下與他交談的話拿到黨部去告發。修訂本 106 頁刪去了這些內容，只改為「他得罪了教育當局，當局要給他個厲害，說他思想過激！」初版本 144 頁寫曹先生「知道自己的那點社會主義是怎樣的不徹底」，修訂本 106 頁把其中的「社會主義」改為「新思想」。初版本接著說曹先生「居然落了個革命的導師的稱號！」修訂本 106 頁把「革命的導師」改為「革命黨」。初版本 144 頁至 145 頁又有 6 句寫曹先生不願利用下獄為自己造名譽，他恨自己不能成為戰士，也不肯成為冒牌的戰士。修訂本 106 頁刪改為「身後的人影使他由嬉笑改為害怕」一句話（以上第十二章）。阮明第二次出現在第二十二章。初版本 277 頁曹先生對祥子說：「那個阮明現在作了官，對我還不錯。那，大概你不知道這點兒」。修訂本刪去引號中的文字。阮明第三次出現是在第二十四章。阮明上了報紙，阮明被拉著遊街被拉去槍斃。這些內容隨第二十四章的全刪而被刪。

　　其他被刪除的內容有：祥子墮落的文字被刪 2 處即初版本第二十三章最後 15 個自然段及第二十四章中的相關內容。關於劉四的重要改動有 2 處。初版本 42 頁寫劉四在入民國以後看到巡警的勢力越來越大，「即使李逵武松再世也

不會有多少機會了。」修訂本 32 頁把「李逵武松」改為「黃天霸」。初版本 77 頁寫劉四「雖然厲害，可是講面子，叫字號，決不一面兒黑。」這句話在修訂本 57 頁刪去（第七章）。

三、版本變遷：簡化處理與潔化敘述

1945 年，老舍曾說《駱駝祥子》是「最使我自己滿意的作品」。他滿意的原因有四：一是「故事在我心中醞釀得相當的長久，收集的材料也相當的多，所以一落筆便準確，不蔓不枝，沒有什麼敷衍的地方。」二是他「專以寫作為業」的作品，一天到晚都在思索如何寫它，「思索的時候長，筆尖上便能滴出血與淚來。」三是他「拋開幽默而正正經經的去寫」的作品。四是它用的是極平易、親切、新鮮、恰當的文字，所以「《祥子》可以朗誦，它的言語是活的。」老舍雖然也說有不滿意之處，但表示：「我對已發表過的作品是不願再加修改的。」[2] 可見，老舍對《駱駝祥子》的初刊本或初版本是滿意的，根本沒有修改它的意思。可是到了 1951 年卻出了節錄本，1954 年又出了修訂本。這兩個版本的出現是作者應對新的歷史語境與自我檢討、自我改造的結果。

1950 年 1 月 4 日，中國文聯為慶祝新年和歡迎老舍歸國舉行了聯歡茶會。在會上，老舍就表示今後大眾需要什

---

[2] 老舍〈我怎樣寫《駱駝祥子》〉，《青年知識》，1945 年，第 1 卷第 2 期。

麼，他就寫什麼。1951 年 11 月老舍出席北京文藝界整風學習動員大會，並發表〈認真檢查自己的思想〉等文章批判自己，表示要積極展開思想改造。12 月老舍被授予了「人民藝術家」的稱號。這以後老舍更自覺地改造自己，並寫過許多表態文章。其中 1952 年 5 月發表的〈毛主席給了我新的文藝生命〉[3] 是一篇較全面敘述自己思想改造和文學觀念、寫作路向發生變化的文章。文章檢討他解放前不知道為誰寫、寫什麼和怎麼寫，讀者多是小市民和知識份子。他又說 1949 年一回國，他就找到毛澤東的〈在延安文藝座談會上的講話〉來讀，這面鏡子照出了他自己的狂傲和缺乏。使他懂得了文藝應當服從政治，明白了應該怎樣把政治思想放在第一位。文章又談到他的新的寫作策略和方式：在文體上，先從篇幅短小、容易掌握的通俗文藝形式：鼓詞、相聲、快板去實踐，慢慢地再開始寫劇本。在寫作時，一方面不急躁，因為思想改造是長時間的事，要對政治思想負責和對讀者負責，就不能急於求成。另一方面時時請教共產黨員或有新思想的人。讓大家的思想來充實作品。在把初稿朗誦給別人聽了或經過討論了以後，大家認為一無可取，就扔掉；若有可取之處，就反覆修改。文章最後表示要按照毛主席所指示的一步一步地往前走，一一矯正自己的毛病。這篇文章很好地表述了建國初的一、二年間老舍的思想和寫作狀態。他是在真誠地改造思想、矯正寫作缺點。

　　老舍政治思想的改造、寫作缺點的矯正落實在新的作品

---

[3]　老舍〈毛主席給了我新的文藝革命〉，《人民日報》1952 年 5 月 21 日。

上，首先是重視其政治思想內涵，再就是反覆修改作品以更好地去表現這種內涵。如，《龍鬚溝》《春華秋實》等都寫了三、四稿，甚至十餘稿才定稿。而對於解放前的舊作他也通過刪改的方式以矯正思想內涵上的某些缺點。《駱駝祥子》的修改是一個典型的例子。《駱駝祥子》節錄本和修訂本的修改幾乎都不是藝術上的改進。這兩個版本的主要修改都是檢討作品的內容。在談到節錄本時老舍說：「假若沒有人民革命的勝利，沒有毛主席對文藝作的明確的指示，⋯⋯我根本就不會懂得什麼叫自我檢討，與檢討什麼。」[4]他檢討了初版本不敢高呼革命並給了祥子一個沒有希望的結局的寫法。在修訂本《駱駝祥子》「後記」裏老舍繼續對初版本沒有為勞動人民找到出路，卻使「他們痛苦地活著，委屈地死去」感到「非常慚愧！」[5]但是節錄本和修訂本都沒有讓祥子走上革命的道路和獲得生活的希望，它們的共同之處只在刪去了祥子徹底墮落的結局。這兩個版本的修改自然是老舍自我檢討的具體表現。

　　同是內容性的修改，《駱駝祥子》的節錄本和修訂本在處理方法上不大相同。節錄本採用簡化處理的方法，只是刪節，在大量刪節中順帶刪去一些（不是全部）對新社會讀者不宜的內容。也就是說節錄本以簡化原則為主，但這種簡化中也含有潔化的方式。修訂本則既刪且改，將所有對新社會讀者不宜的和應該避諱的內容都刪改掉，使文本變成一種潔化敘述。

---

[4]　《老舍選集‧自序》，1951 年 8 月版，開明書店。

[5]　《駱駝祥子‧後記》，1955 年 1 月版，人民文學出版社。

　　節錄本《駱駝祥子》收入開明版《老舍選集》中，因為篇幅的限制，老舍才對這個長篇進行了刪節，這種刪節中自然也包括了老舍對作品內容的檢討。節錄本只陳述了一個簡略的祥子故事，但它不是概述性的縮寫，而是對初版本的許多有機內容的刪節。

　　節錄本首先區別主要人物與次要人物，將祥子周圍其他人物的許多敘述刪去。其中有些敘述的被刪直接影響了祥子性格的發展，如小馬兒祖孫的故事。在初版本中，他們的故事使祥子作了重要的人生決定，對人生有了更深的感悟。小馬兒祖孫出現過兩次。第一次，祥子出於同情心為他們買了十個包子。祥子從小馬兒身上看到了自己的過去，從老車夫的身上看到了自己的將來。於是，他覺得「對虎妞的要脅，似乎不必反抗了；反正自己跳不出圈兒去，什麼樣的娘們不可以要呢？（略）虎妞就虎妞吧，什麼也甭說了！」第二次，小馬兒已死了，老車夫告訴祥子「打算獨自一個人混好，比登天還難。」「祥子真明白了：劉四，楊太太，孫偵探——並不能因為他的咒罵就得到了惡報；他自己，也不能因為要強就得了好處。」他不想上曹宅去了，「一上曹宅，他就得要強，要強有什麼用呢？」祥子決定不要強了，決定採取得樂且樂的生活態度。節錄本刪盡小馬兒祖孫的故事，使祥子性格的發展少了重要的轉折因素。有些關於他人的敘述的被刪則有礙於人們對祥子境遇的瞭解，如關於高個子車夫的敘述。高個子車夫的出現主要是表現車夫的體力與成家與性生活的關係。對高個子車夫的敘述完了以後，祥子「一邊走一邊踢腿，胯骨軸的確還有點發酸！」、「簡直沒有回家的勇

氣。」家裏的虎妞「不是個老婆，而是個吸人血的妖精！」
這樣，這些敘述便聯繫上虎妞對祥子的過份的性要求。在初
版本裏，上面兩個車夫是作為兩類不同的車夫來敘述的。小
馬兒祖父是自己有車的老車夫，高個子是成了家的中年車
夫。他們的命運昭示了祥子繼續作車夫的兩種可能性。他們
的出現也擴大了《駱駝祥子》的表現面。節錄本卻將他們的
故事全部刪盡。節錄本有些被刪去的內容是關於「性」的。
如關於「白麵口袋」的敘述，關於夏先生和夏太太的敘述。
這些內容不僅是作為他人的故事而且也是作為新社會的「讀
者不宜」而被刪的。節錄本部分地刪除「社會主義者」曹先
生和「革命」青年阮明的敘述則可能有避諱的意圖。但是關
於「性」和「革命」的敘述，節錄本並未刪除乾淨。另外，
還有許多關於他人的敘述的被刪可能對祥子形象的刻畫並
無直接損害但會有礙於對這些人物本身的理解。而所有被刪
的關於他人的敘述在初版本裏都是祥子故事的有機構成部
分，它們的被刪或隱或顯地改變了文本的意義。

　　節錄本中被刪的關於祥子的敘述，對於理解和認識祥子
形象更是至關重要了。祥子本是個車迷，他的理想就是買一
輛自己的車。這個理想高於一切，包括嗜好、友誼、愛情甚
至生命。當他經過三年的苦苦奮鬥終於得到一輛新車時，「手
哆嗦」著，「幾乎要哭出來」，將買車的那一天定成車和自
己的「雙壽」日。這些描寫顯得非常真實、自然而且動人。
不這樣寫不足以顯示祥子奮鬥成功後的快樂和將車視同生
命一般的感情。當祥子再次為買車而奮鬥，初版本用了一段
概括性文字，敘述他還得買車，即使今天買上明天就失了也

要買。「這是他的志願，希望，甚至是宗教。」他以為不拉
自己的車，簡直白活；有了自己的車就足以抵得一切。祥子
不這樣想，作者不這樣敘，不足以表現祥子的執著與宿願。
祥子終於又拉上自己的車，按說是實現了自己的理想。不過
這車是用虎妞的體己錢買的。這不是用自己的力氣、心血、
感情培植出來的理想之花，是理想的大打折扣，是如同虎妞
一樣強塞給自己的東西。而且這車是從倒楣車夫二強子那裏
買來的。因此作者有理由讓祥子不喜歡它，心裏「老毛毛咕
咕的」，時時從這輛被人叫作「小寡婦」的車上「看見一些
鬼影」。這樣描述，充分顯示了祥子身不由己的痛苦和尷尬。
虎妞死了以後，祥子買車的心已冷淡，這時他以為「車只是
輛車」，不過是掙些嚼穀與車份的東西。祥子這時對車的漠
不關心充分體現了他心死的悲哀。以上四處文字表現了祥子
對車子的不同態度，這種大起大落的感情變化典型地寫出了
祥子與車的特殊牽繫。在初版本中，車與祥子的性格、生命、
靈魂密不可分。節錄本減損了祥子對車子的感情強度，甚至
是去掉了車夫祥子的半個靈魂。

　　因為要買車，祥子又是一個錢迷。錢是祥子的另一宗
教。沒有墮落以前的祥子本質上是一個農民。祥子第一次掙
到一輛新車，全憑自己的力氣、節儉與誠實。祥子買到新車
以後，仍然把它看成一塊「萬能的田地，很馴順的隨著他走」
的「一塊活地，寶地。」至此，祥子還保存著年輕農民的清
純特質和質樸觀念。祥子為第二次買車，放下臉面，搶老弱
病殘的車夫的生意。這時的祥子變成了一個自私的鄉間式的
拜金主義者。祥子對金錢的處理方式也體現了農民的保守和

狹隘：「一把死拿」，「不輕易撒手錢」。這是一種典型的
囤積型的社會性格。祥子悲劇的內在根源之一就在於他以鄉
間的小農意識拒絕了城市裏資本積累的理念和方式。初版本
第八章寫到高媽有生錢的眼光、手段、小心和潑辣時有一句
議論：

> 資本有大小，主義是一樣，因為這是資本主義的社
> 會，像一個極細極大的篩子，一點一點的從上面往下
> 篩錢，越往下錢越少；同時，也往下篩主義，可是上
> 下一邊兒多，因為主義不像錢那樣怕篩眼小，它是無
> 形體的，隨便由什麼極小的孔中也能溜下來。

高媽的資本雖小，但她堅信資本主義。祥子不信這個主義，
因此他拒絕了高媽放賬生錢的建議，也拒絕了方太太去郵局
存款生息的方式。後來高媽又提出「請會」，這倒「真讓祥
子的心跳快了些！」但他也只是「心跳」而已。祥子最後「決
定不再求任何人」，「錢這個東西像戒指，總是在自己手上
好。」節錄本裏雖然還保留了祥子把錢放進悶葫蘆罐裏，放
在身邊的情節，但是上述關於祥子拒絕新的存錢、生錢方式
的敘述卻被刪了。而這些內容恰恰是理解祥子性格和悲劇的
一個關鍵。後來不輕易撒手錢的祥子為小馬兒祖孫買了十個
包子，這體現了祥子的純樸、同情心和猩猩相惜的情感。祥
子墮落以後到處借錢、騙錢，甚至靠出賣阮明以換錢的行為，
則是祥子的流氓無產者性格的一種體現。這些敘述在節錄本
中也都刪去了。祥子從一個農民式的錢迷變成一個都市無賴
式的錢迷，也喪失了他的美好的品質和健康的體質。祥子對

金錢的態度充分顯示了他的性格內涵和悲劇內涵。節錄本對這方面的刪除有礙於人們對祥子形象和整個文本的體認。

　　關於祥子與虎妞及夏太太性關係的敘述，節錄本並未盡刪。關於祥子最後墮落的敘述即第二十三章最後 15 自然段和整個第二十四章的敘述，節錄本與修訂本一樣都刪去了。這兩點內容，我們在討論修訂本時再一併討論。而許多敘述祥子對虎妞的感受的文字被刪，則無疑簡化了祥子對虎妞的複雜情感，也有礙人們對虎妞形象的理解。在初版本中，祥子在受到虎妞的引誘後感到討厭、難過、羞愧、壓抑，「身上好像粘上了點什麼，心中也仿佛多了一個黑點兒，永遠不能再洗去。」但虎妞對他來說又好像一堆破爛，「碎銅爛鐵之中也有一二發光的有色的小物件」。使祥子「不忍得拒絕」。這表現了祥子的矛盾心情和心態。新婚後，祥子同樣一方面感到心中的「汙穢仿佛永遠也洗不掉」，虎妞是個穿著紅襖的走獸，另一方面又感到這個「穿紅襖的娘們」也不是隨便可以捨棄的，那兩間小屋也「熟悉親密」。而虎妞呢？虎妞離祥子理想的女人標準太遠，但她卻能幫助祥子現實地活著；虎妞不能從情感上慰藉祥子，卻也能讓祥子得到生理上的某些滿足。總之，虎妞是一個既舊又新、是姑娘也是娘們、像女的又像男的、像人又像走獸的「奇怪的東西」，一個角色叢。祥子對她的感受也是奇怪而複雜。這不是女性主義批評中的「厭女症」所能界說。節錄本卻將這些內容刪除，在很大程度上簡化了祥子和虎妞。

　　在《駱駝祥子》初版本中，景物描寫是一種重要的表現方法，連祥子與虎妞第一次性行為都用景物來暗示。老舍的

「景物」不僅指大自然，一切風俗場景、人的活動環境等都
能成為景物。老舍在多處都談到景物的意義，他崇拜哈代和
康拉得的景物描寫，他還專門寫過一篇題目叫《景物的描寫》
的文章談到他們：

> 在這二人的作品中，景物與人物的相關，是一種心理
> 的，生理的，與哲理的解析，在某種地方與社會便非
> 發生某種事實不可；人始終逃不出景物的毒手，正如
> 蠅的不能逃出蛛網。這種悲觀主義是否合理，暫且不
> 去管；這樣寫法無疑的是可效法的。[6]

《駱駝祥子》無疑也效法了這種寫法。景物對祥子耳
語，使祥子落淚。景物心理化，景物與祥子發生神秘的交感
是常見的寫法。景物與人物之間的「哲理的解析」大概就是
「人始終逃不出景物的毒手」了。《駱駝祥子》初版本裏的
景物描寫絕大多數都是寫北平的：北平的時風節俗、北平的
人文景觀和自然景觀等等一起構成北平的景物或環境。祥子
從鄉村走進北平，正像康拉得筆下的人物走進海洋一樣，是
逃不出的。祥子與北平冬天的風鬥、夏天的雨鬥，與北平的
水深火熱抗爭，都無濟於事，祥子最終逃不出北平的環境，
逃不出北平景物的毒手。景物既然與祥子及其人生密不可
分，節錄本對這方面內容的刪除自然會影響對人物及文本意
義的理解。老舍說在有特別境界的作品裏，「換了背景，就
幾乎沒了故事」。[7]節錄本減少了人物與景物的關聯，減弱

---

[6]　《老舍文集》第十五卷，1990 年 11 月版，人民文學出版社，第 237 頁。
[7]　《老舍文集》第十五卷，1990 年 11 月版，人民文學出版社，第 237 頁。

了景物的力量，也就改換了背景，祥子及或其故事也會在一定程度上變味或變調。

通過多方面的簡化處理，節錄本的文本故事更加簡略。祥子成了一個少了心理深度，喪失部分靈魂的新祥子；成了更少與景物交感，沒有最後墮落的新祥子。祥子形象的豐滿度、完整性受到侵蝕，「只剩下那個高大的肉架子」了。文本的悲劇意義也已經淡化了。

節錄本刪節的內容多而雜。修訂本修改的內容則容易歸納。它主要是在一個「潔」字上下功夫。它將一些所謂道德上、政治上甚至語言上不潔的內容刪改掉，所以我們稱之為潔化的敘述。

修訂本的潔化首先體現在性內容的刪除上。祥子與虎妞、與夏太太性關係中的一些敘述，虎妞的性心理和色情狂方面的敘述以及關於「白麵口袋」撩奶的敘述等都被刪去。老舍刪掉這些文字，顯然是認為它們是新社會的「讀者不宜」。這種潔化的修改同五、六十年代其他作家的作品修改一樣是屈從於新的歷史語境的壓力，也共同助成了新中國文學的潔化敘事規範的建立。在出版節錄本時，老舍就開始刪去一些關於性的敘述文字，但並未盡刪，那只是一種順帶的刪削。到出修訂本時，性內容的清除成了重要目的。這個版本除了保留較少暗示性的文字之外，其餘較明顯的關於性的敘述都被當作不潔的語言而刪去。性內容從修訂本中淡出無疑會影響文本釋義。在初版本中，性內容在寫法上雖不是大肆渲染，但的確是一種重要內容，作者甚至是將性欲寫成祥子悲劇的重要誘因之一。同是小說家的許傑在 40 年代就批

評過《駱駝祥子》初版本中的性描寫：「我卻覺得老舍在性生活的描寫上，他的用力，似乎還過分了些。……老舍把性生活的描寫，這樣的強調起來，而且幾乎提高到成為祥子這個個人主義者之所以走上墮落之路的決定因素……」[8]初版本寫了祥子無法也不忍拒絕虎妞的性誘惑，寫了虎妞過分的性要求拖垮了他的身體，寫了祥子主動接受「一個年輕而美豔的虎妞」夏太太的引誘並染了一身性病。最後祥子甚至常常住在白房子裏。祥子就這樣一步步走進性的墳墓，毀了身體，蝕掉靈魂。寫其他有些人物時，老舍也強調性欲。除了虎妞，還有「猛一看，非常像虎妞的」「白麵口袋」。她在死了五個丈夫以後停止嫁人而來白房子裏「享受」。寫高個子車夫時更是將車夫的生活問題嫁罪到性生活上面。初版本中，我們的確能讀出性欲的重要作用。有的學者從老舍對象徵和暗示手法的偏愛中去解讀文本。從虎妞引誘祥子時桌子上擺著三個酒杯的考證中推出虎妞與其父劉四有亂倫關係，從夏太太讓祥子剝菜皮中讀出脫衣服的暗示，從祥子不停地掃地中讀出他身心玷污後想潔身自好的意義，等等。[9]如果這樣去解讀《駱駝祥子》初版本，其涉性的內容就更多了。而在修訂本中，隨著較明顯的性敘述和祥子最後墮落情節的被刪，加上〈後記〉這種副文本中的提示，人們不會在其語義系統中特別留意性內容了，更難讀出許多情節中的性象徵意義了。

　　關於革命和政治敘述的刪改也可以看成是另一種潔化。老舍在《趙子曰》中他就借人物之口講過他的革命觀。

---

[8]　許傑〈論《駱駝祥子》〉，《文藝新輯》第 1 輯，1948 年 10 月。
[9]　參看王潤華《老舍小說新論》，1995 年 12 月版，學林出版社。

老舍認為理想的革命是學真本領幹實際事業，而不是暴力革命、政黨的革命。因此老舍在他的小說中常常嘲諷那些光搞政治的所謂革命者。初版本《駱駝祥子》中的阮明就是這種革命青年。他以思想進步作幌子，輕看學問、慣於懶惰。不認真讀書卻要曹先生給他及格的分數。未果，便告密，出賣了曹先生。後來又想利用激烈的思想去換錢。老舍對這類革命青年深惡痛絕，也就讓墮落了的祥子同樣用告密的方法把他賣了 60 元錢，以死刑了結了他。老舍不僅寫了這類革命青年，還寫到阮明所受津貼的革命機關，這個「急於宣傳革命的機關，不能極謹慎的選擇戰士，願意投來的都是同志。」於是投來的人見錢而來，革命在老舍筆下也就成了用錢可以買來的革命。另外，曹先生似乎是老舍肯定的人物。他雖然「落了個革命的導師的稱號」，但並不是也不願作革命的戰士。他只是信仰社會主義，在政治上並無高深見解，但是「他所信仰的那一點，都能在生活中的小事件上實行出來。」雖與社會無補，但在祥子心目中他是孔聖人。也許他正是老舍心目中的那種幹實事的「革命者」。以上就是初版本《駱駝祥子》中所寫到的革命（者）。可見老舍對中國的政治革命是認識不夠的，也未寫真正的革命。新中國成立以後，經過思想改造，老舍及其創作都極力為政治和革命服務。對 1949年以前的舊作他只有反覆解釋和檢討的份兒，然後大量刪改舊作。關於《駱駝祥子》，他在《老舍選集·自序》中檢討說：「我到底是不敢高呼革命」。在修訂本〈後記〉中他又說那時「沒看到革命的光明，不認識革命的真理。」其實初版本是寫了「革命」，不過是歪寫、錯寫了「革命」。所以，

與其這樣，不如刪去。這就有了修訂本。經過修訂本的刪除以後，《駱駝祥子》裏才真正沒有寫革命了。但是在修訂本〈後記〉中老舍還是重新賦予了《駱駝祥子》對革命的價值和意義：「在今天而重印此書，恐怕只有這麼一點意義：不忘舊社會的陰森可怕，才更能感到今日的幸福光明的可貴，大家應誓死不許反革命復辟，一齊以最大的決心保衛革命的勝利！」[10]於是這部老舍本不願修改的得意之作，一經修訂，便有了新的創作意圖了。這也可謂是一種「意圖的謬誤」！

　　為了達到政治上的潔化，在修訂本中不僅刪去了「革命」青年阮明的故事和作為勞動人民的祥子出賣「革命」的故事，還作了其他一些修改。如「李逵、武松」改為「黃天霸」。因為《水滸》裏的這兩位是農民英雄、起義好漢，《施公案》裏的黃天霸則是鎮壓人民、屠殺人民的爪牙。劉四既是地痞流氓式的資本家，當然不能崇拜英雄好漢而只會與黃天霸有精神聯繫。這些小小的改動，自然也體現了新的政治修辭的運用。

　　40 年代，老舍談《駱駝祥子》寫作時，說他最不滿意的是「收尾收得太慌了一點。」[11]由此可知，假使老舍當時要去修改這部作品，只會增寫結尾的內容，使之收得更從容、更餘裕，使整個作品藝術上更完美。但是節錄本和修訂本都沒有沿著這個方向修改，而是刪掉結尾一章半的內容。

---

[10]　《駱駝祥子‧後記》，1955 年 1 月版，人民文學出版社。
[11]　老舍〈我怎樣寫《駱駝祥子》〉，《青年知識》第 1 卷第 2 期，1945年。

修訂本這樣刪可能有多方面的考慮。老舍在修訂本〈後記〉中對不能給勞動人民找到出路「非常慚愧」！結尾的被刪也許可以減輕這種慚愧。這樣，雖未寫祥子走上光明之途，卻不至於給讀者以太低沈、太陰慘、太絕望的感覺。其次，結尾中有前文已提及的與「革命」相關的敘述。第三，結尾部分寫了作為勞動人民的祥子的最後墮落，寫了他吃、喝、嫖、賭、懶、狡猾等壞品質，這有損於他的好品質。從後兩點看，修訂本刪這個結尾也是出於一種潔化的考慮。這當然也是對新社會的大歡樂、大團圓等寫作規範和閱讀心理的某種遷就。光明的尾巴在新時代幾乎成為一種模式。《駱駝祥子》也不得不這樣改。這個修訂本的結尾終止了祥子的繼續墮落，沒有使祥子成為「走獸」。因而同初版本比，祥子也是一個新祥子。同樣，在這個文本中，老舍原先的「為個人努力的也知道怎樣毀滅個人，這是個人主義的兩端」的哲理性總結也流失了意義，因為新祥子沒有成為「個人主義的末路鬼！」

　　總之，《駱駝祥子》的節錄本和修訂本都極大地破壞了初版本的語義系統，產生了新的釋義並改變了其文本本性。相比較而言，初版本是個全本，節錄本可稱為簡本，而修訂本當然是潔本了。說修訂本是潔本並不意味著初版本就是穢本，當然也不能把它說成是自然主義的作品。即便是初版本中有性內容，我們仍不能把它說成自然主義。實際上，初版本中性敘述很少，並多是暗示的寫法，而不是自然主義的直呈與細描。我們可以說初版本是現實主義文本，但由於它有許多暗示的手法和神秘的傾向，它也就有象徵主義的因素。

老舍說：「象徵主義不是一種幻想，不是一種寓言：它是一種心覺，把這種心覺寫畫出來。這種心覺似乎覺到一種偉大的無限的神秘的東西；在這個心覺中，心與物似乎聯成一氣，而心會給物思想，物也會給心思想。」[12]節錄本對心理活動和景物描寫等內容的大量刪除，使這個文本開始剝離了象徵主義的特質。而修訂本呈潔化敘述傾向，更注重對新社會讀者的教育作用和文本新的政治價值，所以是向革命現實主義靠攏。

---

[12]　《老舍文集》第十五卷，1990 年 11 月版，人民文學出版社，第 117 頁。

第六章

《圍城》

版本源流圖示：

初刊本　載《文藝復興》第 1 卷第 2 期（1946 年 2 月 25 日出版）
　　　　至第 2 卷第 6 期（1947 年 1 月 1 日出版）

初版本　上海晨光出版公司
　　　　1947 年 5 月初版
　　　　1948 年 9 月再版
　　　　1949 年 3 月三版

重印本　人民文學出版社
　　　　1980 年 10 月北京第 1 版
　　　　1985 年 8 月北京第 4 次印刷（定本）
　　　　1991 年 2 月北京第二版

　　1944 年初，錢鍾書開始寫作《圍城》。據說每天只寫五百字左右，整整寫了兩年。接著《圍城》在《文藝復興》雜誌上連載，在載完的那一期即第 2 卷第 6 期上同時發表了錢鍾書寫的〈《圍城》序〉。1947 年，晨光出版公司把《圍城》列為「晨光文學叢書」第八種初版時，作者大改一次，但未作說明。初版本《圍城》所收「序」還是《文藝復興》上發表的〈《圍城》序〉。1980 年，人民文學出版社重印《圍

城》時，作者又大改一次，並寫有〈重印前記〉附書首。此後人民文學出版社在 1981 年、1982 年、1985 年連印三次，每一次作者都修改了少許文字，每一次都在〈重印前記〉中附有說明。1985 年的《圍城》重印本可視為定本，此後的版本再無改動。[1]1991 年 5 月四川文藝出版社出版了《圍城》匯校本，將初刊本、初版本和定本進行了《圍城》匯校，只有少數漏校。現參考「匯校本」，來考察《圍城》的版本變異。

一、初刊本與初版本、初版本與定本對校記

統計「匯校本」，發現初版本在初刊本的基礎上共修改 770 多處。其中包括許多誤植的改正、標點符號的更改、段落和章節的異動等。其他修改都屬於文字內容方面的刪除、增寫和調換，這又主要是字、詞的修改，關於句子和段落的修改只有 80 多處。從內容上看，初版本對初刊本的修改最主要的有三個方面，一是關於性或女性敘述的修改，二是關於比喻的修改，三是關於用典的修改。

首先，初版本刪除或刪改了初刊本中 13 處關於性或女性的敘述，這集中在第一章至第三章。初刊本寫鮑小姐「後身有極豐厚的天生皮肉坐墊，」初版本刪此半句（見「匯校本」14 頁，以下引文頁碼皆「匯校本」頁碼）。初刊本「臀部重」，初版本改為「後部重」（14 頁）。初刊本寫了鮑小姐相貌以後有一句議論：

---

[1]　參考張明亮〈論《圍城》的修改〉，《錢鍾書研究》第 1 輯，1989 年 11 月版，文化藝術出版社。

> 有識見的男人做了這種相貌的女人的丈夫，定要強她帶上外國古代的「貞節帶」（Cingula castitatis），穿上中國古代的「窮褲，」，把她鎖在高牆深處的鐵籠子裏，雄蒼蠅都不許飛進去。

初版本刪去這句話（15 頁）。初刊本寫方鴻漸與鮑小姐一起吃飯，心裏想：「可是自己昨晚還占她違反教律的便宜，」初版本刪此半句暗示他們之間性關係的話（21 頁）。初刊本寫鮑小姐：

> 壓根兒就是塊肉，西門慶誇獎潘金蓮或者法國名畫家賽尚（Cezanne）品題模特兒所謂：「好一塊肥肉」（Cette belle viande），（略）。

初版本刪去這些帶典文字（24 頁至 25 頁）。沒有了這些文字，下文再接上「肉會變味」之類的話，顯得有些突兀（以上見第一章）。初刊本中方鴻漸在中學演講時有一節文字談蔥蒜能刺激色情感覺，而鴉片能消磨火氣，抽上它則萬事都懶，不會見色起意。初版本刪除這些文字（44 頁）。初刊本寫方鴻漸由張小姐書架上一本名叫「怎樣去獲得丈夫而且守住他」（How to get a husband and keep him）的書想到那年一藥店掌櫃向他推薦的「亞當夏娃根（Adam and Eve Root），男女兩用愛情聖藥」的藥名底下也有類似的文字等內容。初版本刪去這節文字（53 頁）。作者原本借這些文字嘲諷把丈夫當職業、當飯碗的張小姐。初刊本接著讓方鴻漸想道：

> 我願意是茶盞，女人喝了消遣；或者酒盅，女人喝了
> 迷醉；或者咖啡杯，女人喝了興奮。

初版本也刪去這一句（54 頁）。在初版本刪去的寫張小姐
婚後生活的一大段（54 頁至 55 頁）中有寫她和幾位小姐奶
奶招待美國兵，把家庭宴會開成了十足美國情調的「交頸會」
（Necking Party）等情節（以上見第二章）。初刊本寫唐曉
芙遵守天生的限止，不像有的女人麻子塗雪花膏或斐州人灑
漂白粉似的「去彌補造化的缺陷；」寫「唐小姐兼有女人的
誘惑力和孩子的樸素」。初版本刪這兩處文字（60 頁）。
初刊本有兩自然段寫方鴻漸、唐曉芙談女人八面玲瓏、梳頭
打扮之類內容的文字，初版本亦刪去（63 頁）。初刊本寫
沈太太大談女性解放時，「鴻漸才明白她所謂『女性』不過
就是『女人』，也許因為她只知道有『性』，忘掉是『人』。」
初版本刪去這一句（75 頁）（以上見第三章）。以上內容
的刪改使初版本向「潔」化方向發展。

關於比喻，初版本有刪有加又有改，修改的主要是明喻，
共 27 處。初刊本第一章寫鮑小姐「像春睡那樣的睏人，」初
版本刪此喻（19 頁）。初刊本第二章第二段寫蘇文紈有一喻：

> 傳說美國有個黑種牧師，星期日說教，講罪人在地獄
> 裏是如何受苦，地獄如何比火坑還熱：「地獄裏霜淇
> 淋的溫度都在沸點以上，記著，弟兄們！」我們曾比
> 蘇小姐於霜淇淋；假如我們想像得出同時在沸點以
> 上，冰點以下的甜蜜東西，也許可以借來比方香港開
> 船後的蘇小姐。

初版本刪去這一妙喻（29 頁）。初刊本寫方鴻漸看到自己的博士照和未婚妻淑英的遺照並放在梳粧枱上，「仿佛豬八戒在銀角大王處瞧見自己長嘴大耳朵的『影神圖』的感覺。」初版本刪此用典的比喻（33 頁）。初刊本寫蛙群「『Brekekex eoax coax』，使人可憐這竭力鼓噪的無謂，因為世間沒有值得這樣叫囂的事。」初版本改為：「『Brkekex coax coax』，宛如亞利斯多芬尼斯（Aristophanes）喜劇裏的歌唱隊，或者耶魯大學學生的啦啦隊。」（36 頁）初版本又加一處關於螢火的比喻：「月光不到的陰黑處，一點螢火忽明，像夏夜的一隻微綠的小眼睛。」（33 頁）初刊本寫方鴻漸演講時一女學生坐在記錄席上，「就可惜頭髮新燙的浪紋太呆板了。」初版本改用更形象的比喻：「新燙頭髮的浪紋板得像漆出來的了。」（42 頁）（以上見第二章）。初刊本寫趙辛楣與方鴻漸在蘇文紈家鬥智，決定盤桓到方鴻漸走了才起身，所以向沙發上坐得更深陷些，「仿佛他坐的，就是那心子裏襯聖頸割而勿死（StGengulphus）的鬍子的沙發，一根根毛都會刺進坐者的皮肉，深鉤固結，分拆不開。」初版本刪此帶典故的比喻（76 頁至 77 頁）。初刊本寫蘇文紈在愛情方面太取巧了，有一比喻：「好比不合資格的職業應徵者，聲淚俱下地抬出家裏有等米下鍋的八十歲老母。」初版本刪此喻（77 頁）。初刊本寫外國哲學家見到幾萬里外有人寫信恭維他，高興得「跟瘋子一樣。」初版本改為高興得「險的忘了哲學」（102 頁），不用比喻（以上見第三章）。初刊本寫方鴻漸把信退還唐曉芙後，過些時才像從昏厥裏醒來，開始心痛。

初版本在此補加一比喻：「就像因蜷曲而麻木的四肢，到伸直了血脈流通，就覺得刺痛。」以生理現象為喻體（131頁，見第四章）。初刊本寫雨打河面：「河面上的水渦，好比吹彈不破的臉上無數的笑靨，」初版本改為「河面上像出了痘，無數麻瘢似的水渦。」接著初版本又補加「到雨線更密，又仿佛光滑的水面上在長毛」一比喻（173頁），與前一比喻連成博喻。初刊本寫趙辛楣準備和阿福打架，初版本在此補一比喻，寫他「嘴裏的煙斗高翹著（定本為「著」）像老式軍艦上一尊炮的形勢，」（206頁）襯出趙辛楣的盛氣凌人（以上見第五章）。初刊本寫韓學愈講話少、慢、著力，初版本在此補加一比喻：「不輕易開口的人總使傍人（定本為「旁人」）想他滿腹深藏著（定本為「著」）智慧，正像密封牢鎖的箱子，傍人（定本為「一般人」）總以為裏面結結實實都是寶貝。」（243頁）初刊本寫：「梅亭仗著黑眼鏡，對孫小姐像顯微鏡下看微生物似的細看，」初版本改此喻為：「梅亭仗著黑眼鏡，對孫小姐像望遠鏡偵察似的細看，」（254頁）喻體換了不同的鏡子。初刊本寫方鴻漸、趙辛楣談論「導師制」，初版本在此後補加一段評高松年的話，其中有一絕妙的「猴」喻：

> 他不知道（定本為「事實上」）一個人的缺點，正像猴子的尾巴，蹲在地下的時候，尾巴是看不見的，直到他向樹上爬，就把後部給大家看了（「給大家看了」定本為「供大家瞻仰」），可是這紅臀長尾巴本來就有，並非地位爬高了的新標識（258頁）。

在初版本補加的方鴻漸、趙辛楣談教育和政治的文字中又用了三個比喻：「我們在社會上一切說話全像戲院子的入場券，一邊印著『過期作廢』，可是那一邊並不注明什麼日期，隨我們的便可以提早或延遲」，用當時的戲院入場券作喻體。另外兩個比喻是寫趙辛楣的：「說時的表情仿佛馬基亞偉利（Machiavelli）的魂附在他身上。」「你像外國人所說的狗，叫得兇惡，咬起人來並不利害。」（263頁）（以上見第六章）初版本描寫汪處厚的鬍子時新加一比喻：「像新式標點裏的逗號，」（269頁）初刊本接著寫汪處厚連一接二的不如意，初版本在此補加含典故的「貓」喻：「做官人的截（定本「截」為「裁」）筋斗，宛如貓從高處吊（定本「吊」為「掉」）下來，總能四腳著（定本「著」為「着」）地，不致太狼狽。」（270頁）初刊本方鴻漸吃「隔壁醋」時，初版本補加一段心理活動，說旁人的玩笑話使得當事人真的戀愛起來，其中有「仿佛催眠狀態中的人受了暗示」的比喻（300頁）。初刊本寫孫柔嘉去教授宿舍，方鴻漸以為她也許是看陸子瀟的，帶便到自己這兒坐一下。初版本在此補加一比喻，說方鴻漸「心裏一陣嫉妒，像火上烤的栗子，熱極要迸破了殼。」（301頁）（以上見第七章）初刊本寫蘇文紈與孫柔嘉拉手，一副傲慢的樣子，初版本補加「臉上的表情仿佛跟比柔嘉高出一個頭的人拉手，眼光超越柔嘉頭上」一比喻（349頁）（見第八章）。初刊本寫物價時本有比喻，初版本又加像「吹斷了線的風箏」（373頁）以成博喻。初刊本寫到報館裏一年輕女人滿臉莊嚴不可侵犯之色，初版本在此補加一比喻：「仿佛前生吃了男人的虧，今生還

蓄著（定本「著」為「着」）戒心似的。」（375頁）（以
上見第九章）此外，初版本第四章在刪除方家的庸醫鄰居的
敘述文字中還刪去一個比喻（142頁）。總體看來，初版本
以增加比喻為主。

　　關於典故，初版本修改了多處，以刪為主，增加的占少
數。其中有些是隨上面的性內容和比喻的被刪而刪去的，
如，西門慶和賽尚的「好一塊肥肉」（24頁）、豬八戒的
「影神圖」（33頁）、StGengulphus的鬍子（77頁）、地
獄裏的霜淇淋（29頁）等，也有隨其他文字或單另刪去的，
如，梅妻鶴子（29頁）、沈萬山的聚寶盆（45頁）、談笑
有鴻儒（84頁）等。

　　此外，初版本刪去了初刊本中許多枝冗的或無關緊要的
敘述。其中，文字較多的有：第二章寫留學生打趣方鴻漸的
文字（29頁），寫許家五個女兒的文字（45頁），寫張小
姐婚後生活的一大段文字（54頁至55頁）。第三章有比較
鮑小姐和蘇小姐穿古裝的文字（57頁），寫蘇小姐比較趙
辛楣、方鴻漸音樂修養的文字（66頁至67頁），寫董斜川
父親的文字（103頁至104頁）。第四章寫方遯翁學英文及
仿佛讀過《憂鬱分析》一書的文字（140頁至141頁），寫
方家隔壁一庸醫的文字（141頁至142頁）。初版本還增寫
了許多補充性的敘述或是評述性的語句。其中較重要的有：
第一章寫方鴻漸買文憑只匯了十美金給那個愛爾蘭人，氣得
他紅著眼要找中國人打架，初版本在此補加一句：「這事也
許是中國自有外交或訂商約以來唯一的勝利。」（13頁）
蕩開一筆，扯上國事。第五章寫到方鴻漸一行擠汽車的情

形：車廂仿佛沙丁魚罐，人的身體都擠扁了。初版本加上「沙丁魚的骨頭，深藏在自己身裏，這些乘客的肘骨都向傍（定本為「旁」）人的身體裏硬嵌。」（181頁）補一句更實感的文字。第六章中，初版本補加一個多頁碼的敘述：方鴻漸與趙辛楣談論教育、政治等（263頁）。這是初版本增寫最長的一處。第七章寫汪太太拒絕高松年請她到學校裏去做事，在她的拒絕理由之後，初版本補寫：「女權那樣發達的國家像英美，上帝還請男人做的，只說He，不說She。」（272頁）這一句評述，一石三鳥。初版本還有其他許多改筆，如，初刊本第一章裏說方鴻漸「沒機會對鮑小姐說句體己話。」初版本裏改為：「不容許自己插口，把話壓扁了都擠不進去。」（24頁）把方鴻漸的期待表現得刻骨三分。初版本其他的修改基本屬於字、詞方面的勘誤和潤色。

在《圍城》定本的〈重印前記〉裏，作者對1980年代的四次改動都有說明。作者說：「這部書初版時的校讀很草率，留下了不少字句和標點的脫誤，就無意中為翻譯者安置了攔路石和陷阱。」於是作者乘每次重印時或「有節制地修改了一些字句」或「改正了幾個錯字」或「修訂了一些文字」。除了提到〈序〉裏刪去一節文字，作者未對具體修改內容作出說明。統計「滙校本」，發現定本在初版本的基礎上又修改1470多處。其中只有少數是對標點和字、詞脫誤的修改。重要的修改內容縷述如下：

定本仍對與「性」相關的敘述有所修改，但僅只4處。初刊本、初版本寫那些留學生看鮑小姐的赤身露體「看到滿腔邪火，」定本改為「看的心頭起火，口角流水」（5頁）。

初刊本、初版本寫愛爾蘭的人不動產是「兩支奶，和兩瓣屁股」，定本改為「奶和屁股」（12 頁）（以上見第一章）。

初刊本、初版本嘲諷大哲學家：

> 蘇格拉底的太太是潑婦，把髒水澆在丈夫頭上，亞理斯多德的情婦把他當馬騎，叫他裸體在地上爬，還給他吃鞭子，奧理立斯（Marcus Aurelius）的太太偷人，褚慎明好朋友羅素也離了好幾次婚。

定本刪改為：

> 蘇格拉底的太太就是潑婦，褚慎明的好朋友羅素也離了好幾次婚。（111 頁，見第三章）

第五章寫「歐亞大旅社」的胖女人，初刊本和初版本是：

> 她的奶肥大得可以進波德萊亞（Baude laire）詠比利時土風的詩，小孩子吸的想是溶化加糖的豬油。那女人不但外表肥，並且看來腦滿腸肥，徹底是肉，沒有靈魂──假如她有靈魂，也只是那麼一點點，剛夠保持她的肉體不致於腐爛，仿佛肉上撒了些鹽，因為全沒有靈性，肉體就死了。（略）

定本刪改為：

> 她滿腔都是肥膩膩的營養，小孩子吸的想是加糖的熔化豬油（185 頁）。

至此《圍城》又向「潔」化方向邁進一步。

　　定本仍對比喻有所修改，以刪為主。除了上文所引對胖

女人的敘述中刪去一比喻，還修改了 8 個比喻。初版本寫蛙群叫聲的比喻在定本中刪去（36 頁）。第七章裏，寫方鴻漸因人說他是「從龍派」週邊又驚又氣，初刊本和初版本接著是：「仿佛詹姆斯（William James）所說的螃蟹，被生物學家分派入介殼類（Crustaeea）要舞螯抗議說（略）」定本刪此喻（289 頁）。初刊本、初版本說「劉太太做『殤兒墓誌』似的一連串的讚美這孩子如何解事（略）。」定本刪去「做『殤兒墓誌』似的」（299 頁）。初刊本和初版本寫孫柔嘉發怒：「臉全部發紅快得像一星火落在一盆汽油面上，」定本改為「臉爆炸似的發紅，又像一星火落在一盆汽油面上。」（302 頁）初刊本、初版本寫老年人跟年輕人混在一起，借他們的生氣來溫暖自己的衰朽，「譬如僵屍要吸取年富力強人的精血；」定本刪此譬（308 頁）。初版本寫李梅亭這兩日竊竊私語的話，比一年來向學生的諄諄訓導還多。「他像達文齊（Lionardo da vinci）一樣，只恨舌頭的肌肉太少，經不起那麼多的運動。」定本刪去這個用典的比喻（320 頁），第九章裏，初刊本和初版本寫孫柔嘉的父母把弟弟「打扮得他頭光衣挺，像個高等美容院裏的理髮匠或者外國菜館裏的侍者。」定本刪此喻（371 頁）。初刊本、初版本寫孫柔嘉「臉長得像個美麗的驢子」定本改為「板著臉」（403 頁）。

定本對用典仍有多處修改。有刪典故，如達文齊恨舌頭肌肉太少（320 頁）等。有加典故，如食不語（262 頁）等。有改典故，如基督教十戒（21 頁）等。有為典故加注，如 the blue flower（蔚蘭花）（130 頁）等。

　　定本對初版本更多的修改是字、詞調換，如：

　　算學→數學　北平→北京　電車夫→電車司機
　　紀載→記載　傍人→旁人

字、詞的調換使定本成為語言規範化的範本。定本調換了
40年代的辭彙，使之合乎80年代的漢語規範。此舉多少改
變了語言的時代性，有些調換甚至是反歷史的，如把「北平」
改為「北京」。還有許多字、詞的修改是一種語言潤色。

　　定本的另一種重要修改是對外語原文的處理。初刊本穿
插的外語原文最多，共195處，到初版本尚有184處，到定
本只剩136處。定本比初版本少了48處外語原文。這些外
語原文或隨被刪的中文一起刪去，或單獨被刪，或以中文代
之。被刪去的有拉丁文、法文、德文、英文等多種文字。定
本只留下一些必要的外語原文，如人名拜倫（Byron），或
與人物身份相符的夾雜外語（如張吉民的洋涇濱英語），或
書中直接引用的外語原文。刪去許多外語原文或許使定本減
少一些炫耀外語知識的感覺，但有些外語原文的刪除可能會
影響對語義的理解。如，第六章方鴻漸與趙辛楣談論初教書
不能很好地掌握課堂時間，真恨不能『殺時間』（Kill time）。
定本刪去 Kill time。這個英文片語意譯是「消磨時間」，「殺
時間」是直譯。作者直接用英文表達法或直譯，造成上下文
之間語義變化中的一種幽默趣味。少了英文原文，這種從英
文到中文演繹出來的語義上的幽默趣味可能會減弱。這種修
改帶來的語義差異往往是很微妙的。定本對外語原文的另一
種處理方法是加注。定本是注釋本，加了48條註腳，其中

44 條是為外語原文加的注。有了注，閱讀障礙被掃除；有了注，也豐富或明確了文本語義。如第五章寫李梅亭的名片背面有英文字：「Professor May Din Lea」，定本加注：「李梅亭教授。那三個拼音字在英語裏都自有意義：五月、吵鬧、草地。」接著初版本寫趙辛楣想「『Mating』跟『梅亭』也是同音而更有意義。」（178 頁至 179 頁）定本又為英文詞「Mating」加注：「交配」。作者在李梅亭名字中掩藏的諷刺意義有了注釋就更明朗了。

二、版本變遷：小說造藝的完善

通過《圍城》版本的對校，我們看到了諸版本之間的差異。大致說來，初刊本多少帶點「肉書」的痕迹，初版本則減少了這些印象，定本差不多是「潔本」了；初刊本、初版本用典和引外語過多不免有點像掉書袋，定本則通過刪改、注釋而成為便於閱讀的普及本；初刊本、初版本保留著當時的國語特點，定本則體現了七、八十年代的漢語規範；初刊本誤植太多，初版本校勘稍好，而定本則是精校本了。這些都體現了《圍城》諸版本的不同「本」性。若按錢鍾書本人提到過的闡釋循環理論來闡釋諸版本，差異就更大了。錢鍾書批評乾嘉「樸學」只知由部分觀整體而不知反覆而返復的批評方式，說：

> 乾嘉「樸學」教人，必知字之詁，而後識句之意，識句之意，而後通全篇之義，進而窺全書之指。雖然，是特一邊耳，亦只初桄耳。復須解全篇之義乃至全書

之指（「志」），庶得以定某句之意（「詞」），解
全句之意，庶得以定某字之詁（「文」）；或並須曉
會作者立言之宗尚、當時流行之文風、以及修詞異宜
之著述體裁，方概知全篇或全書人之指歸。積小以明
大，而又舉大以貫小；推末以至本，而又探本以窮末；
交互往復，庶幾乎義解圓足而免於偏枯，所謂「闡釋
之循環」（der hermeneutische zirkel）者是矣。[2]

錢氏所謂的闡釋之循環首先是狄爾泰式的文本內部局部與
整體之間的循環，即字⇔句⇔篇⇔全書。其次是循環至文本
之外，要瞭解「作者立言之宗尚」、「流行之文風」、「著
述體裁」等特點，這又接近海德格爾式的闡釋循環觀念。

　　以此理論看《圍城》的修改，可知文本中的細小變動都
足以影響、改變乃至顛覆文本的意義，《圍城》的三個版本
可能都更具個性了。但是，另一方面，我們更應注意到《圍
城》的版本變遷是在追求小說造藝上的完善。作者反對人們
匯校《圍城》諸版本，他看重和肯定的是那個定本。《圍城》
版本變遷中蘊含著更重要的意義，那就是一部名作的成長。
因此，以下我們的論析不是以找出釋義差異為主，而側重其
造藝的不斷完善。

　　《圍城》是錢鍾書作為造藝者的傑作，它的版本變遷不
像其他中國現代長篇小說名作那樣受政治環境和意識形態
的影響。它的初刊本和初版本誕生於戰爭時期，並未受到當
時的民國官方及檢查制度的刁難。而從初版本到重印本和定

---

[2]　錢鍾書《管錐編》，1999 年 1 月版，中華書局，第 171 頁。

本，其間則經歷了一世（三十年為一世）的冷藏和冷遇。因此它又得以避開那一世的閱讀和接受，免遭新中國主流意識形態及其批評對它的侵入。更主要的是它躲過了 50 年代以後大陸新文學名作普遍被迫修改的浪潮。《圍城》的修改不是迫於時勢、政治等壓力，不帶有思想改造的功利目的，不是迎合意識形態的。錢鍾書說：「我寫完《圍城》，就對它不很滿意。」[3] 並準備寫一部可能叫他滿意的小說《百合心》。《圍城》的多次修改旨在減少不滿意，這種不滿意主要是造藝上的。也就是說這些修改是向造藝完善的方向努力的。從初刊本到初版本，主要是痛刪暢添，從初版本到定本主要是精雕細琢。雖然免不了有少許改過頭或錯改之處，但通過這些藝術修改，還是達到寫作者的目的。定本成為一個相對完美的版本（文本）。下面我們通過《圍城》版本變遷中的幾個貫串性的修改問題，結合錢鍾書談藝的觀點來看看小說的造藝是如何不斷完善的。

　　《圍城》在《文藝復興》連載時就既受到好評也受到酷評。作者在〈《圍城》序〉中提到了「批評者的譴責」。到作者寫〈序〉之時，批評者譴責了什麼，我們無從知道，我們還找不到 1947 年以前以文獻形式存在的批評文章。因此，作者在出初版本時大量刪削「性」方面的內容，是否是應對當時批評者的譴責，我們也無從確認。但是 1947 年以後有許多批評文章都提到了《圍城》初刊本、初版本的性內容。其中方典（即王元化）的文章〈論香粉鋪之類〉是針對

---

[3]　錢鍾書《圍城·重印前記》，1980 年 10 月版，人民文學出版社。

初刊本的。文章說：「去年離開上海之前，就從《文藝復興》上讀到這麼一篇小說。……這篇小說裏看不到人生，看到的只是像萬牲園裏野獸般的那種盲目騷動著的低級的欲望。」作品「有的只是色情；再有，就是雷雨下個不停止似的油腔滑調的俏皮話了。」「作者對於女人無孔不入的觀察，真使你不能不相信他真是一位風月場中的老手，或者竟是一個穿了裙子的男人！他在他的小說中，闖進了女人的閨房，翻動了她們的床褥，檢閱了她們的全身，甚至描寫到她們的每一毛孔！總之，這篇小說在這方面研究的周到、精細、入微，簡直可以當作這類玩意的百科全書來讀！」[4]由於《圍城》從初刊到初版只有很短的時間間隔，還有一些批評文章無法斷定是批評初刊本還是初版本的。其中張羽的文章認為《圍城》是「有美皆臻無美不備的春宮畫」。[5]無咎（即巴人）的文章也認為《圍城》用「單純的生物學觀點」「來寫出幾個爭風吃醋的小場面。」[6]這些批評文章有一種共同的價值取向，那就是以寫作題材的重大性和社會性或者是以「與抗戰有關」這樣一個更具體的尺度來估定作品的價值。因此都批評錢鍾書沒有寫抗戰八年至慘勝時的重要現實內容，卻以超然物外的寫作態度去寫「醇酒女人，風花雪月」。有的甚至批評作者「忽略了一切生存競爭的社會階級鬥爭意

---

[4]　方典〈論香粉鋪之類〉，《橫眉小輯》（第 1 輯），1948 年 2 月 25 日，上海橫眉社。
[5]　張羽〈從《圍城》看錢鍾書〉，《同代人文藝叢刊》，1948 年 4 月 20 日，創刊號。
[6]　無咎〈讀《圍城》〉，《小說》月刊，1948 年 7 月 1 日，第 1 卷第 1 期。

義」[7]按照這種社會學的批評標準，《圍城》無疑是一部沒有價值的作品，是一部只寫了人的動物性或生物性的作品。這樣，《圍城》中關於性的敘述和議論自然也就被視為低級趣味的表現。而《圍城》初刊本也的確能給人這樣的口實。

實際上，《圍城》裏面仍然有戰時現實的面影。它以戰時中國為背景，圈定了特定的社會角落，用作者的話是「寫現代中國某一部分社會，某一類人物」。即主要寫遊走於上海、三閭大學之間的一群灰色知識者。「寫這類人，我沒忘記他們是人類，還（定本作「只」）是人類，具有無毛兩足動物的基本根性。」[8]作者的用意很明顯，並不是想寫一部紀實的趨時的宣傳性作品，而是借特定背景裏的特定人群以表現人生和人性，而使之成為一部具有普遍價值的作品。當時即一位論者說《圍城》「是一部人性大觀。」[9]而寫性（情欲）自然是人性大觀中的重要一面。《圍城》寫性決不只是為了展覽性，而是有其深意。如第一章寫方鴻漸與鮑小姐之間的情欲既是以此為方鴻漸被動性格和被動人生之肇端，同時也是在解構或批判西方教育和西方文化。但《圍城》寫性可能還有喜劇藝術特性方面的考慮。笑話中包含明顯的性欲和猥褻成分是不爭的事實。錢鍾書談藝注意到這種普遍現象：

[7] 無咎〈讀《圍城》〉，《小說》月刊，1948 年 7 月 1 日，第 1 卷第 1 期。

[8] 錢鍾書〈《圍城》序〉，《文藝復興》，1947 年 1 月 1 日，第 2 卷第 6 期。

[9] 林海〈《圍城》與 Tom Jones〉，《觀察》周刊，1948 年 11 月 27 日，第 5 卷第 14 期。

《金瓶梅》第六七回溫秀才雲：「自古言：『不褻不
笑』」，不知其「言」何出，亦尚中笑理；古羅馬詩
人云：「不褻則不能使人歡笑，此遊戲詩中之金科玉
律也」。[10]

《圍城》的喜劇效果有一部分也是來自這種性笑話或性戲
說。但喜劇藝術若偏執於此，就不足為範。因為過火了，就
成了惡謔。《圍城》初刊本在這方面因有過火之嫌，才給批
評者以口實。

至此，我們明瞭錢鍾書寫性是為了寫人性並突出喜劇
性，而刪去初刊本的許多性內容主要是出於藝術方面的考
慮。定本接著刪這方面的內容也是同樣的考慮。這不是因為
有官方和社會的壓力，甚至也不是受到批評的左右。在修改
時，他也並沒有像其他作家那樣去淨「性」，去潔化。事實
上即便是《圍城》初刊本也沒有過多的性情節方面的具體描
寫和渲染，它有的是一些性內容的簡要敘述，更多的是些性
笑話或性戲說。作者刪去的多半也是些有惡謔之嫌的文字。
刪去這些文字能使作品藝術上更適度更和諧。正如作者所
謂：「『鄙俗』而『工』，亦可嘉尚。」[11]

比喻，是錢鍾書談藝的一個關節點，又是他造藝的一種
重要實踐。《談藝錄》、《管錐編》、《七綴集》等著作在
談藝時將中外比喻理論闡發得精微透徹。而在造藝方面，《圍
城》等作品則常常把比喻造得新鮮奇特，寓意深刻。在談到

10　錢鍾書《管錐編》第 1143 頁。
11　《管錐編》，第 1498 頁。

比喻在文學中的地位和作用時，錢鍾書說：「比喻正是文學語言的特點」，「比喻是文學語言的擅長」[12]，「所謂『安詩』當學『博依』耳」[13]。《圍城》正是一座「比喻之城」，有人統計它用了 700 多個比喻。它運用比喻數量之多、技藝之高妙、功效之神奇，少有作品能比。

　　《圍城》版本變遷中比喻的修改一方面是驗證和用活了錢鍾書總結的比喻理論，一方面也體現了他對小說的合藝術目的性和藝術上精益求精的追求。以明喻為例，初版本是加多（16 個）刪少（6 個）改少（5 個），定本是刪多（8 個）改少（1 個）未增加。

　　我們先看修改中比喻的增加。文學靠形象來思維，來表情寓意。而比喻正是造象的重要手段。比喻的功能正像錢鍾書所說是「文情歸宿之菀裘也，哭斯歌斯、聚骨肉之家室也。」[14]在修改時，比喻的增加也正是形象、情感和意義的增加。如初版本寫高松年時增一「猴」喻，寫汪處厚時加一「貓」喻，不僅借此傳達更豐富的意義甚至是生活的哲理，而且都是握喻柄之貶義一端，讓高、汪二人本性借象顯出。有時候在一般描述中加一比喻便更形象傳神，初版本寫汪處厚的鬍子：

> 不料（定本為「誰知道」）沒有槍桿的人，鬍子都生不像樣，又稀又軟，掛在口角兩旁，像新式標點裏的逗號，既不能翹然而起，也不夠飄然而嫵。

---

[12]　錢鍾書〈讀《拉奧孔》〉，《七綴集》，1996 年 2 月版，上海古籍出版社，第 42 頁、第 44 頁。
[13]　《管錐編》第 930 頁。
[14]　《管錐編》第 14 頁。

初刊本原無「像新式標點裏的逗號」，加此喻，鬍子形象即
現，又有漫畫趣味，更合下文語意，正像畫龍點睛之法。錢
鍾書在論蘇軾詩時又說：「宋代講究散文的人所謂『博喻』
或者西洋人所稱道的莎士比亞的比喻，一連串把五花八門的
形象來表達一件事物的一個方面或一種狀態。這種描寫和襯
托的方法仿佛是採用了舊小說裏講的『車輪戰法』，連一接
二的搞得那件事物應接不暇，本相畢現，降伏在詩人的筆
下。」[15]《圍城》初刊本本就有許多這樣的博喻，通過修改
又增加了這類博喻。如初版本寫戰時物價：

> 物價像吹斷了線的風箏，又像得道成仙，平地飛升。

初刊本原只有後面一個比喻，又加一比喻，用兩個喻體說明同
一本體的不同特點。前者突出物價的高和無法控制，後者寫出
了物價的飛升狀態。還有的博喻通過增改後更完整地表現了本
體的某種動態化的過程。如小說第四章開頭，初刊本是：

> 方鴻漸把信還給唐小姐時，癡鈍並無感覺。過些時，
> 他才像從昏厥裏醒過來，開始不住的心痛，昨天囫圇
> 吞地忍受的整塊痛苦，當時沒工夫辨別滋味，現在，
> 牛反芻似的，零星斷續，細嚼出深深沒底的回味。

這裏用了兩個比喻寫方鴻漸從「囫圇吞」的「整塊痛苦」到
「零星斷續」、「細嚼」的痛苦。「昏厥」和「牛反芻」，
一是人的生理現象，一是牛的生理現象，恰當地把方鴻漸的
失戀心情表現出來。而這中間還有一個心情變化的過程，那

---

[15]　錢鍾書《宋詩選注》，1997年6月版，人民文學出版社，第61頁。

就是他「醒過來，開始不住的心痛」，初版本在此後又增一比喻：

> 就像因蜷曲而麻木的四肢，到伸直了血脈流通，就覺得刺痛。

又用一生理現象去比喻這種過程。方鴻漸失去唐曉芙後那種痛苦，其轉換和釋放的過程在修改後的博喻中得到完備、細膩、動態而形象的呈現。

版本變遷中比喻的改換，則體現了比喻藝術的改進和對比喻原則的遵從。錢鍾書說：「取譬有行媒之稱，雜物成文，撮合語言眷屬。釋書常言：『不即不離』……竊謂可以通於比喻之理。」[16]「不即」是「凡喻必以非類，」而且「不同處愈多愈大，則相同處愈有烘托；分得愈遠，則合得愈出人意表，比喻就愈新穎。」[17]「不離」即「凡比必於其倫」。要「誕而成理，奇而有法。」[18]總之要「似是而非，似非而是。」二者包含辯證關係：「所比的事物有相同之處，否則彼此無法合攏；它們又有不同之處，否則彼此無法分辨。」[19]且看下例中的比喻從初刊本到初版本之間的改動是如何暗合這「不即不離」的原則：

> 誰知道（初版刪「誰知道」）這雨愈下愈老成，水點貫串作絲，河面上的水渦，好像吹彈不破的臉上無數

---

[16] 《管錐編》第 930 頁。
[17] 《讀〈拉奧孔〉》，《七綴集》，第 43 頁。
[18] 《管錐編》第 594 頁。
[19] 《讀〈拉奧孔〉》，《七綴集》，第 43 頁。

的笑靨（「河面……笑靨」初版改為：「河面上像出
了痘，無數麻瘢似的水渦」），隨生隨滅，息息不停
（初版補加「到雨線更密，又仿佛光滑的水面上在長
毛」）。

以人「臉」比「河面」、「笑靨」比「水渦」，可謂新穎，
是為「不即」。但這「水渦」卻由「愈下愈老成」的雨絲擊
打「河面」而成，且成無數。而生於「臉上」的「笑靨」則
僅有一、兩個。一張「臉」而有「無數的笑靨」且「吹彈不
破」，本就不合情理，聯繫上文，則更荒誕。所以這個比喻
沒達成「不離」。初版改用「像出了痘（省去「臉」），無
數麻瘢」來喻無數「水渦」，就更確切更形似，既「不即」
也「不離」。接著再加一喻，寫出雨線更密後水面的變化。
剛才的改動，在這上下文（語境）中更合拍更和諧了。由「出
痘」到「長毛」，把雨中河面的變化及雨勢由疏到密的過程
都細細寫出，而且這裏是比喻與擬人並用，不僅是逼真而且
是生動了。

　　初版本和定本中比喻的刪除或是因為用喻生僻，如《聖
經》裏的「聖頸割而勿死」（StGengulphus）的鬍子一喻；
或是因為用喻有失厚道，如劉太太做『殤兒墓誌』似的讚美
自己孩子一喻；有時是因為不用喻反而更幽默，故刪改，如
把外國哲學家高興得「跟瘋子一樣」改為高興得「險的忘了
哲學」。總之，刪比喻為的是使小說語言更精粹，少留瑕疵。
這當然需要有「割愛」的決斷。有時候，比喻本身精妙無比，
但放在小說中略嫌冗贅或文氣上不貫通，作者就痛刪之。錢

鍾書曾說比喻「複具多邊」，這「多邊」指喻體有多方面的
性狀，在運用比喻時可根據需要取用喻體任一「邊」即與本
體相合的部分。一般單純的比喻只取一「邊」，而同時能照
顧多「邊」的比喻可謂匠心獨運了。初刊本有一比喻用地獄
裏的霜淇淋，這同時在沸點以上冰點以下的甜蜜東西來比喻
香港開船後的蘇文紈。作者取用這個喻體的三「邊」即又甜
又冷又熱來寫蘇文紈，可謂妙絕。但大概因為地獄裏的霜淇
淋，一般讀者難以想像，它本身又是一個傳說。而且為用這
個比喻，還必須繞圈子去寫這個傳說。所以在初版時作者不
惜刪去這個比喻。

　　大量用典是《圍城》又一特色。至於為何要用典，錢鍾
書談藝時說：「詞頭，套語，或故典，無論它們本身是如何
陳腐醜惡，在原則上是無可非議的；因為它們的性質跟一切
譬喻和象徵相同，都是根據著類比推理（analogy）來的，尤
其是故典，所謂『古事比』。」[20]又說：「隸事運典，實即
『婉曲語』（periphrasis）之一種，吾國作者於茲擅勝，規
模巨集遠，花樣繁多。……用意無他，曰不『直說破』（nommur
unobjet），俾耐尋味而已。」[21]用典有如此源遠流長的傳統
和如此效用，駢文、詩詞可用，小說亦不可棄。《圍城》愛
用此法，自無可厚非。這是就用典本身而言。至於《圍城》
本身所要表現的特殊對象也不能離開用典。它主要描寫的是
一批知識份子，包括土舉人、洋博士、新舊詩人、大學教授
之流。他們的身份語言自然也決定了小說敘事的話語特質，

---

[20]　錢鍾書〈論不隔〉，《學文》月刊，1934 年 7 月，第一卷第三期。
[21]　《管錐編》第 1474 頁。

《圍城》自然也就離不開用典這種「知識考古」的方式。更何況《圍城》的題旨就源自英、法成語，整個文本都建立在用典基礎之上。

　　《圍城》用了多少典，一般都說有一二百處之多，具體數位恐怕很難統計出。這涉及典故的具體評斷標準問題，姑且不論。但用典作為《圍城》的突出特色，引起廣泛的關注。大致說來，對初刊本和初版本的用典，較多的是批評。如張羽批評作者「搬來了西洋古董和海外奇談，以顯示自己的明瞭掌故」。[22]無咎也指責「作者是在賣弄才華」。[23]到重印本出來以後，人們對其用典更多的是肯定。如敏澤說：「《圍城》由於其題材及描寫對象的特殊性，這樣做是需要的」，「絕沒有任何堆垛學問或『掉書袋』的情況」。[24]郭志剛認為掌故「進一步打開了人物的心靈世界，使那些不同知識份子的談吐，時時充滿著文學的哲學的和歷史的意味，因而也更加鮮明地表示出他們各自不同的性格、教養和身份。」[25]人們對《圍城》用典的評價前後不同，一個重要的原因可能就是依據不同的版本。《圍城》版本變遷過程中，用典雖有增補，但總數上是在不斷減少。有研究者統計的結果是「晨光版刪初刊本，新版刪舊版，約各居其半，共三十餘條。」

---

[22]　張羽〈從《圍城》看錢鍾書〉，《同代人文藝叢刊》，1948 年 4 月 20 日，創刊號。

[23]　無咎〈讀《圍城》〉，《小說》月刊，1948 年 7 月 1 日，第 1 卷第 1 期。

[24]　敏澤〈現代文學史上的一部藝術傑作──喜見《圍城》新版〉，《新文學論叢》1981 年第 1 期。

[25]　郭志剛〈我國現代文學史上的優秀長篇──《圍城》〉，《光明日報》1981 年 3 月 4 日。

[26]實際上，如果把用典的評斷尺度放寬些，刪去的遠不止這個數目。加上定本有許多對典故的注釋，使得語意更明白，定本給讀者的印象已不同於初刊本了，作者給人的那種賣弄的感覺也減少了。

《圍城》的用典本是為了更形象更婉曲地表達內涵，《圍城》對典故的修改也主要是推敲用得妥不妥，都是考慮一個藝術表達的問題，並不是考慮用典的多少問題。再好的典，如果不合藝術目的，就痛刪。如上文提到過的地獄裏的霜淇淋。如果有助於藝術表達，也不妨加典。如第六章寫三閭大學的導師制要求師生同桌吃飯，要求學生要等導師吃完才能退出飯堂，初刊本和初版本接著寫：

> 外加吃飯時不准講話，只許吃飯，真是有苦說不出。

定本在「外加」之後補寫：

> 結合了孔老夫子的古訓「食不語」

補一典故，便莊諧並出，增加了嘲諷意味。同時也與上文「在牛津和康橋，飯前飯後有教師用拉丁文祝福，⋯⋯不過，中國不像英國，沒有基督教的上帝來聽下界通訴」等文字前後鈎連。中西互文，更添一份喜劇趣味。有時候是因為考慮到小說家言不必處處鑿實而稍改典故。更多的典故是基於一種藝術修改的綜合考慮而隨其他內容（如性敘述，枝冗敘述）一起被刪改的。

---

26 張明亮〈論《圍城》的修改〉，《錢鍾書研究》第 1 輯，1989 年 11 月版，文化藝術出版社。

　　除了以上三方面的修改之外，其他方面的痛刪暢添和語言上的潤色也都體現了《圍城》完善造藝的一種努力。

　　枝冗敘述是初刊本《圍城》敘述中的一種節外生枝，原本是作者貪多矜奇的結果，因此需要痛刪。定本雖有這種刪削，但處次很少，而初版本刪初刊本時表現得更為突出。這主要指刪削那些次要人物的故事或細節。如刪去對那位庸醫的敘述。也有少數雖然是關於主要人物的故事或細節，但前無源起後無交代而顯得突兀的文字亦刪去。對所有枝冗敘述，錢鍾書在第一次大改即初版時便揮動了「奧卡姆的剃刀」。他說：「中世紀哲學家講思想方法，提出過一條削繁求簡的原則，就是傳稱的『奧卡姆的剃刀』（Occam's razor）。對於故事的橫生枝節，這個原則也用得上。」[27]通過刪削，初版本在結構上顯得更緊湊、簡淨了。加上第二次大改繼續做了少量這類的刪削工作，定本自然更完善。以上是痛刪。暢添的則主要是些評述性語句。這也主要是在第一次大改時。雖然添加的處次不多，但每每有較多的字數。如方鴻漸與趙辛楣論教育、政治的一大節。定本雖有不少增補但字數較少。如第七章有一處定本為：

　　　　鴻漸身為先生，才知道古代中國人瞧不起蠻夷，近代西洋人瞧不起東方人，上司瞧不起下屬——不，下屬瞧不起上司，全沒有學生要瞧不起先生時那樣利害。

---

[27]　錢鍾書〈一節歷史掌故、一個宗教寓言、一篇小說〉，《七綴集》第181頁。

這其中的「古代中國人瞧不起蠻夷，近代」等文字是定本添加的，目的是使評述更完整。這些評述或議論也可以說是一種節外生枝，敘事學把它視為非敘事性話語。然而，它是一種能明示意義、塑造信念、凸現敘事者感情和價值評判的方式。弄不好，這種方式只會造成文本的說教之感。而《圍城》版本變遷中增補的這些評述語或議論句一般都能喬裝打扮或安置得適時而又恰當，它們往往成為敘事中的有機構成而避免了成為空洞的說教。

語言潤色是一種更局部更細微的藝術修改，是語言的選擇、加工和錘煉，目的是使小說語言有更好的表達效果。《圍城》第一次大改時，語言潤色不是重點，但也為數不少。如「剛進大學就談戀愛的女人」，初版本把「女人」改為「女孩子」，無疑更準確。把「守貞男之節」改為「守節」等，使小說語言更自然更簡潔。而「芳名」換成「名字」等則使小說語言更通俗。《圍城》第二次大改，重點放在了語言方面。除了為了漢語的規範化而進行的語言調換之外，作者在語言上的精磨細琢更見功夫。如第五章裏寫方鴻漸在旅途中做了一夢，夢裏一個小孩的聲音哭嚷著：「別壓住我的衣服」，定本改為「別壓住我的紅棉襖」。這一改不僅使語句更鮮明更形象，也更能渲染那荒村野店的鬼氣。《圍城》最後結尾那一段的第一句，在初刊本和初版本中都是：

> 那只祖傳的老鐘當當打起來，仿佛積蓄了半天的時間，等夜深人靜，搬出來一一細數：「一，二，三，四，五，六」。

定本改為：

> 那只祖傳的老鐘從容自在地打起來，仿佛積蓄了半天
> 的時間，等夜深人靜，搬出來一一細數：「當、當、
> 當、當、當、當」響了六下。

鐘「當當」打起來只有音響，而能「從容自在地」打則有了
生命；鐘不能數出數字，改用象聲詞「當」，既精確又響亮
可感。經過不斷地潤色，到《圍城》定本，小說語言可謂爐
火純青了。

　　《圍城》通過多次修改和多方面的修改，從總體效果上
講，的確是越改越好。它的修改過程是一種精細的修辭過
程，它的幾個版本正是小說創作「不應該那麼寫」和「應該
這麼寫」的標本，它的版本變遷真正體現了一部名著的成
長。上文論述的幾個方面已從《圍城》文本自身確證了我們
的結論。而人們對《圍城》的批評和接受過程也是一種有力
的佐證。《圍城》初刊和初版時，雖然受到讚揚，但批評譴
責的文章似乎更多。60 至 70 年代，海外和港臺對《圍城》
的批評和接受主要是依據初版本。既有夏志清那樣的高度評
價，認為「《圍城》是中國近代文學中最有趣和最用心經營
的小說，可能亦是最偉大的一部。」[28]也還有周錦那種認為
《圍城》第三章「簡直就是鴛蝶作品的一牆之隔」[29]的說法。
司馬長風的《中國新文學史》則給予《圍城》三分之二的肯

---

[28]　夏志清《中國現代小說史》（劉紹銘譯）第十六章，1979 年 7 月版，
　　香港友聯出版有限公司。
[29]　周錦《〈圍城〉研究》，1980 年版，臺北市成文出版社。

定。到 80 年代以後，國內外的《圍城》批評則幾乎是一片
讚美聲，《圍城》被看成藝術傑作，現代中國的文學經典。
對《圍城》的批評和接受經歷了這樣一種變化的過程，其中
一個根本的原因就是人們根據了不同的版本。總之，錢鍾書
本人的不斷修改使《圍城》日漸完善，這種修改過程也是《圍
城》被普遍接受並獲得文學經典性的關鍵因素之一。

　　《圍城》造藝完善的過程，在時間上經歷了近 40 年（從
開始寫作到定本）。在這個過程中錢鍾書的年齡、創作心理、
智力水平等都發生著變化。可以說，《圍城》的三個主要版
本是寫作者在不同心態、情態和生理狀態下的產物。開始寫
作《圍城》時，錢鍾書意熱情濃，所以初刊本不免有姿意縱
情、貪多矜奇的寫作傾向。《圍城》寫完後，作者便能理智
地審視它，說：「懸擬這本書該怎樣寫，而才力不副，寫出
來並不符合理想。理想不僅是個引誘，並且是個諷刺。在未
做以前，它是美麗的對象；在做成以後，它變為慘酷的對照。」
[30]因此在修改初刊本而出初版本時，作者已經平和、冷靜，
故能忍痛割愛。《圍城》的寫作和第一次大改，作者正值盛
年（34 至 37 歲），精力旺盛、才氣橫溢，往往逞才走筆，
不拘格調。到《圍城》的第二次大改和出定本的時候，作者
已是高齡（70 至 75 歲），精力不濟、才情內斂，但通達明
智、博大精深。這個年齡，不是創作佳期，但對作品作藝術
性的修改，往往能入佳境。魯道夫・阿恩海姆在《藝術心理
學新論》中曾將藝術家由年輕到年老的體質變化描畫為拱形

---

[30] 〈《圍城》序〉，《文藝復興》，1947 年 1 月 1 日，第二卷第 6 期。

結構，而將其智力的增長描畫為階梯形結構。年邁的藝術家
是這兩種結構的疊合。這種結構也適用於錢鍾書。作為造藝
者（或作家），錢鍾書寫完《圍城》和《百合心》（已失）
兩萬字以後，正如他自己所言：「年復一年，創作的衝動隨
年衰減，創作的能力逐漸消失」。[31]而作為談藝者（或學者），
寫完《談藝錄》之後又有《宋詩選注》、《七綴集》、《管
錐編》等問世，其學識、其藝術理解力和鑒賞力已達巔峰。
這時，《圍城》之失，他看得更清楚，《圍城》的修改自然
能「剝膚存液，點鐵成金」。（有人說《圍城》的修改是學
者修改作家，如果是指《圍城》第二次大改，此論更妥。）
因此，從這個意義上講，《圍城》造藝的完善也是必然的。

---

[31]　錢鍾書《圍城・重印前記》，1980 年 10 月版，人民文學出版社。

第七章

《桑乾河上》

版本源流圖示：

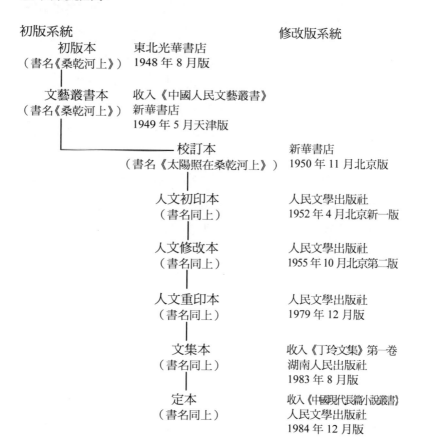

初版系統　　　　　　　　　　　　　　修改版系統

初版本　　　東北光華書店
（書名《桑乾河上》）　1948 年 8 月版

文藝叢書本　　收入《中國人民文藝叢書》
（書名《桑乾河上》）　新華書店
　　　　　　　1949 年 5 月天津版

校訂本　　　新華書店
（書名《太陽照在桑乾河上》）　1950 年 11 月北京版

人文初印本　　人民文學出版社
（書名同上）　1952 年 4 月北京新一版

人文修改本　　人民文學出版社
（書名同上）　1955 年 10 月北京第二版

人文重印本　　人民文學出版社
（書名同上）　1979 年 12 月版

文集本　　　收入《丁玲文集》第一卷
（書名同上）　湖南人民出版社
　　　　　　　1983 年 8 月版

定本　　　收入《中國現代長篇小說叢書》
（書名同上）　人民文學出版社
　　　　　　　1984 年 12 月版

　　1946 年 11 月，丁玲開始寫作《太陽照在桑乾河上》，至 1948 年 6 月寫完全稿，共 58 章。其中僅第二十四章〈果園〉（後改名為〈果樹園〉）初版前發表於《時代青年》雜誌第四卷第一期。1948 年 8 月，書名縮減為《桑乾河上》由東北光華書店出版，附有序文〈寫在前邊〉。蘇聯女漢學家 Л・波茲德聶耶娃據此版本譯成俄文本於 1949 年連載於蘇聯《旗幟》雜誌，並由莫斯科外國文學出版社出版。丁玲為俄文本寫了前言〈作者的話〉。獲 1951 年度史達林文藝獎金二等獎的正是這個譯本。1949 年 5 月，小說仍以《桑乾河上》為名列入《中國人民文藝叢書》由新華書店出版（天津初版）。1950 年 11 月，小說恢復書名《太陽照在桑乾河上》仍由新華書店出版。此版本是經丁玲修改後重新排印的，一般稱北京校訂本。後來丁玲又在北京校訂本舊紙型上作有限的挖版改動，交人民文學出版社於 1952 年 4 月出版，是為人文初印本。1952 年 10 月至 1953 年 3 月，丁玲又大改一次，是為人文修改本，1955 年 10 月出版。此版本在以後的幾次印刷中可能作過極有限的文字改動。1979 年 12 月，人民文學出版社據此版本重印，由原來的豎排改為橫排，抽去原來的序〈寫在前邊〉，補入新寫的序〈重印前言〉，正文文字未作任何改動。1983 年小說收入《丁玲文集》第一卷時，陳明作為校閱者對一些誤筆、誤植作了訂正。1984 年 12 月，小說列入人民文學出版社的《中國現代長篇小說叢書》出版，又訂正了文集本的某些誤植，對〈重印前言〉末尾作了刪削，是為定本。[1]《太陽照

---

[1]　參考龔明德〈《太陽照在桑乾河上》版本變遷〉，文見其著作《新文學散箚》（1996 年 11 月版，天地出版社）。又參考陳子善〈《桑乾

在桑乾河上》初版前曾反覆作過重要修改，而初版後的修改中有兩次最重要。一是從初版本到校訂本的修改，二是由人文初印本到人文修改本的修改。由於人文初印本在校訂本基礎上改動極少，故本章主要對校其初版本與校訂本、校訂本與修改本，並以此考察其不同版（文）本本性。[2]

一、初版本與校訂本對校記

《太陽照在桑乾河上》版本眾多，就其初版本而言，就是一個複雜的問題。人們一直把 1948 年 9 月光華書店本當作初版本，《中國新文學大系》採用的就是這個版本。後來又發現比這個版本提前一個月出版的光華書店本實物，這可能是真正的初版本。而文藝叢書本亦屬於初版系統。同時由於出版時臨時改動等原因，導致　些初版本的版本內容出現差異。因此在使用其初版本時當以各種初版本相互參照。在與其校訂本進行對校時，筆者主要依據文藝叢書初版本並參照其他初版本。通過對校，發現校訂本在初版本基礎上正文文字（不含標點符號）修改 300 餘處，其中改動最多的是第四章「出偵」（22 處），第六章「密謀」（21 處）。另外，章節的標題改動了 20 個。

先看章題的修改。光華書店初版本「目次」裏列有五十八個章題，而正文各章則只寫章碼。文藝叢書本則刪去目次

河上》和《太陽照在桑乾河上》〉，文見其著作《撈針集》（1997 年
7 月版，浙江人民出版社。）

[2]　　對校參照了龔明德《〈太陽照在桑乾河上〉修改箋評》一書。

內容，正文各章亦只寫章碼。校訂本又在「目錄」裏列有五
十八個章題，正文各章亦補進章題。如果算改動處次，校訂
本實際上又改動了 58 處（含 20 個章題的修改）。另外，初
版本「目次」中的章碼寫法與章節中的章碼寫法不統一，校
訂本則是一致的。我們將改動的章題列為一表：

初版本章題	校訂本章題
六　　密謀一	六　　密謀（一）
八　　企望	八　　盼望
十四　　巫婆的謠言	一四　　謠言
十七　　六個鐘頭	一七　　六個鐘頭的會
十八　　會後的夜	一八　　會後
十九　　獻地？	一九　　獻地
二十五　　合作社	二五　　合作社裏
二十七　　是「買賣果子」的麼？	二七　　「買賣果子」
二十九　　密謀二	二九　　密謀（二）
三十一　　黑板報	三一　　「炸彈」
三十二　　「輸了，吃了敗仗啦！」	三二　　敗陣
三十三　　好趙大爺咧	三三　　好趙大爺
三十四　　可等著你啦	三四　　劉滿訴苦
三十五　　糾纏不清的爭論	三五　　爭論
四十三　　咱們這會要著起來	四三　　咱們要著起來
四十七　　早晨	四七　　決戰之前
五十一　　富農的想法	五一　　胡泰
五十三　　組織	五三　　加強組織
五十五　　翻身難	五五　　翻身樂
五十七　　中秋	五七　　中秋節

我們看到章題的修改體現了更準確、更簡潔、更能涵蓋章節
內容的特點。值得注意的是第五十五章的章題修改。初版本
中的「翻身難」的「難」可能是印刷之誤，因為繁體字「難」

與「雞」形似。這一章裏寫到顧長生娘把土改分得的雞叫「翻身雞」，卻沒有表現「翻身難」的情節或意思。校訂本改為「翻身樂」不但改了錯，而且更合文意。

正文文字內容的改動較重要的則有歷史內容、人物階級身份、人物形象特點及其他語詞方面。涉及歷史內容的改動有3處：一處是歷史故事。小說第二十一章結尾一段原用的是趙匡胤的故事，在光華書店本印刷前，丁玲接受了胡喬木、蕭三、艾思奇共同討論的修改意見，將其更換為朱洪武的故事。但文藝叢書本依然用的是趙匡胤的故事，寫侯忠全從他讀過的所有書本中知道，幾千年來沒有窮人當家的。接著寫道：

> 趙匡胤是個看牛娃出身，陳橋起義，黃袍加身，該算個窮人當家了，可是他做了皇帝，還不是把原來的弟兄們都收拾了，老百姓還是老百姓。

校訂本 142 頁改為：

> 朱洪武是個窮人出身，還不是打的為窮人的旗子，可是他做了皇帝，頭幾年還好，後來也就變了，還不是為的他們自己一夥人，老百姓還是老百姓。

這一改動更有歷史依據，更能說明侯全忠的思想特點。此外，校訂本有兩處歷史紀年的改動。初版本（包括文藝叢書本）第九章中有「民國三十三年」和「三四年」兩處民國紀年，校訂本分別換算為西元紀年「一九四四年」、「一九四五年」。實際上，解放區尤其是農民本來用的就是民國紀年，西元紀年是新中國成立後才普遍使用的。

　　人物階級身份的修改是指顧湧家的階級成份問題的修改。顧湧本應劃成富裕中農，卻被劃成富農。校訂本為了更突出被錯劃，刻意強調其中農特點，這類修改有 6 處。初版本寫顧湧家裏男女老幼都到地裏幹活，使土地面積擴大，「不能不雇上很多短工」。校訂本 7 頁卻改為「不能不臨時雇上一些短工」，減輕其剝削程度。在第十二章裏，校訂本又為顧湧補上「他的生活也不強，省吃儉用」（66 頁）的文字。校訂本第五十一章在胡泰對顧湧說的話中補一句「你連長工也沒雇，就更夠不上。」（410 頁）說他夠不上富農。接著校訂本 410 頁補上「就連富農也說不上」的文字。初版本同一章寫顧湧送走胡泰時的心理活動中有半句是「假如自己年輕的時候」，校訂本 411 頁則改為「假如自己年輕窮苦的時候」，突出顧湧曾經「窮苦」。關於顧湧的家庭成份在第五十二章還有修改。1949 年 5 月出版的文藝叢書本是：

> 大夥對於他的成份，爭論很多，有人還想把他訂成地主，有人說他應該是富裕中農，結果把他劃成了富農，（略）

校訂本 415 頁加改成：

> 大夥對於他的成份，爭論很多，有人還想把他訂成地主，有人說他應該是富裕中農，從剝削關係上看，只能評他是富裕中農，但結果，馬馬虎虎把他劃成了富農，（略）

　　對顧湧階級成份的修改已涉及到對這個人物特點的不同理解問題。校訂本還修改了關於其他人物的敘述和描寫。

修改得較多的是錢文貴和文采。對錢文貴的修改，使這個人物的陰險性格更凸現。如第三章結尾通過黑妮的心理活動寫錢文貴，初版本是：

> 因為她知道二伯父明白她的心事，已經不責怪她了，還常常露出了同情的樣子。

校訂本 14 頁改為：

> 因為她覺得二伯父近來已經不那末苛刻，很少責怪她，有時還露出了同情的樣子。

「知道」後面應該是事實，「覺得」的只是感覺而已；「明白」含有理解她的意思，改句中卻沒有這種含義；改句中寫錢文貴「近來已經不那末苛刻」，說明以前他很苛刻；原句是「已經不責怪她」，改句是「很少責怪她」；原句是「常常」同情她，改句是「有時」同情她。這些語詞的細微修改更好地說明錢文貴並非真理解、真同情黑妮，而是在醞釀「美人計」的陰謀。又如，第五章結尾寫錢文貴常給黑妮一些同情或鼓勵，初版本說這樣做「他也仍然沒有什麼實際意義」，校訂本 25 頁刪去這些文字。因為錢文貴這樣做的確有實際意義，即為了使用黑妮來實施「美人計」。以上兩處都是通過敘述黑妮來寫錢文貴的，修改後也更拉開了黑妮與錢文貴的關係。對文采的修改意在突出其性格。如第十五章寫文采愛在群眾中搬弄學問、理論，初版本說這「可受到一般缺乏文化者們的尊敬，他便也很自滿了。」校訂本 93 頁改為這「可以暫時嚇唬他們，和得到些尊敬，他便也很自滿了。」

這一改更突出文采的喜歡誇誇其談並非天性而是別有用心
的矯揉造作。此外，還有許多地方通過詞語的修改突出文
采的咬文嚼字、自視甚高等特點。剩下的人物如顧二姑娘
等，校訂本也都有些語詞上的重新修飾，對理解這些人物
略有影響。

　　刪改有醜化農民之嫌的語詞也是校訂本修改時的一個
重要內容：如，初版本寫胡泰家裏的婦女「頭髮也模仿了些
日本式樣」，有親日之嫌，校訂本 8 頁刪去這些文字（第二
章）。第十章寫張裕民看到農民身上的許多缺點，初版本寫
他們「只看見眼前的一點利益」，校訂本 56 頁改為「只看
見眼前的利益」。說只看見「一點」利益就如何如何，更突
出了農民的小農意識，不宜，故改。第二十三章寫幹部們開
會討論鬥爭誰時說到農民，初版本是「大家為多貪些勝利果
實，也是肯起來的。」校訂本 146 頁刪改為「還怕大家不肯
起來？」去掉貶義修辭。第三十四章寫到韓廷瑞和張及第
時，初版本寫道：

> 他們的父兄不是幹部也是黨員，他們調皮得很，父親
> 和哥哥的規勸也不生效力。原來他兩個都是復員回來
> 的軍人，他們常常批評村幹部，瞧他們不起，（略）

校訂本 242 頁改為：

> 他兩個都是復員回來的軍人，可有些調皮，他們常常
> 批評村幹部，瞧他們不起，（略）

作為在共產黨的革命軍隊裏鍛煉過的特殊農民，其識見也許
真的在村幹部之上，自然不宜如初版本那樣敘述。

校訂本對初版本的修改還有屬於純語言藝術方面的。如初版本裏「她是一個快四十歲的很俐灑的女人」，校訂本改為「她是一個快四十歲的女人，很俐灑」，避免了歐式長定語句，以簡短的句子突出了「很俐灑」。還有將文言詞或書面語改為更淺白的詞語，或比較冷僻的方言詞變成更規範的詞語。

其他修改或屬於小說技術方面的，或是對誤植、誤筆、語病的修改。而書中的「文主任」一律改為「文同志」，「主任」一律改為「同志」則可能只是為了改正農民們對工作組成員的錯誤稱呼。還有一處修改值得特別指出，即初版本寫張裕民的話：「莊戶主還沒有翻身啦」，校訂本 232 頁將其中的「翻身」改為「翻心」（見第三十三章）。一詞之改，關涉對作品主題的理解。

二、校訂本與人文修改本對校記

從《太陽照在桑乾河上》的校訂本到人文修改本之間，本來有一個人文初印本，但由於它只是在校訂本基礎上作有限的挖版改動，對文本特點幾乎沒有什麼影響，故在此只以校訂本與人文修改本對校。對校的結果是發現從校訂本到人文修改本有 600 餘處改動。其中，改動最多的是第三十七章「果樹園鬧騰起來了」（77 處），其次是第四章「出偵」（48 處），第六章「密謀（一）」（35 處）。另外，還修改了 1 個章題。

這個章題是第十一章的章題。校訂本是「從區上來的人」，修改本改為「土改工作小組」，改得更明確。章題改

了，後文的敘述也作了扣題的改動。修改本 42 頁寫到老董時補加一句「他自己也參加這個小組工作。」第十二章也作了一處相應的修改：校訂本 74 頁是「區上來的同志」，修改本 52 頁改為「工作組的同志」。

　　正文的修改自然涉及許多層面，我們僅呈示主要的。先看關於歷史敘述的改動。這類改動有 8 處。第九章敘述兩年前張裕民、趙得祿的情況時，校訂本 52 頁說「不久，就是日本的投降」，修改本 37 頁改為：「不久，就是一九四五年『八一五』，蘇聯出兵東北，日本投降了。」歷史背景敘述得更細緻。也有反歷史敘述，第五十六章敘述當年攻打大同，初版本 442 頁寫「眼看不幾天就可以拿下了，可恨那傅作義，卻帶著綏遠的隊伍來援」，修改本 304 頁將「傅作義」改為「×××」。初版本同頁又寫：「我們是有力量打退進攻的蔣匪傅作義之流的」，修改本改為「我們是有力量打退進攻的反動軍隊的」。刪去寫婦女小腳的文字也有反歷史傾向：第十四章寫白娘娘的姑媽有「兩隻小到比驢蹄大不了許多的腳」（見校訂本 87 頁），修改本 62 頁刪成「兩隻腳」。第四十九章，在開會休息時，校訂本 389 頁寫婦女「有些小腳的坐在那裏捻腳」，修改本 269 頁亦刪去。修改本 P62 還刪去了白娘娘的「小腳」。修改本 75 頁又刪去一處當時老百姓的說法：「共產黨是窮人黨」（見校訂本 106 頁）。還有一處是歌詞的改動：校訂本 29 頁寫小學生唱「沒有共產黨，就沒有中國」，修改本 21 頁改為「沒有共產黨，就沒有新中國」，增加一「新」字（見第六章）。

　　我們再看關於人物的敘述和描寫方面的修改。這幾乎涉及暖水屯各階級人物及主要幹部。對錢文貴的修改可以說是人物修改中最多的，對他的階級身份、人際關係、性格特徵、神態表情等進行的直接修改較重要的就有 13 處。第二章中，校訂本 8 頁寫：

> 錢文貴能活動。所以錢家不過六七十畝地，日子卻過得比一般人都要舒服，都有排場。

修改本 6 頁改為：

> 錢文貴能活動。所以錢家不過六七十畝地，算不得大地主，日子卻過得比一般人都要舒服，都有排場。

這裏，更明確錢文貴表面上「算不得大地主」，為後文揭示他是真正的大地主造勢。在第三章裏，對錢文貴的修改有 3 處：校訂本 11 頁寫「連保長們他都認識」，修改本 7 頁改為他「同保長們都有來往」。「來往」比「認識」更推近了他與舊社會保長們的關係。校訂本 12 頁又寫「村幹部有的是他的朋友」，修改本 8 頁改為：「村幹部中也有人向著他，說不準還是他的朋友」。「有的是」可理解為「有的人是」和「多的是」，但在校訂本語境中當是後一個意思。而改句更明確，拉開了他與新社會村幹部的關係。校訂本 12 頁寫：

> 他害人可便當，不拘在那裏說幾句話，你吃了虧還不知道是他的過。

修改本 P8 為：

他要坑害人可便當，不拘在哪里說幾句話，你吃了虧
還不知道這事從哪兒說起，究竟是誰的過。

「害」變為「坑害」，一個半句分成兩個半句，語意都加重
了。第五章寫到黑妮有愛情苦惱而沒有可談心的人時，寫到
錢文貴。校訂本 25 頁寫：

但二伯父倒常常給她一些同情或鼓勵。

修改本 18 頁改為：

在這個時候，二伯父倒像知道了什麼似的，也不說
她，也不禁止她，還常常給她一些同情或鼓勵。

改句更突出了錢文貴的精明並暗示了他的陰險。第六章寫錢
文貴與任國忠密謀時有一段話；校訂本 27 頁是：

「那當然，這是共產黨的辦法，是……是政策！這個
政策叫什麼？呵，你剛才說過了的叫什麼呀？呵！這
叫做『耕者有其田』！是的，『耕者有其田』，很好，
很好，這都是籠絡窮人的好辦法呀！嗯，很好，很
好……」這時錢文貴的眼睛就更眯成了一條縫，停了
一會，他又接下去說道：「不過，唔，天下事也不會
有那末容易，老蔣究竟有美國人幫助」。

修改本 19 頁至 20 頁將此段改為：

這時錢文貴的眼睛就更眯成了一條縫，他說：「那當
然，這是共產黨的辦法，不，是……是叫政策！這個
政策叫什麼？呵，你剛才說過了叫什麼呀？呵，這叫

做『耕者有其田』！是的，『耕者有其田』，很好，
很好，這多好聽，你叫那些窮骨頭聽了還有個不上套
的！嗯，很好，很好……」停了一會，他又接下去說
道：「不過，唔，天下事也不會有那末容易，你說呢，
老蔣究竟有美國人幫助。」

原文是他的話說了一半，「眼睛」才「眯成一條縫」。改文
是他講話始終都「眼睛……眯成一條縫」，這種神態與他的
講話語氣配合起來，更形象地顯示著他的鄙夷和敵意；改文
的話中「窮骨頭」之罵更暴露他的惡毒與仇恨；改文中的「你
說呢」，更表現了他的密謀及商討的口氣。

　　對錢文貴家裏的幾個人物也有所修改。這些修改也間接
地突出了錢文貴的性格特點。關於錢文貴的小兒媳顧二姑娘
的修改較重要的有 5 處。在第二章，校訂本 81 頁寫她「常
常回到娘面前哭哭啼啼，但生活上總算比在娘家還好」。修
改本 6 頁改為「常常回到娘面前哭哭啼啼，在婆家過不慣，
但生活上總算比娘家還好」。補半句，補敘哭哭啼啼的原因。
顧二姑娘離開了田野被關進婦女「不怎麼勞動」的錢家，自
然「過不慣」。這種精神上的壓抑並不是「生活」（物質生
活）好所能緩解的。第四章開頭，校訂本 15 頁為：

顧二姑娘離開了自己的家，就像出了籠的雀子一樣，
她又年青了。她本來才二十三歲，她是一棵野生的棗
樹，歡喜清冷的晨風，和火辣辣的太陽。她並不好看，
卻苗壯有力。自從出嫁後，便變了，從來也沒有使人
感覺出那種新媳婦的自得的風韻，就像拔離了土地的

　　　　野草，萎縮了。（略）春上錢義去參軍，她不願意，
　　　　也不是為的捨不開他，只是說不出理由，她哭了。

修改本 11 頁改為：

　　　　顧二姑娘離開了這個家，就像出了籠的雀子一樣，她
　　　　有了生氣，她又年青了。她才二十三歲，她本來很像
　　　　一棵野生的棗樹，歡喜清冷的晨風和火辣辣的太陽。
　　　　她說不上什麼美麗漂亮，卻長得茁壯有力。自從出嫁
　　　　後，就走了樣，從來也沒有使人感覺出那種新媳婦的
　　　　自得的風韻，像脫離了土地的野草，萎縮了。（略）
　　　　春上錢義去參軍，她不願意，也不是為的捨不開男
　　　　人，只覺得有些委屈，又說不出理由，她哭了。

這裏有 8 處改動，有 4 處影響對顧二姑娘的分析。用「這個
家」而不用「自己的家」更凸現了她與錢家的生分；補加「她
有了生氣」，更反襯了她在錢家死氣的生活；「並不好看」
可以含有「醜」意，而「說不上什麼美麗漂亮」只表示其長
相普通，與「卻長得茁壯有力」搭配，更好地表明她是一個
健壯的新媳婦的意思；補加「只覺得有些委屈」再連上「又
說不出理由」更好表現她的複雜心緒，聯繫到其他地方的敘
述，可以推知這裏也暗示了公公錢文貴淫邪的目光帶給她的
恐懼。

　　對黑妮的修改很多，較重要的修改，在第三章中有 2
處：校訂本 14 頁寫她想「二伯就愛管閒事」。修改本 10 頁
改為「哼，你就愛管閒事！」一個「哼」表示輕蔑，「二伯」
改為「你」，沒有了敬意。校訂本 14 頁寫「她近來對她二

伯父的感情要稍微好一些」，修訂本 10 頁改為「她不喜歡二伯父，也不被喜歡，她怕他，不過近來她對他的感情比以前要稍微好一些」。改文更明白地表現了黑妮與錢文貴感情上的生分。第三十章有一節概述黑妮在村裏的處境的文字被修改，其中有「甚至連對於她的美麗和年輕，都本能的發生憎惡也是合理的，也會得到同情，（略）」（校訂本 203 頁）被改為「甚至她的美麗和年輕，也會變成罪惡，使人憎恨，這些不公平的看法有時也會得到同情，（略）」（修改本 143 頁）。改文加重了暖水屯人對黑妮的不公平看法。在第三十七章中，當錢文貴家的果地被告知不在被統制的名單中時，校訂本 274 頁寫黑妮想：「她二哥到底沒有冤枉去當八路呵！」修改本 192 頁刪去這一句，黑妮為錢文貴家得著好結果而慶幸的心理活動沒有了。第五十五章寫到程仁替黑妮背缸，校訂本 441 頁是：

> 黑妮卻把臉回過一邊去，好像不是這夥人一樣。

修改本 303 頁改為：

> 黑妮看見程仁那樣的親熱的笑著，臉刷的一下就紅了，她不知道怎樣才好，只好把臉回過一邊去，裝出好像不是這夥人一樣。

原文表意很模糊，改文更明確地表現了黑妮感到了愛情的重回以及她的激動、羞澀和故作鎮靜。

在村幹部中，張裕民則是修改得最多的一個，較重要的修改有 6 處。第九章改 2 處：校訂本 45 頁寫「張裕民也想

說句笑話，說家裏炕太冷，來這裏找個睡處，可是一想不妥當，便半真半假的說」，修改本 32 頁減為「張裕民也就半真半假地笑說道」，去掉些有流氓氣之嫌的文字，「這裏」指的是白娘娘的住處。校訂本 48 頁寫「他一個光棍」，修改本 34 頁在這之後加上「什麼也沒有」，明確他是雇農。第十一章又修改 2 處：校訂本 60 頁是「這就是抗聯主任張裕民」。修改本 42 頁改為「這就是村支部書記張裕民，又兼村的武委會主任，過去是抗聯會主任」。將他的職務介紹得更詳細。校訂本 62 頁說他是「一個雇工出身誠實而能幹的幹部」，修改本 44 頁改為他是「一個雇工出身誠實可靠而能幹的幹部」，加上「可靠」一詞。第十二章有一處，校訂本 72 頁至 73 頁是「他和這幾個人也還沒攪熟，沒有和他們攪成一體，他怪自己沒法去攀上他們。」修改本 52 頁改為「他們剛來，他和這幾個人也還沒有攪熟，沒有和他們攪成一體」。這一改消除張裕民在工作組面前的自卑心態。第三十三章又寫到他，校訂本 234 頁是：

> 但張裕民卻下了決心，他看見自從文采他們來了之後，雖然由於對土地的要求，使老百姓起了各種企望，但又由於選擇鬥爭對象的猶疑，和村子上的一些謠言，又使老百姓的興趣低落，他說不出的著急，便把他的決定和顧慮，都向楊亮傾吐了。他們在果樹園的一段談話，不只堅定了他的決心，並且也提高了他的熱情。假如仍舊照著春天的辦法，土地改革就會鬧不起來。那怕因為文采不在家，並沒有把這事商量妥當，但他已經在幹部中進行很多說服和爭取的工作。

修改本 165 頁刪改為：

> 張裕民對這些情況全清楚，他也有決心，他不只把這些都同楊亮談過，並且也在幹部中進行很多說服和爭取的工作。

修改後敘述簡潔了，張裕民也拔高了，但他從顧慮到堅決的心態變化也沒有了。

區幹部中，文采又是被修改得最多的。第二十二章寫到文采對楊亮、胡立功的態度，校訂本 147 頁為：

> 文采覺得自己還是要愛護他們，團結和幫助他們。這末想來，文采就比較坦然於對他們的讓步了。

修改本 104 頁改為：

> 文采覺得自己還是要同情他們，在工作上也須要團結他們。這末想來，文采就比較坦然於對他們的讓步了。

改後更突出了文采的自高自傲性格。第三十九章又寫文采，校訂本 300 頁為：

> 文采固不待說，以他極少的經驗，便覺得已經不得了，甚至有了過火的地方，他非常欣賞著這勝利，欣賞著這次的成功，他覺得這都是因為有他的佈置。

修改本 209 頁改為：

> 文采同志從他的極少的經驗中，覺得群眾發動得太好了，甚至想也許有了過火的地方。他非常欣賞著這

些小小的勝利，欣賞著這些成功，他覺得這都是因
為有他在這裏領導。

其中 3 處改動更凸現了他的沾沾自喜、居功自傲的個性。第
四十四章寫文采聽到張裕民的講話時，校訂本 338 頁是「很
驚異，他看也沒有看這幾個人」，修改本 235 頁改為：「很
驚異，因為他從來也沒有聽到過這些話。他恨他過去為什麼
不同自己講，今天才同章同志談出來」。文采「恨」張裕民
是恨他不早向自己這個領導匯報這些情況，這又突出了文采
的自我中心意識。

　　李子俊老婆也是修改較多的一個人物（見下文）。其他
人物的敘述或描寫也有所修改，他們包括白娘子、胡泰、錢
義、程仁、楊亮、侯忠全、李子俊、任國忠、江世榮老婆、
顧長生娘，張正典、章品、趙得祿老婆等。

　　語言的潔化是出修改本修改時的一個重要方面。在初版
本和校訂本中作者的敘述語言和人物的語言中都有髒話，修
改本幾乎全部修改，共有 15 處：

　　△校訂本 30 頁是「『寡婦夢見雞巴』一場空」。

　　　修改本 22 頁為「『寡婦做好夢』一場空」（錢文貴
　　　語）。

　　△校訂本 68 頁是「誰也敢肏他的祖宗」。

　　　修改本 49 頁為「誰也敢罵他的祖宗」（李昌語）。

　　△校訂本 102 頁是「你媽的屄」。

　　　修改本 72 頁為「他媽的」（羊倌語）。

　　△校訂本 165 頁是「你雞巴硬不起來」。

修改本 118 頁為「你的那個東西硬不硬起來」（張步高語）。

△校訂本 216 頁是「這些屌文章」。

修改本 152 頁為「這些鬼文章」（劉教員語）。

△校訂本 222 頁是「還改革個雞巴」。

修改本 156 頁為「還改革什麼」（群眾語）。

△校訂本 222 頁是「好狗肏的」。

修改本 156 頁刪（群眾語）。

△校訂本 232 頁是：「就出馬打個屌仗」。

修改本 164 頁為「就出馬打個什麼仗」（張裕民語）。

△校訂本 274 頁是「好狗肏的們就看著咱姓李的好欺負」。

修改本 192 頁為「你們就看著咱姓李的好欺負」（李子俊老婆語）。

△校訂本 278 頁是「稱雄！稱個屌雄」。

修改本 194 頁為「稱雄」（群眾語）

△校訂本 340 頁是「這些狗肏的不要廉恥的東西」。

修改本 236 頁為「這些不要廉恥的東西」（章品語）。

△校訂本 374 頁是「操雞巴蛋的！」

修改本 258 頁刪（張正國語）。

△校訂本 384 頁是「你打那個狗肏的治安員打得好」。

修改本 265 頁為「你打那個治安員打得好」（群眾語）。

△校訂本 442 頁是「可是那狗肏的還是帶領了他的騎兵進了豐鎮」。

修改本 304 頁為「可是他還是帶領了他的騎兵進了豐
鎮」（作者敘述）。

△校訂本 457 頁是「你狗肏的蔣介石就想來侵佔嗎」。

修改本 313 頁為「你蔣介石就想來侵佔嗎」（群眾語）。

不過，也許是漏改，還有 3 處髒話修改本保留下來了：
修改本 165 頁江世榮老婆說：「我操你的祖宗」。222 頁章
品說：「改革個卵子呀」。235 頁張裕民說：「鬥個屌啦」。

其他語言方面的修改，或是使語句更精密更準確，如「偽
甲長江世榮」改為「在日本政權底下當甲長的江世榮」，因
為「偽」有「蔣偽」、「汪偽」之分，改後更明確。或是使
語句更通俗、更淺白，如「逡巡著」改為「走過去，走過來」。
或是通過詞語的調換以使語言更規範，如，「熱虎虎」改為
「熱呼呼」等。或是對誤用詞語的改正，如「捉摸」改為「琢
磨」等。

第三十七章〈果樹園鬧騰起來了〉是《太陽照在桑乾河
上》中最長的一章，也是修改處次最多的一章。對校校訂本
和修改本，會發現這一章包含豐富的修改內容。除了進行了
語言上的修改和潤色之外，主要就是對富農、地主作了修
改。校訂本 265 頁寫到富農：

> 曾經聽說過要把全村果樹都卡起來的。十五家富農，
> 如今都露出了笑容，他們互相安慰道：（略）他們也
> 全家出發到園子裏，把熟了的果子全摘下來，他們也
> 不能落後，要把果子趕早發出去。

修改本 186 頁改為：

> 曾經聽說過要把全村果樹都卡起來的十五家富農，如今都露出了笑容，他們互相安慰也自己給自己安慰道：（略）於是也全家全家的趕快出發到園子裏，把熟了的果子全摘下來，他們怕落後了吃虧，要把果子趕早發出去。

原文寫富農怕落後，語意不明確，似乎有求先進的意思，改文才更明確地讓人知道他們是怕吃虧，更突出了富農們的自私特性。校訂本 265 頁至 266 頁的一小自然段在修改本中也有所修改，更突出了地主階級的不甘心。而地主階級的不甘心又突出地體現在李子俊老婆這一形象的修改上。校訂本 269 頁寫李子俊老婆：「滿臉堆上笑，怯生生的」，修改本 188 頁改為「滿臉堆上笑，做出一副怯生生的樣子」。點明她是假裝的。校訂本 270 頁寫：

> 她望著樹，望著那綴在綠樹上的紅色的珍寶。這是她們的東西，以前，誰要走樹下過，她只要望人一眼，別人就會陪著笑臉來解釋的。

修改本 189 頁改為：

> 她望著樹，望著那綴在綠樹上的紅色的珍寶。她想：這是她們的東西，以前，誰要走樹下過，她只要望人一眼，別人就會陪著笑臉來奉承來解釋。

改文加上「她想」把本來是作者的一種客觀敘述變成了李子俊老婆的心理語言，加上「來奉承」便可見她心想從前時的

自得。校訂本 271 頁寫「人家都說她不錯」，修改本 190 頁
改為「許多只知道皮毛的人都說她不錯」，又指出李子俊老
婆的會假裝。校訂本 271 頁寫她「捨不得離開她的土地，忍
著痛苦去望那群『劫掠者』」，修改本 190 頁改為她「捨不
得離開她的土地，忍著痛苦去望那群『強盜』。她是這樣咒
罵他們的。」增加了她對農民的仇恨。校訂本 272 頁寫：

> 她感覺到這三畝半園子也被統制了，她不禁有些高興，
> 要賣果子就誰的也賣，要分地，就分個亂七八糟吧。

修改本 191 頁改為：

> 她感覺到這三畝半園子也被統制了，把顧老二也算在
> 他們一夥，她不禁有些高興，哼，要賣果子就誰的也
> 賣，要分地，就分個亂七八糟吧。

不加「把顧老二也算在他們一夥」，她的高興可能還是慶幸
自己早把地賣給顧老二；加上這半句，她的高興則是幸災樂
禍了，更見她內心的惡毒。而加一「哼」字，則仿佛能聽到
她惡毒的聲氣。

三、版本變遷：微調細改中的解讀差異

　　與 1942 年延安文藝整風前的寫作內容和特點不同，初
版本《桑乾河上》呈現了鮮明的工農兵文學審美形態特徵，
如闡釋解放區主流意識形態、塑造工農兵形象、追求民族化
和大眾化的文學品格等。這種小說特徵的確立，是丁玲完成
思想和人格自我改造的結果，也是她的文學觀念、寫作作風

等調適和矯正的結果。與這種大的改造、調適、矯正相比，《桑乾河上》後來的版本變遷只能算是一種小修改了，即從其初版本到校訂本、修改本都不過是在同一種審美形態或文學話語中作順應新時勢的微調與細改。從兩次修改的實際來看，都沒有大增大刪大改的情況。沒有章節的變動，也絕少整個自然段的增刪，其修改只限於句子的調整、潤色和字詞的調換、增刪，所以也只能算是一種微調與細改了。

這些微調與細改基於多種原因，對文本語義系統和藝術系統的影響也程度不一。其主要的修改動因，一是《桑乾河上》從解放區到新中國，接受時空發生了轉換。作者因此對作品作了相應修改。如作者必須考慮農民已成為新社會主人的新現實，而刪去醜化農民的詞句或有損於農村婦女形象的那些寫小腳的文字。必須考慮新的紀年規定而對紀年方式進行改換。必須考慮傅作義後來的變化而對他有所隱諱。這些修改是反歷史的，有損於初版本所達到的歷史真實性，塗抹了作品的某些時代印記。但這類小修改（處次也很少）對文本的語義系統和藝術系統都影響甚微。另一種修改動因是土改還在繼續，新中國的土改政策有所調整。作者為了給土改提供更正確、更可資效法的文本（實際上，這部經過修改的老土改小說成了 1950 年以後的新土改運動中被推薦給土改工作幹部閱讀的書籍）。如對人物階級成份問題和社會關係問題的微調。這類修改雖小，對文本影響卻大，會產生較大的解讀差異。還有一種修改動因，是為了趨同於新社會的文學傾向和彌補初版本留下的藝術缺憾，如人物性格的修改、語言的潔化和藝術化等。這類修改也會改變釋義和版（文）

本本性。以下論述將側重能導致較大解讀差異的修改內容。

顧湧階級成份的微調，極大地影響了對文本的解讀。作家對顧湧的階級成份一直在修改，在作品手稿裏的人物表中是「富農顧湧，勤儉起家，有地二百畝……」最初的創作提綱裏是「富農顧湧趕著他親戚的大車，惶恐的把這消息告訴了全家……」[3]可見丁玲一開始就是把顧湧寫成富農的。但「書未寫完，在一次會議上，聽到了批評（筆者按：指彭真的批評）：說有些作家有『地富』思想。……而顧湧又是一個『富農』，我寫他還不是同情『地富』？所以很苦惱。於是，不寫了，放下筆再去土改。」[4]大概由於這個原因，丁玲把顧湧改寫成初版本中的本是中農卻被錯劃為富農。

這部作品所反映的土改故事發生的時間是 1946 年夏秋之間，也就是說暖水屯土改工作中劃分農村階級成份的主要依據還是 1933 年的土改文件〈關於土地鬥爭的一些問題的決定〉。這個文件對富農和富裕中農的規定是：「富裕中農與富農不同的地方在於富裕中農一年剝削收入的分量，不超過其全家一年總收入百分之十五，富農則超過百分之十五」[5]《桑乾河上》初版本所寫顧湧「雇上很多短工」等情況，若按這個文件的規定是可以劃成富農的。但這個文件有些過

3　轉引自龔明德《新文學散箚》，1996 年 11 月版，天地出版社，第 256 頁、第 281 頁。

4　丁玲〈生活、思想與人物〉，《人民文學》，1955 年 3 月 8 日，第 3 期。

5　《中國革命史參考資料》（第三集），1956 年 7 月版，中國人民大學印，第 82 頁。

「左」，[6]不能適應解放戰爭時期的土改現實，所以 1948 年
5 月 25 日下發的〈中共中央關於印發一九三三年兩個文件
的指示〉，對 1933 年文件中關於中農、富農劃分界限有「左」
傾問題的條款作了修正。而丁玲是在 1948 年 6 月 15 日將小
說正式定稿的。不管丁玲是否最後參照了這個新的「指示」，
從初版本是可以看出丁玲對暖水屯劃分顧湧成份的「左」傾
做法是有所批評的。而且作家是通過寫土改幹部（包括村幹
部）之「左」反映了某些土改政策之「左」。如果說幹部只
是在忠實地執行（也可以是教條主義的）當時的土改文件，
那麼作品的重點就是在批評和反思土改政策之「左」了。建
國後，政務院的文件對中農、富農成份劃分作了更明確的規
定。丁玲在校訂本中微調顧湧的階級成份時也許看到了這個
文件。校訂本通過詞、句的修改，使顧湧的剝削程度、生活
舒服程度都大大減少了，而勞苦程度增加了。這樣，他更明
顯只是一個富裕中農而不是富農。這本是一個非常容易判定
的問題，但幹部們卻「馬馬虎虎把他劃成了富農」。這樣一
改，作品批評的重點卻落在幹部們的工作作風問題上。幹部
們「馬馬虎虎」而且更「左」了。兩相比較，可以看出在顧
湧的問題上初版本比校訂本及其以後的版本更有政治先見
和思想深度。與這次修改相關的是丁玲對小說前後版本解讀
上的差異。在 1949 年 5 月 5 日寫的俄譯本前言〈作者的話〉
中丁玲評價初版本時說：「……我覺得，我在解決村領導對
待顧湧的態度問題上的處理是對的，因為，為了在中國發展

6　參考宋建新〈從比較看不同〉，《江漢論壇》1989 年第 10 期。

商品經濟，剝奪這類農民的土地是不應該的。」[7]這裏，不僅說作品中批評「左」的做法是對的，而且從發展農村商品經濟的角度提出了保護顧湧這類富裕中農的必要性問題。後者也是小說寫作的初衷和初版本的意圖之一。校訂本把顧湧改成處於「生活也不強」只「臨時雇一些短工」的經濟狀況以後，在這種意圖的體現上多少有所缺失。這以後丁玲不再把顧湧與商品經濟的問題聯在一起。1955 年的解釋只說「我們的確是把顧湧這一類人劃成富農，甚至劃成地主的。……有些做法也很『左』……」[8]

對顧湧階級成份問題的修改看似小改動，對這部小說來說卻是大問題。因為顧湧是作品結構的核心人物。顧湧貫串著全書，開篇他帶來土改的資訊，中間的土改鬥爭也與他息息相關，快結尾時又有他的轉變。更重要的是，顧湧是暖水屯社會關係的紐結。由於姻親關係，他聯繫著錢文貴和董桂花分別代表的地主與貧農兩個階級或兩種勢力。所以土改幹部怎麼對待他或作者怎麼處理他都至關重要，可以說牽他一髮而能動他全身和全書。如果不死摳階級成份理論，在初版本中顧湧是一個「雇上很多短工」的比較富有的人物，更靠近富有的群體。後來胡泰（富農）成為他的慰藉者、開導者也就非常自然。在校訂本及其以後的版本中，顧湧卻是只「臨時雇上一些短工」和「生活也不強」的人物，位置就有所移動，更靠近貧窮的群體，與胡泰的那種精神聯繫就有些勉強

---

[7]　該文在國內首次發表於《讀書》雜誌，1981 年第七期。

[8]　丁玲〈生活、思想與人物〉，《人民文學》，1955 年 3 月 8 日，第 3期。

了。在初版本中，顧湧者，顧慮如湧泉之謂也。這種顧慮是富農顧湧們在土改來臨之際一種真實的切身的顧慮。我們會深深地感受到那種籠罩著顧湧的情緒與氣氛。在校訂本中，既然他的經濟地位下調，他的顧慮就不必那麼多了，多了反而不真實。第五十二章中，幹部和評地委員們關於顧湧成份問題的爭論不休在初版本裏是非常自然、合理的情節。在校訂本中，即便按 1933 年的土改文件條款來套，顧湧也只是個中農，無須爭論。因而第五十二章中的爭論情節存在的合理性就大打折扣了。對顧湧階級成份問題的修改只體現在初版本到校訂本的變遷中。但這些修改已破壞了原來的語義系統和結構系統，影響了校訂本及其以後版本的和諧性、有機性。

微調顧湧的階級成份，多少改變了他的社會關係。而對黑妮的修改卻是在微調社會關係的同時也修改了她的性格特徵。在作者最初的構思中和手稿裏，黑妮本是錢文貴的幼女。和對顧湧一樣，作者也是為了避「地富思想」的嫌疑，才在定稿（初版本）時將黑妮調整為錢文貴的侄女。在初版本裏，黑妮與錢文貴還是有許多親情或感情上的聯繫。她領受錢文貴對她的同情，也不懷疑他有陰謀。而校訂本則通過修改開始疏遠她和錢文貴的關係。到修改本時，黑妮與他繼續生分，已沒有了那種對長輩的敬意，開始敵視他了。二伯父錢文貴是地主，大伯父錢文福則是貧農。一再疏遠黑妮與二伯父的關係，也就意味著黑妮與大伯父更親密，也就意味著更強調了她的階級覺悟和更明確了她的貧農歸屬。這樣，校訂本和修改本中的黑妮已不同於初版本中的黑妮了。按理

說，作為侄女的黑妮自幼在錢文貴家養大，還被送進學校念了四年書。雖然被當丫頭使喚，雖然孤獨，畢竟不會忘記養育之恩，也應該與錢文貴有一定的感情。所以，相對來說，初版本對黑妮與錢文貴家關係的處理到是近乎情理，校訂本和修改本的修改則有點悖乎常情而合乎階級分析觀點。黑妮形象的真實性因而也在不斷修改中受損。同時，對黑妮的有關修改也會牽動其他情節和人物。如在初版本中黑妮被當作錢文貴利用的對象去實施「美人計」有著真實可信的基礎，因為黑妮與這個家還有感情牽繫。而從校訂本以後尤其是修改本中，這個情節存在的合理性就受到了影響（除非把錢文貴修改得更愚鈍些），小說結構的有機性也隨之受損。

　　對其他人物的修改主要是在言行細節的敘述和描寫上。修改本比校訂本對人物進行了更多的修改，也修改了更多的人物。對錢文貴和文采的修改在校訂本和修改本中都較多，而張裕民、錢文貴老婆、李子俊老婆、顧二姑娘、白娘娘等人物的修改卻主要體現在修改本中。對這些人物的修改是在言辭上更明確化，在性格上更明朗化，甚至出現了更貶抑否定性人物，更拔高肯定性人物的極化修辭傾向。這嚴重地影響了文本的釋義。我們僅分析對其中幾個重要的人物的修改。

　　在談到錢文貴時作者說他「是從我思想中來的。思想先決定了，然後才選擇了他。」[9]作者在兩種類型的地主即惡霸和比惡霸「更能突出的表現了封建制度下地主階級的罪

---

[9]　丁玲〈生活、思想與人物〉，《人民文學》，1955 年 3 月 8 日，第 3 期。

惡」的地主之間選擇了後者，設計出錢文貴的形象。這種選
擇無疑比一般的土改小說高明，但是由於他是「從思想中來
的」，所以初版本中的錢文貴就免不了有些類型化。陳湧在
談到初版本時就曾說：「錢文貴作為一個豐富的典型的個性
來看，也仍然是不夠的。」[10]而在後來的校訂本和修改本中
這個眯著兩隻小眼睛的地主變得更陰險、更狡詐、更惡毒
了。由於這些修改基本是在語言修辭層面，並無新的重要的
情節或細節來支撐。所以對錢文貴個性的豐滿並無太大的幫
助，倒是把他向階級倫理意義上的更壞的方向推進了一步。

　　這種改法不但無益於人物的典型化，而且有損於故事的
懸念性。「小說一開頭，難以捉摸的事物、人物和形勢體現
出了小說的結構方法。這些都可歸入羅蘭·巴塞斯所說的組
織藝術表現中的『解釋法』。這種方法在小說中可以系統地
闡述問題、延遲作答和提出疑問。這些謎和問題成了懸念的
來源，在小說朝著解決這些問題的方向發展時構成情節發展
的主要動力。」[11]錢文貴就是小說故事展開中最大的一個
謎。只有識破這個謎，找到誰是真正厲害的地主（暖水屯的
第一尖），才能真正破除地主階級的威勢，解除農民的顧忌，
開展土改。誰是第一尖呢？能否揪出第一尖（懸念）？作品
中尋找了四次（個）：第一次（個）是軟弱的侯殿奎，第二
次（個）是陰柔的李子俊老婆（膽小的李子俊逃跑了），第

---

[10] 陳湧〈丁玲的《太陽照在桑乾河上》〉，《人民文學》，1950 年 9 月
　　 1 日，第 2 卷第 5 期。
[11] （美）梅儀慈《丁玲的小說》，美國哈佛大學出版社，1982 年版，見
　　 孫瑞珍、王中忱編《丁玲研究在國外》第 319 頁。

三次（個）是驕橫的江世榮。最終才揪出了狡詐的錢文貴（釋念）。這個謎之所以這麼難解，主要因為錢文貴是一個造謎者。在土改來臨之際，政治嗅覺靈敏的他故意製造了複雜的社會關係：送兒子去參加八路軍使自己成為「軍屬」，讓女兒嫁給張正典使自己在村政權中有了依靠，鼓勵黑妮與程仁戀愛使程仁有了牽掣。他還實施了假分家、逼走李子俊等陰謀。錢文貴就這樣掩蓋了自己，也營造了小說的謎團。在這種解謎式的敘事結構中，錢文貴這個經過長時間才解開的謎顯得很重要。他掩蓋得越深越巧妙，作家對他的敘述越不露聲色，越能顯示土改時階級關係的複雜，越能增加故事的懸念性。校訂本和修改本將他修改得更顯露，對他的修飾詞用得更明確，無疑是會影響這種懸念性。所以，相對來說，倒是初版本處理得較好些。

　　錢文貴這個謎之所以難解，還另有原因，這來自張裕民、文采等幹部。張裕民是暖水屯的支部書記。作者後來說：「我不願把張裕民寫成一無缺點的英雄。」[12]但是我們從《桑乾河上》的版本變遷中卻看到他的缺點是越來越少。從初版本到校訂本，關於張裕民的較重要的修改是減少了一點兒他與文采們相處時的自卑。第三十三章在張裕民的話中改「翻身」為「翻心」，則提高了他看問題的境界。從校訂本到修改本則對他作了更多的修改。張裕民原本有的流氓氣、自卑感和顧忌心理等都減少了，他成了相對完美的英雄。張裕民曾有的流氓氣和自卑感，是他難以很快與文采們打成一片的

---

[12]　丁玲〈《太陽照在桑乾河上》重印前言〉，《人民日報‧戰地》副刊，1979 年 7 月 18 日，第 236 期。

根源。而他的顧忌和猶豫也使他不能儘快果決地開展工作。這些都延緩了「第一尖」錢文貴的被揪出，這與小說初版本的解謎式的敘事節奏是合拍的。修改本減少了他的缺點，加快了他的成長，則成搶拍了。

文采作為土改工作組組長，他的工作不力也是錢文貴較遲地被鬥爭的原因之一。提到文采時，作者說：「他是尚未克服小資產階級個人主義的知識份子。他的書呆子作風顯得非常可笑。他滿懷良好的願望從事土改，卻成了教條主義的俘虜，犯了右傾毛病，找不到接近群眾的門徑。」[13]當這些弱點與工作組組長的權力結合起來，文采便阻礙了土改工作的進展和揪出錢文貴的進度。同時作者也在讓文采適時地發揮一些長處，尤其是到後來讓他有所轉變，以說明知識份子是可以改造的。與初版本比較，我們看到校訂本和修改本有大量的關於文采的修改。這些修改強化了文采的弱點，但強化的主要是他作為知識份子常有那種自高自傲、矯柔造作、沾沾自喜等弱點。通過強化文采的缺點，作者似乎是更有意地表現知識份子的缺點與他們的可堪改造之間的反差。此外，對文采的描寫（有所貶抑）和對張裕民的描寫（有所拔高）也有了更大的反差。強化文采的這些弱點，對於豐富他的個性並沒有太大的作用，倒是增加了他在有關錢文貴的解謎式敘事中的責任和份量。

對文本釋義產生重要影響的還有兩個詞：「太陽」和「翻心」。它們豐富了校訂本及其後版本的意義。新中國成立後，

---

[13] 《太陽照在桑乾河上》俄譯本前言〈作者的話〉。

「太陽」一詞的政治象徵意義已是國人皆知。《桑乾河上》沒有理由不易名為《太陽照在桑乾河上》了。初版本的書名雖然沒有「太陽」，但文本裏的「太陽」已不是純自然的天體。書名或標題如書的眼睛，現在在書名中加上「太陽」，使整本書首先就給人一種明朗的感覺，更強化了文本裏「太陽」的象徵意義。所以，書名字數的增改也是文本意義的增加。

　　「翻心」一詞是在校訂本中才出現的。當農民被李子俊老婆的眼淚鼻涕打敗，不要地契了，張裕民評價此事說：「莊戶主還沒有翻心啦……」。「翻心」在初版本原為「翻身」。這一改動雖不起眼，卻能影響對作品主題的理解。對這部作品主題的理解往往受時代的影響，這其中也有一個依據不同版本的問題。如 1949 年 10 月許傑撰文指出作品有表現農民「翻身」和「覺醒」的意義。[14]他依據的是初版本。50 年代初，馮雪峰撰文說：「作者的中心意圖是……寫農民怎樣在鬥爭中克服自己思想中的弱點而發展和成長起來。」[15]這已有「翻心」的意思。他依據的是校訂本。丁玲本人在校訂本中似乎是有意識地用到「翻心」這個詞，但她顯然沒有有意識地將這一改動與理解作品的主題聯繫起來。她在 1955 年還明確地談到小說的主題：「……我在寫作的時候，圍繞著一個中心思想——那就是農民的變天思想。就是由這一個思

14　許傑〈論《桑乾河上》〉，《小說》月刊，1949 年，第 3 卷第 2 期。
15　馮雪峰〈《太陽照在桑乾河上》在我們文學發展上的意義〉，《文藝報》第 10 號，1952 年 5 月 25 日。

想，才決定了材料，才決定了人物的。」[16]這時她已修改出了修改本。這一主題後來進一步被許多人論證。到八、九十年代，人們同樣依據校訂本或以後的版本，指出作品表現的是「翻心」主題。[17]這種對主題的理解正是從「翻身」到「翻心」的改動中得到啟發。

用「翻心」（或「翻身」與「翻心」的關係）去概括小說無疑能更完備、更深刻地把握其主題。「翻身」只是經濟上、政治上獲得土地、農具乃至「翻身雞」，獲得當家作主的權力等。「翻心」才是思想上、精神上真正的解放、更新和提升。「翻心」是小說的重心和主旨。「翻心」意味著克服奴才心理、宿命論觀念、變天思想、小農意識等精神弱點。不「翻心」，農民無法壓倒錢文貴的威勢，在李子俊老婆面前只能「敗陣」；不「翻心」，幹部們無法擺脫個人顧慮和自私心，從而不能將土改運動更有效地推進；不「翻心」，顧湧們只會憂心忡忡，不會有獻地的覺悟；不「翻心」，翻了身也是白翻，侯全忠們依然會把地契還給地主。所以，土改不只是土地、財產的重新分配和權力、地位的重新變易，更是一場農民階級心靈深處的「翻心」革命。校訂本及後來版本中的「翻心」一詞是對作品主題的一種最經濟的概括。

純語言方面的修改不會使版（文）本釋義上有太大的差異，但卻對版（文）本的風格有一定影響。初版本由於成書

---

[16] 丁玲〈生活、思想與人物〉，《人民文學》，1955 年 3 月 8 日，第 3 期。

[17] 龔明德《新文學散箚》，1996 年 11 月版，天地出版社，第 328 頁。

匆促難免在語、詞中留下一些毛病。同時，這個版本相對來說有較重的「歐化」「文言化」傾向。校訂本在這些方面都作了一些修改，包括對章題語言的修改。這向語言的民族化、通俗化、規範化方向推進了一步。但丁玲顯然還不滿意。1953 年 2 月 26 日，她在給中央文學研究所第一班同學的信中說她「首先就看了第三十七章〈果樹園鬧騰起來了〉。邊讀邊發現裏面有很多不通的句子，不恰當的字，和太文，文得不好的字。」說對這本書「……下決心要修改它（大的修改不可能），至少要把文字上修理得少些缺點或錯誤。」[18]於是又有了修改本。應該說從校訂本到修改本的這次修改主要的還是這語言修辭上的細改和潤色。這個版本在修改語病、用字太文等毛病的同時，在語言的藝術化方面下了一番細工夫。

　　語言潔化是語言修改中一個值得注意的方面。初版本刻意模仿農民的語言，用了許多性器官修辭。這既有存真的意義，也被批評為自然主義。校訂本繼續保存這類語言。到修改本則差不多全刪去了。這類修改也許是為了保持語言的純潔，去掉作品中的粗俗。同時，也許是為了趨同於新中國文學的無「性」敘事或潔化敘事傾向。實際上，舊中國農民日常語言中的性器官修辭很普遍。即便是今天，中國百姓口頭禪中的性器官詞語依然比比皆是。語言的潔化或多或少地改變了版（文）本本性。與初版本、校訂本相比，《桑乾河上》的修改本可叫潔本了。如果深究，這也會影

18　轉引自龔明德《新文學散劄》，1996 年 11 月版，天地出版社，第 295 頁。

響文本釋義。比如說當我們把這種性器官修辭看作人的性本能的流露，或像巴赫金一樣把它看成一種狂歡的語言，就有意義了。

概而言之，《桑乾河上》的兩次微調細改導致了文本的解讀差異，改變了版（文）本本性。相對說來，初版本體現了一種更真實的人物關係和人性特點（蘇聯作家愛倫堡所稱讚的就是這個版本）。校訂本、修改本在這方面則有所損失。它們對人物階級成份和人物關係的微調、對人物性格和心理的細改等體現了一種更細膩的特點，但也更融入了國家意識形態的偏見，更體現著新中國文學的敘事傾向（夏志清的《中國現代小說史》對這本小說進行抨擊時用的就是校訂本）。不過，校訂本和修改本對初版本則有許多糾正性的修改，如史實、語病、誤筆、誤植等。在小說語言的民族化、通俗化、規範化方面也更進一步，尤其是修改本在語言藝術上更是精益求精。但總的說來，《桑乾河上》的版（文）本變遷是得不償失。同土改這樣偉大的歷史事件相比，《桑乾河上》算不上偉大的作品。作者開始寫作它本就沒有志存高遠。她說：「我當時的希望很小，只想把這個階段的土改工作的過程寫出來，同時還像一個村子，有那末一群活動的人，人物不要太概念就行了。」[19]在寫作過程中，她又有太多的顧慮和遮蔽。而在它的版本變遷中，作者的微調與細改同樣表現出一種遷就和妥協。這有損作品的真實性，也流失了許多深刻的意義。當作品無法真正融匯土改事件的豐富蘊含，當它

---

[19] 初版本《桑乾河上》序言〈寫在前邊〉。

無法真正表現土改事件帶來的人性深度，語言修辭上雕蟲小
技的改進又對作品有多少補益呢？！

第八章

《創業史》

版本源流圖示：

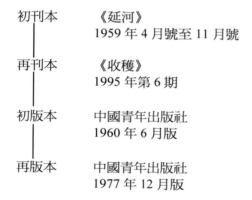

初刊本　　《延河》
　　　　　1959 年 4 月號至 11 月號

再刊本　　《收穫》
　　　　　1995 年第 6 期

初版本　　中國青年出版社
　　　　　1960 年 6 月版

再版本　　中國青年出版社
　　　　　1977 年 12 月版

　　《創業史》是柳青未完成的長篇。其第一部成就最高，版本演變最複雜，且自成一完整結構。柳青是 1954 年開始寫作《創業史》（第一部）的，經三易其稿，於 1959 年初刊《延河》雜誌。略作修改後又再刊《收穫》雜誌，再修改後即為初版本。1973 年柳青又修改《創業史》（第一部），1977 年再改一遍，是為再版本。從初刊本到再版本，歷時近二十年，世事滄桑，人生變易，作者亦由青壯而成病衰。

其間，經過作者多次修改，使得《創業史》（第一部）諸版本具有了不同「本」性。本章主要對校初刊本與初版本、初版本與再版本以辨其版本變異。

一、初刊本與初版本對校記

　　《創業史》（第一部）包括「題敘」、「第一部的結局」兩章，共 32 章。它初刊《延河》雜誌時取名為《稻地風波》，下標「創業史第一部」，刊至 1959 年 7 月號。從 1959 年 8 月號即第二十一章開始，柳青接受讀者意見，取消《稻地風波》書名，仍叫「創業史」第一部，至 1959 年 11 月號刊完。後來的初版本及修改本也都沒有用《稻地風波》一名，只叫《創業史》（第一部）。在初刊本《創業史》（第一部）「題敘」之前有四則引文：一段毛澤東語錄、一則鄉諺、一則農村格言，還有一則是「摘自作者的日記」的一段話：「這不像長篇小說，也不是詩。我希望讀者不那麼計較形式。我實際上在編寫很長的生活故事。模仿群眾創作，取個名叫《創業史》吧！」這則引文的重要在於它預先向讀者提示著文本的形式，暗示著這個文本的紀實性和對現實的影響性。所謂「生活故事」，大概相當於「紀實小說」。後來的初版本和修改本，都刪去這則引文，只保留了前三則。所以人們只把它當作「史」詩性長篇小說，不再注意它的紀實性質。

　　除了上面提到的題頭改動之外，《創業史》（第一部）初刊本與初版本的具體章節中有更多的差異。筆者以初刊本與初版本對校，發現初版本比初刊本多出萬餘字。初版本在

初刊本基礎上修改了 500 多處，其中增加 240 餘處、改動220 餘處、刪去 50 餘處。修改處數最多的是第二十二章（107處），其次是「題敘」（70 處）、第二十一章（41 處）、第十六章（36 處）。而比較重要的足以影響文本釋義的修改有第二章與第五章的異動、第十六章的增改、第二十一章的修改、第二十二章的改寫、第三十章的修改。

關於第二章與第五章的異動，具體情況是：初刊本第二章在初版本中移至第五章，這一章的主要內容是寫梁生寶去郭縣買稻種。然後初刊本的第三、四、五章依次變為初版本的第二、三、四章（再版本的章節順序亦同初版本）。初刊本與初版本章節的這一異動。對文本的藝術結構和藝術效果都有重要影響。《創業史》（第一部）第一章的核心情節是寫梁三老漢吵嘴、郭世富架梁造屋。梁生寶沒有正式出場，但他去郭縣買稻種的事已被他媽說出並成為梁三老漢大吵人鬧的導火線。初刊本第二章接著就讓梁生寶正式出場去買稻種，這一順接雖是順理成章，但卻沒有了小說藝術的「擒放」[1]特點和懸念效果，生寶的出場也並未給讀者帶來格外的驚喜。初版本將初刊本第二章移至第五章，並順移其他三章，讓生寶在第五章才正式出場，這便成了一種欲擒故縱的小說策略，藝術效果就大不一樣了。這樣接上去的第二章的情節就是改霞、秀蘭放學路上，路遇郭振山，郭振山勸改霞進工廠，引出改霞選擇生寶（愛情）與工廠（事業心）的矛盾。第三章寫蛤蟆灘能人（土改領袖）郭振山在「活躍借貸」

---

[1] 語出金聖歎，參見閻綱《〈創業史〉與小說藝術》，1981 年 8 月版，上海文藝出版社，第 158 頁。

中受挫，另一能人（中農代表）郭世富的身世及對「活躍借貸」的抵制。第四章寫郭振山為了個人發家的勞動情景，貧農任老四、高增福的貧困生活，蛤蟆灘又一能人（富農代表）姚士傑對「活躍借貸」的抵制等情節。這樣一至四章就都在為第五章進行鋪墊、渲染、蓄勢，成為生寶出場的背景、環境和氛圍。一至四章在為生寶這個主宰蛤蟆灘未來的人物層層設障，既有家裏繼父梁三拖後腿，又有愛情上改霞的動搖，更有蛤蟆灘「三大能人」的阻隔，還有貧農們的生活困難。生寶面臨重重困境，讀者的同情、擔心和期待於是一下子都傾注到生寶身上。而第五章中，生寶卻頭頂麻袋、身披麻袋、胳膊裏夾著麻袋冒著春雨向異鄉出發了。於是讀者開始震驚和振奮了。有人評價這種章節順序的效果說：一至四章的「描寫好像滾滾烏雲，生寶的出場恰似一聲春雷」，信矣！這位論者還說這是「神來之筆」[2]，其實這是移來之筆。通過這一移動，使《創業史》（第一部）的一至五章的佈局呈山重水複而柳暗花明之勢。且第二章與第一章之間亦無硬接痕迹。因第一章提到改霞邀秀蘭上學，第二章一開頭便是改霞、秀蘭放學歸來，所以接得很自然。而從整個《創業史》（第一部）的佈局來看，「買稻種」這一前半部中的核心事件的後移也顯得更合理。因為新的第五章起到了瞻前顧後、勾連結構的作用。

　　初版本的第十六章大增改兩處，比初刊本第十六章多出約千字左右。這兩處都與縣委副書記楊書記有關。一處是初

2　閻綱《《創業史》與小說藝術》，1981 年 8 月版，上海文藝出版社，第 159 頁。

版本 233 頁至 235 頁的增改，增加了對楊書記外表形象和精
神氣質的描寫，表現了他平易近人的態度，使這個充分農民
化的領導形象比初刊本更生動。另一處是初版本 244 頁至
245 頁的增改。這裏則突出了楊書記的理論水平和他對「毛
選」的熟悉。但楊書記分析農民時觀點有了很大的修改。初
刊本中楊書記說：

> 我們好多同志不瞭解農民有兩面性。幾千年受壓迫、
> 受剝削，勞動最重，生活最苦，這就造成他們革命的
> 一面。剛才梁生寶同志說的，小家小戶小光景，幾千
> 年的小農經濟生活，又造成了他們落後的一面；自
> 私，保守，散漫，不習慣組織和紀律…… 等等。過
> 去我們在民主革命中間，已充分發揮了農民的革命
> 性。今後在社會主義革命中間，就要充分估計農民的
> 兩面性。

初版本改為：

> 我們好多同志，不注意農民小私有者和小生產者的一
> 面。幾千年受壓迫、受剝削，勞動最重，生活最苦，
> 這就造成他們革命的一面。剛才梁生寶同志說的，小
> 家小戶小光景，幾千年的小農經濟生活，又造成了他
> 們落後的一面：自私，保守，散漫，不習慣組織和紀
> 律……等等。

接著初刊本是：

> 「在互助合作中間，農民也有兩面性呢？還是主要地

是落後的一面呢？」王佐民探討地問。

（略）楊書記⋯⋯說：「當然有兩面性！要求改變
貧困的狀態，希望很快富足起來，這就是革命性嘛。
（略）當然這是先進的貧農，傑出的人物。一般貧
農也有落後的一面，開頭甚至於很落後，甚至於和
中農一樣只想發家；不過他們倒底因為貧困，覺悟
起來快。（略）」

初版本改為：

「在互助合作中間，農民主要的是革命的一面？還是
主要的是落後的一面呢？」王佐民探討地問。

楊書記（略）談論起來：

「（略）不能拿我們常說的民族資產階級的兩面性，
來看農民的問題；⋯⋯農民嘛，是工人階級的同盟
軍，是勞動的階級嘛。民主革命階段是同盟軍，社會
主義革命階段還是同盟軍嘛。（略）但是，革命革到
要對小農經濟進行社會義改造的階段啦，農民小私有
者和小生產者的一面，不是變成矛盾的一個方面了
嗎？（略）逐步地引導農民克服小私有者和小生產者
的一面。（略）

可以說是作者柳青借楊書記之口說出了他對農民階級特性
及合作化階段如何看待農民這一問題的觀點。通過修改，初
版本與初刊本的觀點已很不相同了。

　　第二十一章的修改主要集中在素芳這一形象上。我們先
看關於素芳形象的改動或增改。初刊本寫：

> 即使只是生理上的女人，也還保留著人的起碼良知。
> 素芳很久很久地沈默著，不忍心接受堂姑父的毒辣手
> 段，達到退出生寶互助組的目的，那樣對生寶太殘忍
> 了；雖然她喜願拴拴和高增榮一樣，來和堂姑父一塊
> 搭具種地。

初版本 334 頁增改為：

> 素芳的心一沈，不知怎麼怪駭怕起來了。啊呀！堂姑
> 父貪色貪得這樣屬害啊！占女人和占產業一樣地心
> 黑哩！超出一般的私通關係，素芳可是不敢啊。她駭
> 怕，她感覺到危險了。
>
> 「姑父，你為啥要害人家生寶呢？我和他沒⋯⋯」素
> 芳膽寒地問。
>
> （略）
>
> 素芳感覺到纏著她的是一條可怕的毒蛇。
>
> 素芳很久很久地沈默著，不忍心接受堂姑父的毒辣手
> 段，達到退出生寶互助組的目的。那樣對生寶太殘忍
> 了，她也不喜願拴拴和高增榮一樣，來和堂姑父一塊
> 搭具種地，那樣太惹眼了。

在這裏，初版本最大的修改是將素芳喜願丈夫拴拴和富農搭
具種地改為「不喜願」。再就是她對姚士傑的毒辣認識得更
深刻些，對她與姚士傑的私通感到更害怕。接著，又一處，
初刊本是：

> 素芳很氣恨的臉上立刻換了笑容。她正熱煎把她堂姑

父的希望說不出口，白跑一趟回四合院去，想不到這
個瞎眼公公自己說出來了。她假裝驚奇地問：

初版本 341 頁改為：

素芳很氣恨的臉上，立刻換了驚慌的面容。她不願意
自己的男人和堂姑父一塊搭具，想不到這個瞎眼公公
自己說出來了。她驚慌地問：

姚士傑讓拴拴和他搭具，既是想掩蓋他和素芳的關係，達到
長期睡覺的目的，又是想瓦解生寶的互助組。素芳就是懷揣
著姚士傑的主意回來見公公的，但是兩個版本中她的表情和
心態完全不一樣。接著初刊本又寫道：

素芳高興極了。（略）公公驚人的死牛腦筋更壯了她
的膽子。在回四合院的路上，她決心和堂姑父好下
去。反正她從十六歲起，已經不是個正經的女人了，
還有什麼顧忌？她覺得她沒有什麼對不起常訓她的
瞎眼公公和曾經打得她下不來炕的魯笨男人。

初版本 341 頁改為：

素芳作難極了。公公驚人的死牛腦筋，是不是往人生
的絕路上推她呢？在回四合院的路上，她很駭怕她和
堂姑父超出男女私通的關係，引起不堪收拾的惡果。
這倒並不是道德上和人格上的自慚自愧。她從十六歲
起，已經不是個正經的女人了，還有什麼顧忌？她覺
得她沒有什麼對不起瞎眼公公和魯笨男人。（略）她
只是希望平平穩穩地、靜靜悄悄地活下去，生娃子，

做母親，直至變成老太婆。她不反對新社會！她開始
後悔到四合院來做活。堂姑父可怕！太可怕了！

這裏，素芳的心情和想法同樣有很大的改變。此外，初版本
還增加了多處關於素芳的描寫。兩個版本對素芳的不同描
寫，使我們能明顯地感覺到兩個不同的素芳形象。初刊本突
出了素芳作為「生理上的女人」的特點，突出了她不可抑制
的野性。她和姚士傑的關係發展到後來完全成為一種心甘情
願的關係了。初版本則一開始就突出素芳的單純、自卑，然
後寫她對姚士傑的敬佩、好感、依順，再寫到她對姚士傑的
駭怕、恐懼以及她的擔心、後悔等。這就不僅使素芳的情態
和心態有了更細緻更曲折的描寫，而且使讀者感覺素芳是因
為單純、糊塗、自卑而上當受騙。素芳的過錯仿佛應該歸因
於她從小所受不良影響、後來的人生遭遇及瞎眼公公的嚴格
管制。素芳變得更讓人同情了。素芳的形象得到很大程度的
修改。

第二十二章是柳青用力最多，精心改寫的一章。這一章
是寫進山割竹子的章節之一。筆者對校初刊本與初版本，發
現初版本第二十二章比原來增加了七、八千字。初刊本這一
章是兩大部分，初版本擴充為四大部分。原來的第一部分被
擴改為三個部分，原來的第二部分除了小改，基本原樣保
存，成為第四部分。由原來的第一部分擴改而來的那三個部
分又曾以〈深山一家人〉為題發表在《延河》1960 年 3 月
號上，後來原樣收入初版本。經過改寫後的第二十二章成為
初版本中篇幅僅次於第二十九章的長章節（而在再版本本中

又變成了最長的一章）。第二十二章中除了一般的小改之
外，重要的修改是新增的幾十個自然段的文字。這些新增文
字涉及終南山自然環境的描寫、生寶一行的勞動細節、勞作
之餘的娛樂場面、深山裏一家人般的情誼以及生寶的特殊
「心思」或「心機」等。通過這些增寫，終南山中割竹子的
集體勞動生活情景更加生動，使讀者更如臨其境。但在這
裏，更重要的是牽涉到生寶形象的塑造問題。在這深山老林
的背景中，生寶這個「頭目人」不僅更有威信、更高大，而
且有了更多的「心思」或「心機」，那就是他更常常從小事
情中看出「革命道理」和「教育意義」來。如初版本 352 頁
他從山中大夥的親密無間中「看出一點意思來了」：「改造
農民的主要方式，恐怕就是集體勞動吧？不能等改造好了才
組織起來吧？要組織起來改造吧？」初版本 353 頁也有他的
話：「這土地私有權是禍根子！莊稼人不管有啥毛病，全吃
一個『私』字的虧！」改寫後的第二十二章中新增了 4 處梁
生寶的理念活動，成為初版本理念活動最多的一章。後來為
批評家所詬病的理念活動多半出自這一章。

　　第三十章的修改主要集中在生寶和改霞這對戀人夏夜
裏身體接觸的細節上。如初刊本為：

> 他伸開強有力的臂膀，把這個對自己傾心相愛的閨女
> 摟在懷中，但當他剛剛準備親她嘴的時候，他停住了。

初版本 487 頁改為：

> 他真想伸開強有力的臂膀，把這個對自己傾心相愛的
> 閨女摟在懷中，親她的嘴。但他沒有這樣做。

初刊本為：

> 共產黨員的理智在生寶身上克制了人類每每容易放
> 縱感情的弱點。他一想：這一親吻，定使兩人的關係
> 急趨直轉，搞得火熱。

初版本 488 頁改為：

> 共產黨員的理智，在生寶身上克制了人類每每容易放
> 縱感情的弱點。他一想：一摟抱、一親吻，定使兩人
> 的關係急趨直轉，搞得火熱。

初刊本為：

> 生寶輕輕地鬆開他摟抱改霞的胳膊，把等待他親嘴的
> 改霞輕輕推離身體。……

初版本 488 頁改為：

> 生寶輕輕地推開緊靠著他、等待他摟抱的改霞，……

這些不多的文字，修改了生寶的動作和想法，在很大程度上
改造了梁生寶的形象。

　　除了以上幾章中的重要修改，初版本中多數修改都屬於
小改。其中除了極少數對誤植的改正，其餘都是關於字、詞、
句、段的增添、刪減和改動。這些修改多半是修辭性的，如
詞語的調換：如「心棍」改為「心骨」、「引進人」改為「啟
蒙人」等。或為了口語化，或為了規範化，或為了通俗化，
一般不會對釋義有太大影響。但也有不少小修改會影響釋義
甚至改變文本本性。如初版本增加了許多補充性說明的語

句，這使它表義更確切，但也會減少這個版本的含蓄性。又如，初版本增加最多的是感歎句，這些句子往往置於某些描寫、敘述完結之後或段末，起讚歎、感慨、抒情、總結、強調、提醒等作用。這就使得初版本在很多地方比初刊本更具有感情色彩，注入了作者更多的主觀性。最後，初版本還增添了更多的語氣詞和更多的反問句。這類修改，使初版本在語感、文風等方面與初刊本稍有不同了。

二、初版本與再版本對校記

1977 年 12 月，《創業史》（第一部）再版。據說這個版本的「出版說明」是柳青親自撰寫的。[3]這個附在書尾的短短「出版說明」的最後半句話是：「這次再版時，作者又進行了一些重要的修改。」筆者對校初版本與再版本，發現再版本在初版本基礎上修改了 420 多處。修改最多的是第十五章共（73 處），其次是第三十章（59 處）、第二十一章（47 處）、第二十四章（46 處）。再版本比初版本少了約 2 萬字，其中第二十九章刪削篇幅最多，刪去差不多 5 個頁碼共 3 千多字。作者所謂「重要的修改」是何指呢？有人認為是「路線鬥爭」。這種說法未免狹隘。筆者以為那些足以改變形象特點和文本本性的修改都應屬於重要修改，包括作者自己可能都沒有意識到的。這些重要修改除了政治路線，還包括性和愛情問題的修改，包括生寶和改霞形象的修改和第二十九章的刪節及其他內容的修改，等等。

---

3   參見徐民和〈一生心血即此書〉，《延河》1978 年 10 月號。

　　所謂性的問題，主要指富農姚士傑和素芳、李翠娥的關係。《創業史》（第一部）寫性主要集中在這些反面人物與落後人物身上。再版本對初版本中涉及的性內容進行了刪改，共刪9處。這些內容主要在第二十一章。初版本328頁有一處文字是：

> 堂姑父的一隻胳膊使勁地但是親熱地抱住她的兩隻胳膊，另一隻勞動過的大手，可怕地向她海昌藍布衫襟子底下伸來了。

再版本375頁刪此細節。接著，同頁，素芳「膽怯地阻擋著堂姑父伸到下邊去的大手，（略）」改為「膽怯地推開堂姑父，（略）」初版本332頁說：

> 沒有樂趣和把兩性生活完全當做生娃子的機械行為，使女人素芳感到多麼委屈啊。女人素芳渴望著享受男人使勁摟抱和親切撫摸的「幸福」。她覺得這是她當一回女人的權利。但在生實教訓她以後，時刻準備向命運低頭的素芳終於收住了心。想不到堂姑父在四合院偏院把她按倒以後，她的心重新野起來了。靠她自己，她攏不住她的心了。

再版本380頁將這些文字刪改成：

> 沒有樂趣，使素芳感到多麼委屈啊。想不到竟然是她的堂姑父，當她在四合院偏院磨麵時，把她抱住……

初版本裏本是寫素芳在丈夫拴拴那裏得不到性滿足而姚士傑卻讓她的心又「野」起來。再版本卻刪掉了「兩性生活」、

「女人的權利」及素芳的「渴望」，然後來一個省略號，素芳也不再用「女人」來修飾。初版本333頁第一段為：

> 生理上是男人而精神上是陽性動物，姚士傑給女人素芳多大的滿足！老老實實愛勞動的拴拴，什麼時候那麼親昵地抱過她呢？什麼時候那麼熱烈地親過她呢？世界上還有不卑視她，而對她好的人啊！不打她，不罵她，不給她臉色看，而喜愛她，摟她，親她，她的心怎能不順著堂姑父呢？素芳驚奇堂姑父拿得穩，有計劃。她像回想起來驚險的事情一樣，膽戰心驚地回想堂姑父套磨子的時候怎樣偵察她的心性，怎樣喊叫她把偏門閂起來。（略）素芳的高貴精神在童年的時候已經被娘埋葬了，她的機體結構——一個生理上的女性，深深地敬佩堂姑父做假的本領！

再版本380頁將這段刪改成：

> 老老實實的愛勞動的拴拴，什麼時侯那麼親熱地抱過她呢？世界上還有不卑視她，而對她好的人啊！不打她，不罵她，不給她臉色看，而喜愛她，她的心怎能不順著堂姑父呢？素芳像回想驚險的事情一樣，回想堂姑父套好磨子的時侯怎樣喊叫她把偏門閂起來。（略）素芳深深地佩服堂姑父做假的本領！

這裏，一個「生理上的女性」對一個生理上的男人的感覺（當然也包含一點她誤認為的「愛」）刪得幾乎沒有了。初版本334頁還有一處是：

說畢以後，四十來歲的有鬍楂的嘴巴，又親了二十三歲的妻侄女的嫩臉蛋一口，等待著決定。

再版本 381 頁刪去這一句。另外，初版本 335 頁有「又親了一嘴」，再版本 382 頁亦刪去。初版本 340 頁有「（略），更加靠近抱住親她的堂姑父了。」再版本 387 頁刪去「抱住親」三字。以上共 7 處涉及性問題或性細節的內容被刪改。其中有兩處從素芳的角度來寫的文字被刪改後多少會改變素芳的性格。素芳的「野」性更少了。

姚士傑在三年前曾是李翠娥的「情哥」。解放後，他害怕人民專政，不敢再落入非法情網，所以斷了與李翠娥的關係。但現在春荒時節，「活躍借貸」不成，翠娥丈夫白占魁打著翠娥的招牌跟姚士傑借了二斗米。初版本 277 頁寫翠娥吃著姚士傑的大米，回味三年前她與姚士傑的性關係。這裏有很長的一段涉及性問題的描寫。跳過一個小段落之後，又有一小段寫翠娥企圖勾引姚士傑的表情描寫。這兩段文字在再版本 316 頁都被刪去（見第十八章）。

愛情和「愛」一類的字眼被大量刪改也是再版本的一個突出特點。較典型的如：「愛情」改為「感情」、「談戀愛」改為「談親事」、「戀人」改為「他們」等。再版本甚至於把「親愛的笑臉」改為「和藹可親的笑臉」，「親愛的人們」改為「鄉親們」。而像「親愛的楊書記」、「親愛的生寶」等中的「親愛的」三字理所當然地也被刪去。再版本也還有一些「愛」的辭彙沒有修改或刪去的，這大概是因為三種情況：一是漏刪或漏改的。二是表意上不好用其他辭彙替代

的，如再版本 263 頁「生寶帶著愛情上失意的心情……」等。

　　「愛情」辭彙的修改主要是關於生寶和改霞的愛情的。關於他們的愛情問題的敘述、描寫以及由此引發的議論更在再版本中被大量修改和刪削。其中，比較重要的有 30 處。第十五章（9 處）和第三十章（11 處）修改處數最多，這兩章是《創業史》（第一部）重寫愛情的章節。其餘修改在第五章（1 處）、第八章（4 處）、第十六章（1 處）、第十九章（2 處）、第二十四章（1 處）和第一部結局（1 處）。這些修改既在一定程度上減弱了他們戀愛的熱度，也在很大程度上修改了他們兩人的性格特徵。具體情況縷述如下：

　　關於戀愛的議論，再版本刪去 4 處。初版本 123 頁寫道：「戀愛的青年人啊！哪一個能不花點時間，研究閨女的心理呢？花一定的時間是值得的，因為它對生活影響很大。」再版本 142 頁刪去這則戀愛指南（見第八章）。初版本 283 頁說：「鳥兒們！你們的戀愛怎麼那樣簡單呢？雄的追逐、追逐、追逐，於是雌的就同意了。而我們的改霞的戀愛問題卻這麼複雜！」再版本 322 頁刪去這種戀愛議論（見第十九章）。初版本 487 頁寫道：「女人呀！女人呀！即使不識字的閨女，在愛情生活上都是非常細心的；而男人們，一般都比較粗心。」再版本 549 頁刪去這段愛情分析（見第三十章）。初版本 504 頁寫道：「性格軟弱的閨女，由於優柔寡斷，常常在就要被摟抱的時刻，還是若即若離，躲躲閃閃，最後終於被意志堅強的小夥子摔開，而懊悔終生。性格剛強的閨女，她們的自尊心簡直撞不得，常常嫌自己傾心愛慕的小夥子對自己不夠熱烈，擔心婚後不美滿，竟至摟抱以後，

來個出乎自已意料的轉折，而永無返悔！我們的改霞屬於後一種閨女。新的社會意識，使大部分閨女向這樣的性格發展。任男人擺佈，把男人的摟抱親吻看做賞賜的女性，是越來越少了。」再版本 565 頁刪去這節帶點女權主義色彩的愛情哲學（見第一部結局）。

關於生寶和改霞戀愛關係的一般敘述改動 3 處。初版本 212 頁是：「蛤蟆灘的莊稼人，用眼睛看不見改霞和生寶在戀愛。他們既不翻牆，又不跳窗戶，也沒工夫在鄉村的道路上著等待對方。」再版本 243 頁改為：「蛤蟆灘的莊稼人，用眼睛看不見改霞和生寶有關係。他們沒工夫在鄉村的道路上遛達著，互相等待對方」。初版本 212 頁至 213 頁為：「有為的年輕人們，在戀愛的時候，還不得不檢點著點。儘管這樣，改霞和生寶的戀愛生活是豐富的，現代的。」再版本 243 頁至 244 頁改為：「在群眾裏有影響的年輕人談親事的時候，還不得不顧忌著點。但改霞對生寶的喜愛是強烈的，現代的。」（以上見第十五章）柳青的改動也是心存「顧忌」，考慮「影響」。初版本 394 頁寫：「要不是兩個的覺悟都高，要不是兩個的品質都好，他們可能在生疏的渭原縣城裏什麼沒人的角落，抱住親嘴哩。」（第二十四章）再版本 450 頁刪去此句。

關於生寶對愛情的感受、回憶及其情態和動作等再版本共刪、改了 12 處。初版本 88 頁寫他：「從那回以後，改霞那隻手給他留下的柔軟的感覺，永遠保持在他的記憶裏頭，造成他內心很久的苦惱。」再版本 101 頁刪此句（見第五章）。初版本 117 頁寫：「（略）柔軟和溫熱的感覺，總是

一再從記憶裏，回到他手掌的皮膚上來，慫恿他把她的心奪取過來。」再版本 135 頁改為：「（略）柔軟和溫熱的感覺，總是一再地使他回憶起他們當土地改革運動中在一塊的那些日子。」以上一刪一改把生寶愛情體驗中的甜蜜的苦惱和激情刪沒了。初版本 118 頁為「若是拿定主意和改霞談，他希望在進山以前，和她揭『寶』，紅哩黑哩，就這一傢夥！」這裏「寶」是指「木質賭具」，揭『寶』顯示了生寶在處理愛情時的乾脆和有些簡單。再版本 136 頁將這句話刪成：「若是拿定主意和改霞談，他希望在他進山以前。」初版本 122 頁至 123 頁寫道：「他承認：那時間，他要是伸胳膊摟她，她也許不會推開他。但他不能那樣做。他相信：正因為這種對待女人的態度，改霞以後更喜愛他了；喜愛裏頭帶有尊敬，他看得出來。」這是生寶對自己如何處理愛情的回想和分析。再版本 141 頁將這些文字刪去（以上見第八章）。初版本 214 頁寫生寶「看她時，眼光那麼往她心裏頭鑽探」，再版本 245 頁刪去這種真實的戀愛眼神。（見第十五章）。初版本 229 頁第四段是：

> 生寶憑良心說，他喜愛改霞富於表情的大眼睛；他喜愛她說話很好聽的聲音；他喜愛她走路很好看的身段和輕巧的腳步！他承認：他喜愛這些外表美！生寶不是那號無聊的年輕人，當自己達不到愛情目的時候，就宣佈自己喜愛過的女人醜得很。只是他並不把外表美看得重於一切，不惜代價追求這方面的滿足。這個莊稼人並不是一個庸俗人！

再版本 262 頁刪去這段愛情觀的敘述（見第十六章）。初版

本 P485 寫「生寶感覺到了──幸福在向他進攻。」再版本
547 頁刪此句。初版本 487 頁說「崇高的愛情，使生寶的鐵
心疙瘩開始熔煉了！」「生寶的心，這時已經被愛情的熱火
融化成水了。生寶渾身上下熱烘烘的，」「他感覺到陶醉、
渾身舒坦和有生氣，在黃堡橋頭上曾經討厭過改霞暖天擦雪
花膏，那時他以為改霞變浮華了；現在他才明白，這是為他
喜歡才擦的。」再版本 549 頁刪去這三處描寫愛情激動的文
字。初版本 487 頁至 488 頁寫「生寶在這一霎時，心動了幾
動。他真想伸開強有力的臂膀，把這個對自己傾心相愛的閨
女摟在懷中，親他的嘴。但他沒有這樣做。第一次親吻一個
女人，這對任何正直的人，都是一件人生重大的事情啊！」
再版本 549 頁將這段描寫刪改成：「生寶在這一霎時，似乎
想伸開強有力的臂膀，把表示對自己傾心的閨女摟在懷中。
改霞等待著，但他沒有這樣做。」對生寶的心裏活動的描寫
變成了一種推測性的敘述，且刪去一句帶感歎號的議論。初
版本 488 頁有一段是：

> 共產黨員的理智，在生寶身上克制了人類每每容易放
> 縱感情的弱點。他一想：一摟抱、一親吻，定使兩人
> 的關係急趨直轉，搞得火熱。今生還沒有真正過過兩
> 性生活的生寶，準定一有空子，就渴望著和改霞在一
> 塊。要是在冬閑天，夜又很長，甜蜜的兩性生活有什
> 麼關係？共產黨員也是人嗎！但現在眨眼就是夏收
> 和插秧的忙季。他必須拿崇高的精神來控制人類的初
> 級本能和初級感情。（略）考慮到對事業的責任心和

黨在群眾中的威信，他不能使私人生活影響事業。他
沒有權力任性！

再版本 549 頁至 550 頁刪改成：

共產黨員的理智，顯然在生寶身上克制了人類每每容
易放縱感情的弱點。生寶的這個性格，是改霞在土改
的時候就熟悉的。現在眨眼就是夏收和插秧的忙季。
（略）他沒有權力任性！

把「性」和「愛情」當作「初級的」東西刪得乾乾淨淨了。
接著初版本 488 頁寫道：「……他在這裏考慮著是不是抱住
個女人親嘴哩！頓時覺得自己每一霎時，都不應當忘記自己
是什麼人啊」於是「生寶輕輕地推開緊靠著他、等待他摟抱
的改霞，他恢復了嚴肅的平靜，（略）」再版本 550 頁亦刪
去這些文字。最後，初版本 488 頁生寶對改霞說：「改霞！
心放平穩一點吧。再甭慌慌溜溜哩。我這陣上了馬哩！咱倆
的事，等秋後我消停了再……好嗎？（略）」再版本 550 頁
改為：「改霞！你放平穩一點吧。再甭急急慌慌哩。我這陣
沒空兒思量咱倆的事。我要是真……，那就等秋後我消停了
再……好嗎？（略）」（以上見第三十章）這一改把本來是
延緩談戀愛的問題改成了不確定會談戀愛的問題了。經過這
些刪、改，生寶的許多真實的戀愛感受和細節被去掉，生寶
變得更理智更正經也更矯情了。

　　關於改霞對愛情的反映與表現也是再版本刪、改得較多
的，共 11 處。初版本 213 頁寫道：「短促的春夜啊！對於
戀愛中的改霞，怎麼這樣漫長呢？春風啊！你歇一歇吧！為

什麼老撥弄牆外頭新出來的樹葉呢？讓改霞睡睡覺吧」再版本 244 頁刪改成：「短促的春夜對於改霞，這樣漫長！」一種帶有強烈抒情意味的呼告被刪成一個短短的感歎句，改霞在春夜裏輾轉反側的姿態刪沒了，同時她為愛情和事業而矛盾的程度減弱了。初版本 214 頁說：「改霞嘴裏說不出一套愛情的道理，但是她心裏的愛情，比那些會說一套道理的中學生、大學生還要強烈、綿密和真切呢！」再版本 245 頁刪去這句評價。初版本 216 頁寫：

> 她低下頭，樂滋滋地瞅著過了乳峰，達到腰間的兩個辮梢，帶著女性共有的「畫眉深淺入時無」的天賦心情，揣摸生實看見她這份打扮的心理。然後，她滿意地把兩條辮子甩到背後去。

再版本 248 頁刪去第一句寫「女為悅己者容」並稍帶性感的文字，並將第二句改成：「然後，她帶勁地把兩條辮子甩到背後去。」初版本 222 頁寫道：

> 這是為了崇高的理想而犧牲愛情的時候，合理的眼淚。想一想吧！由自己在心房裏培育起來的愛苗，又由自己把它拔掉，怎麼能不從人身上溢出幾滴感情的漿汁呢？只有那些流不盡、止不住的眼淚，才是軟弱和落後的污水！

再版本 254 頁刪改為：

> 這是為了崇高的理想而犧牲感情的時候，從身上溢出幾滴感情的漿汁。

刪去許多議論。初版本 222 頁又一處是：「局勢的變化和偶然的因素，都使她很難捉摸『戀愛』這件複雜的事情。」再版本 255 頁改為：「形勢的變化和偶然的因素，都使她很難捉摸。」由改霞對愛情的很難捉摸變成了改霞這個人很難捉摸。初版本 223 頁寫：

> 改霞已經把兩條粗辮子，扯到胸前來了，掛在她胸前學生藍布衫凸起的地方。這是女性的本能：當她長大的時候，沒有任何人教她，她知道怎樣討她喜歡的男人喜歡她。

再版本 256 頁改為：

> 已經把一條粗辮子扯到胸前來了。她一隻手提藍，另一隻手捉住這條辮子，這樣來掩飾她的局促不自然。

這一改把獻媚變成了不安（以上見第十五章）。初版本 285 頁寫改霞「戀愛決裂了，希望換個環境，免得觸景傷情啊。」再版本 324 頁刪此句（見第十九章）。初版本 482 頁寫：「愛情，改霞現在才體會到，對於待嫁的姑娘，簡直是燃燒在心中的一堆紅火。世俗的禮教、父母的干涉、輿論的壓迫，常常不能撲滅這一堆火。除非小夥一方變心，或者男方缺乏和這種癡心相適應的熱情。」再版本 544 頁刪去這些改霞的體會。初版本 483 頁是：

> 改霞決定：當她和他一塊在田間小路上走著的時候，她將學城裏那些文化高的男女幹部的樣子，並肩走路。她將把身子緊挨著他苗壯的身子，肘子擦著肘子，這樣她感到非常地幸福。

再版本 545 頁刪改成：

> 改霞決定：當她和他一塊在田間小路上走著的時候，
> 她將學城裏那些文化高的男女幹部的樣子，並肩走
> 路，而不像農村青年對象一前一後走路。

刪去身體接觸的文字。初版本 485 頁寫改霞將上面的決定變
做行動：「（略）勇敢地用自己的海昌藍布衫的窄袖，去接
觸生寶『雁塔牌』白布衫寬袖。夏夜的微風把她身上的雪花
膏氣味，送進生寶的鼻孔裏。」再版本 548 頁刪改成：「（略）
她的海昌藍布衫的窄袖挨著生寶『雁塔牌』白布衫寬袖。」
初版本 487 頁還寫改霞「（略）做出一種公然挑逗的樣子，
然後，她把身子靠得離生寶更貼近些，……」再版本 549 頁
刪改為：「（略）做出一種嬌嗔的樣子。」以上三處把描寫
改霞的身體接觸的想法和行動一類文字都刪去了（以上見第
三十章）。通過這些修改，自然去掉了改霞身上某些纖巧、
做作的成分，但也減少了或減弱了改霞在愛情上表現出來的
勇敢、主動、熱烈、矛盾等特徵。

改霞的愛情與另外一個重要問題——政治路線問題是
連在一起的，這是再版本的又一特性，這也是再版本對初版
本進行修改的一個核心。改霞的愛情原本與郭振山沒有關
係，郭振山並未明顯地阻止她去愛生寶。但是再版本卻把改
霞愛情的動搖與郭振山的「開導」緊緊聯繫起來。郭振山開
導改霞什麼呢？開導她進工廠。初版本雖也有這種開導，但
並未特別強調郭振山的作用。初版本 216 頁說：「（略），
又動搖了改霞考工廠的決心。」再版本 247 頁改為：「（略），

又動搖了郭振山授意改霞考工廠的決心。」特意加了「郭振
山授意」幾個字（改出語病來了）。初版本中改霞只是想「參
加工業」（220 頁），再版本則改為：「參加工業化」（252
頁）。初版本 P225 改霞說「我想進工廠去」，再版本 257
頁又改為：「我想去參加工業化」。為什麼又有這一類的特
意改動呢？（這一類改動還有許多。）原來作者是想把當時
的黨中央書記劉少奇拉進來。因為劉少奇強調先「工業化」。
就這樣，再版本把改霞（鄉村閨女）與郭振山（鄉村幹部）
與劉少奇（中央書記）連成一線，一條政治路線。我們且看
初版本 214 頁的文字：「她是從畫報上看到過郝建秀的形
象，她就希望做一個那樣的女工。新中國給郝建秀那麼可憐
的女孩子，開闢了英雄的道路，改霞從她的事蹟受到了鼓
舞。」再版本 245 頁改為：「她打聽到國家要先工業化，農
村才能集體化以後，郭振山叫進工廠的話，對她才有了影
響。」原來是因為女英雄榜樣鼓舞她，現在卻變成了「要先
工業化」的路線和郭振山的話「影響」了她。我們再看初版
本 215 頁最後一段中的話：

> 改霞倒是這樣想過：「唉！他（指生寶）好是好，誰
> 知道鄉下要幾十年，才能到社會主義呢？幾十年啦！
> 自發勢力這麼厲害呀！他心再好，一個小小的互助
> 組，能掀起大浪嗎？我還是奔自己的前途吧。甭太感
> 情了呀！」

再版本 246 頁至 247 頁增改為：

> 郭振山那天開導以後，改霞開始想：「唉！生寶好是

好，誰知道蛤蟆灘要幾十年才能到社會主義呢？幾十年啦！聽下堡小學的一個教員說，黨中央書記劉少奇講話，要確立新民主主義秩序。自發勢力這麼厲害，一個小小的互助組，能掀起多大浪！這樣我留在蛤蟆灘，幾十年以後，我就是一個該抱孫子的老太婆了。我還是奔城裏的社會主義呢。」（以上見第十五章）

原本是改霞自己想，現在是郭振山使她想；原本只是改霞在事業心與愛情二者之間的矛盾，現在卻將此與劉少奇的講話掛鉤了。之後，作者進一步暗示這種關聯。再版本 377 頁增加一段初版本 296 頁沒有的對話：

一天吃晚飯的時候，改霞問郭振山：

「劉少奇在黨裏頭是……」

「毛主席下來就是他！」郭振山帶勁地說，「你問這個話做啥？」

改霞說：「俺學校有個教員說，劉少奇講國家要先工業化，然後農村才能集體化。」

「啊！你也聽說啦？」郭振山滿意地說，「這該明白了吧？」（見第十九章）

到再版本「第一部的結局」，作者為了更明確地批判劉少奇等人，甚至在 552 頁至 553 頁新增一段批判文字。以上再版本的這些修改似乎都只是文字的增改，實際上已改變了文本的內在結構，使文本中的愛情線與政治路線鬥爭線更緊密地聯繫起來。或者說是使愛情線粘附在政治路線鬥爭線上。

　　改霞的性格在上面已縷述過的愛情文字的刪改中已有了
微妙的改變。現在又由於同錯誤路線相關聯，改霞形象又有了
一些修改。如初版本 388 頁寫改霞是「一貫進步的青年團員」，
再版本 442 頁改為「追求進步的青年團員」。初版本 391 頁是
「一貫進步的徐改霞」，再版本 445 頁改為「追求進步的徐
改霞」（以上見第二十四章）。雖只有一詞之別，但卻體現
了作者對她的不同的政治評價。其他有些修改，是由於她愛
情強度的減弱，還是由於她與錯誤路線相關連，還是作者覺
得文字累贅，很難斷定。但再版本的確在很多地方修改了改
霞性格或形象。如初版本 93 頁寫「改霞的漂亮和風韻，弄
得他們吃飯和睡覺都受了影響。」再版本 108 頁刪此句。初
版本 100 頁說「它們說著人類聽不懂的鳥語，是不是驚歎人
間竟有這樣吸人的漂亮姑娘呢？」再版本 116 頁亦刪去（以上
見第六章）。減少了改霞的漂亮。再版本 323 頁至 324 頁新
加一句：「改霞甚至於認為生寶想和她好，也是想叫她給他
做飯、縫衣服和生孩子，一定不是兩個人共同創造蛤蟆灘的
新生活。」（見第十九章）讓改霞想得更狹隘更武斷了。初
版本 387 頁是「純潔而幼稚的（略）改霞，」再版本 442 頁
變成「幼稚的（略）改霞，」刪去了「純潔」二字（見第二
十四章）。同時，在上段的縷述裏，我們已看到郭振山變成
了一個執行「錯誤路線」的鄉村幹部。除此，在再版本中我們
還會看到修飾郭振山的語彙也有所修改。如初版本 485 頁是
「懊悔不該聽代表主任……」再版本 547 頁改為「懊悔不該聽
代表主任煽惑」（見第三十章）。初版本 507 頁是「剛強的郭
振山」，再版本 568 頁是「倔強的郭振山」（見第一部的結局）。

再版本中除了前述對戀愛感受和細節的刪改在一定程度上改變著生寶形象之外，再就是第二十九章對他的修改了。這一章是修改生寶形象的最集中的一章。作者首先刪去了初版本 453 頁至 456 頁共 4 個頁碼的文字：刪去了 1935 年楊副書記父親的游擊隊陷入重圍、浴血奮戰、犧牲慘重、一年後又發展壯大的戰鬥故事及這個戰鬥故事在整黨時對生寶的激勵。用被刪頁碼中的話說：戰鬥故事是打天下的共產黨人，給後來梁生寶這樣搞建設的共產黨人留下的精神滋養。作者接著又刪去了生寶童年和少年時的優良品格和驚人故事。這是生寶後來成為新時代鄉村英雄的性格根苗。刪去這 4 頁也許是為了避免《創業史》（第一部）敘事中的突兀感（因為整個第一部總體上都是順敘，這 4 頁卻是倒敘），但也刪去了英雄人物生成的兩個條件或原因。接著初版本 458 頁又刪去差不多一個頁碼，這一頁描述生寶如何「越說越激動」、「聲音顫抖」、「眼睛濕潤」地講那個戰鬥故事為組員有萬治「病」，組員歡喜和有萬又如何感動。而以下刪改可能是作者覺得初版本有損生寶形象的完美。初版本 457 頁有萬說生寶「你就這個窩窩囊囊？不拿出點厲害的，破了老拿漿子糊？（略）想不到你是這個老好人！跟上你辦事，盡惹些氣！」再版本 517 頁刪去（第一部的結局中說生寶「有點窩囊」亦刪去，見初版本 505 頁）。初版本 457 頁中有萬生寶「臉上出現了兇狠的神氣」，再版本 517 頁改為「臉上出現了發狠的神氣。」初版本 457 頁寫「生寶咬牙切齒，看神氣不知要怎樣顯示一下厲害」，再版本 517 頁亦刪去。以下的修改則有意減少生寶作為一個下級和晚輩在郭振

山面前的慌亂和謙卑。如初版本 476 頁寫「生寶的眼睛濕潤了，聲音很低，顫抖著。」再版本 538 頁在這句話後補了一個解釋：「他只有在黨內受了委屈時才有眼淚。」初版本同頁有：「（略）生寶如釋重負，輕鬆地感激說，」再版本 538 頁刪去。

對抒情和議論性文字的刪削，是再版本的又一特點。除了前面已提到的多處對議認的刪除之外，還有多處議論文字被刪。如，初版本 294 頁有一小自然段：「女人啊！女人啊！生成一個女人，占這麼多的劣勢啊！」再版本 335 頁刪去。又如，初版本 494 頁有一段議論：「莊稼人啊！莊稼人啊！他們把土地、牲口、房屋、糧食，以至於一根扁擔、一條麻繩、一個犁杖上的小套環，看得多麼重啊！有些人為了駭怕損失甚至於一抱柴禾，他們對於歷史的一切變革，都是戰戰兢兢的。」再版本 554 頁亦刪去。

最後，還有兩處比較重要的修改：初版本 430 頁農技員韓培生向梁三老漢兩口子「宣傳蘇聯怎樣用機器犁地，（略）」再版本 490 頁刪「蘇聯」二字。初版本 431 頁梁三老漢問「蘇聯能機器抱娃娃嗎？」再版本 491 頁亦刪「蘇聯」二字（以上見第二十六章）。

除了以上重要修改，其他的均屬於一般性的語法修辭方面的修改。

三、版本變遷：孜孜於教育功能

從《創業史》（第一部）三個版本的校讀中，我們已經

發現它們之間的許多重要差異，這些差異導致三個版本具有了不同的版（文）本本性。相比較而言，初刊本更樸素更感性，初版本更抒情又更理性化，再版本更矜持更矯情更多政治修辭。從初刊本到初版本（增改本）到再版本（刪改本）的版本變遷，體現為一種修改過程。這個修改過程雖然也體現了柳青藝術上精益求精的潤色，但更多地體現了他對文本內涵斤斤計較的矯正。《創業史》（第一部）初版以後，柳青曾撰文說：「我們要努力觀察得更深刻，表現得更準確，使我們的作品對人民的教育意義更大一些。」實際寫作中，柳青更看重最後一點。他說：「難道我們寫文章可以不考慮文章發表以後的影響嗎？」[4]我們在考察《創業史》（第一部）版本變遷時，發現他也是對文本的教育價值的追求多於對文本的審美價值、認識價值的探求。

1953 年春，柳青定居陝西長安縣皇甫村。為了鞏固互助組，他不斷地啟發農民，教育農民，但收效甚微。柳青的熱情受挫，乾脆關起門寫東西了。秋天，他發現了王家斌，他高興自己找到了一個可以教育農民的好典型。第二年他開始寫《創業史》。可以說《創業史》的寫作，是為了用一種藝術的形式更好地去教育農民。「教育農民」是《創業史》寫作的一種主要動因。《創業史》中也不斷出現「教育農民」、「改造農民」這樣的概念。「文革」中柳青挨打受審時，問他是什麼人，他回答「革命幹部＋革命作家」。這道出了他的雙重身份。無論是作為「革命幹部」去教育農民，還是作

---

[4] 柳青〈談談生活和創作的態度〉，《延河》1960 年 9 月號。

為「革命作家」去教育農民，都是他的職責。《創業史》的寫作正體現了雙重身份「幹部─作家」的柳青教育農民甚至所有國民的良苦用心。

柳青在《創業史》（第一部）中所追求的教育價值，主要體現為一種政治教育價值。他首先正是動用國家想像去引導農民。土改之後，蛤蟆灘的農民都分得了土地。他們開始神往一種小農理想，一種砌新屋、穿新襖、糧滿囤、豬滿圈的小康生活圖景。郭世富、郭振山、梁三老漢等全都心懷這種夢想。《創業史》第一章就描寫了郭世富架梁造新屋的場景。但作為「幹部─作家」，柳青必須以國家想像，以一種關於社會主義美好未來的帶有烏托邦[5]性質的國家想像去化解農民的那種小農理想。同時，作為作家，柳青必須顯示民間實際狀態：寫農民的日常瑣細和恒常心態，寫他們對土地的深情、發家的渴望、原始欲和性散慢，乃至吵嘴打架的場面。但作為「幹部─作家」，柳青又必須以國家意識形態：國家的政策、法規、尤其是公有制的系統觀念去矯正那種民間狀態。所以寫作《創業史》正體現了柳青用國家想像和國家意識形態去規勸、化育農民的用意。用《創業史》（第一部）「題敘」結尾的話，柳青是要寫出蛤蟆灘的「矛盾和統

5　「烏托邦」一詞可以雙解：一是 utopia（no place）烏有之鄉，一是 eutopia（good place）美好之鄉。從發生學角度看，社會主義與烏托邦思想有天然聯繫，社會主義亦可從積極和消極兩種意義來理解。構想美好未來的社會主義帶有烏托邦性質，而反國情反科學的社會主義亦可說是烏托邦。馬克思和恩格斯從理論上完成了社會主義從烏托邦空想到科學的轉變，但並不意味著一種實踐上的完成。參見陸俊《理想的界限》，1998 年 7 月版，社會科學文獻出版社，第 3 頁。

一」。寫出創社會主義大業與創個人家業、合作化的集體生活與散慢的小農生活的「矛盾」，但最終要「統一」於前者。

要教育農民、柳青又必須告別舊現實主義，依靠社會主義現實主義這樣一種具有用社會主義精神去改造和教育人民的特殊功能的敘事法規去寫作。按照這種敘事法規，柳青必須寫集體化勢力戰勝私有勢力，落後者經過教育而覺悟轉變，所有矛盾都獲得浪漫解決，互助合作最終高奏凱歌。而現實中的王家斌這樣的先進典型也必須經過理想化處理變成梁生寶這樣的新人和榜樣。這種敘事法規的浪漫主義、理想主義性質勢必使它不會以真實再現生活的原生態作為第一目標，勢必會對真正的現實主義成規進行矯正和規範。使《創業史》具體寫作中浪漫敘事與現實主義的「矛盾」，最終也「統一」於前者。

《創業史》（第一部）的不斷修改（我們還無法去考察初刊本之前手稿本的幾次修改）也正是寫作者進一步將文本內部尚存的那些「矛盾」的東西「統一」起來的重要過程。這是作者孜孜於文本教育功能的一種具體表現。也就是說《創業史》（第一部）的修改動因與它的寫作動因是一致的。考察兩個修改本中的重要修改，我們已看到寫作者是如何將不合國家想像的、與主流意識形態相抵觸的、違背浪漫敘事的許多內容漸漸地修改過來。

《創業史》（第一部）修改的第一個問題是關於農民階級特性的問題。柳青曾借縣委楊副書記之口談到這個問題，但初版本對初刊本的說法有所修改。從本章第一節的校讀呈述中，我們已看到其中的差異。初刊本說「農民有兩面性」，

初版本去掉「兩面性」的概念並說「不能拿我們常說的民族資產階級的兩面性，來看農民問題」。仿佛「兩面性」這個術語是民族資產階級所獨有的，仿佛農民用了「兩面性」就沾了資產階級氣息似的。初刊本說民主革命時期「發揮了農民的革命性」，社會主義革命時期要充分估計「農民的兩面性」，初版本把這一說法也刪掉了。初刊本說要求改變貧困、希望富足起來是革命性，這是先進貧農和傑出人物所具有的。而一般貧農有落後的一面，「甚至於和中農一樣只想發家」。初版本刪去這些說法，換成農民一直是工人階級的同盟軍，但革命革到要對小農經濟進行社會主義改造的階段時，主要就是克服農民的小私有者和小生產者的一面了。兩相比較，我們發現初版本在對初刊本進行修改時，把「農民」徹底與資產階級脫離干系而突出與工人階級的聯盟，從具體的評價轉向更抽象的評價，從對農民較低的評價轉為較高的評價。這樣一修改使寫作者的觀點更符合國家主流意識形態，也證明了走集體化道路有更好的群眾基礎。另外，初刊本第十八章在寫了郭世富從郭縣買稻種回來以後有一段關於農民中的中農階層的議論，初版本 275 頁刪去這一段，可能也是考慮到不符合當時的國家的階級政策：依靠貧農、團結中農……

《創業史》（第一部）修改的另一個問題——路線鬥爭問題更與教育農民相關。理論界有學者認為「農民」有抽象農民（農民共同體）和具體農民（單個農民）之分。抽象農民與具體農民在價值取向上是對立的。如具體農民希望一種自給自足的個體經濟，抽象農民看重「命令經濟」；具體農

民看重實惠的東西，抽象農民卻反功利主義，所謂「不患寡而患不均」，等等。多年來，那些出身於農民的農民精英往往站在農民共同體的立場去教育和改造千千萬萬的具體農民。[6]更確切地說，土改以後，新中國的多數國家領導人都是站在抽象農民的立場上，用一種烏托邦式的國家想像去引導農民，按國家意識形態去規範農民，讓他們走合作化道路的。也有少數領導人如劉少奇和當時農村工作部部長鄧子恢等比較注重具體農民的想法和利益，反對加快合作化的進程，即向社會主義過渡。這就是《創業史》（第一部）再版本修改初版本而明確涉及的劉少奇路線問題。50 年代初，雙方發生過激烈的爭論，爭論的結果，自然是毛澤東路線勝利了。中共中央原定用 15 年的時間完成合作化的過程，結果到 1958 年全國就全面進入人民公社，有些地方甚至只用一兩年的時間就完成了從互助組到人民公社的轉化過程。反思當年，我們不僅通過運用經濟槓桿（如給互助組、農業社提供財力資助或物資購買優先權）、政治攻勢和宣傳威力等多種措施加快了合作化進程，而且過高估計了農民互助合作的積極性。

柳青當時自然是站在中共中央的主流路線上的，他同樣過高估計了蛤蟆灘農民互助合作的積極性。事實是當時的蛤蟆灘，加上土改後又出現的一批新中農，中農以上的莊戶占大多數。按初版本 153 頁中交代「這二十來個人散在一百多戶莊稼人中間」的情況推算，貧農戶的比例也就

6　參考秦暉、蘇文著《田園詩與狂想曲》，1996 年 1 月版，中央編譯出版社。

在 20%左右。即使是這一部分貧農也不是個個都對互助合作感興趣，他們往往是因為缺乏畜力而想互助合作的。這也說明土改以後，中國農村變革存在兩種歷史可能性。直到 1979 年以後，「公社」解體，農村變革的另一種歷史可能性才在中華大陸變成現實可能。而柳青是直到 1977 年修改《創業史》（第一部）時依然毫不懷疑加快合作化的正確性，依然在張揚農民互助合作的積極性。再版本通過修改初版本更明確地把郭振山和改霞與劉少奇路線掛鈎。所謂劉少奇路線，如果按再版本中所寫「劉少奇等人散佈的所謂『錯誤的、危險的、空想的農業社會主義思想』」來說，是一種「反烏托邦」（antiutopia）的「實托邦」（practopia）路線。它可能會更實際地應對中國鄉村的實際情況，進行鄉村變革，並不急於推行互助合作化。柳青在再版本中批判了這種路線的錯誤。將郭振山和改霞修改成這種錯誤路線的執行者，讓改霞去執行劉少奇的國家要「先工業化」的計劃，而郭振山則去實現小農理想並阻止過早集體化以完成劉少奇的先工業化後「農村才能集體化」的設想。這樣，再版本勢必對郭振山這類的鄉村幹部進行更歪曲化處理而對改霞也進行了必要的除魅。再版本的這種修改，目的是警示農民，不要走到錯誤路線上去。

《創業史》（第一部）修改中的第三個重要問題是對性的修改。在宗法農業社會來自禮教的性禁錮與農民自身的性散漫往往並行不悖。如毛澤東的《湖南農民運動考察報告》的初版本裏就說農民在「性方面也比較的有自由。農村中三

角關係及多角關係，在貧農階級幾乎是普遍的」[7]（這段話也可能是考慮到影響而在國內版的《毛澤東選集》中被刪掉了）。新中國成立之初，農民的性散漫已不是普遍問題了，但我們在《創業史》（第一部）的初刊本和初版本裏仍然可以看到一些性散漫的痕跡。隨著黨和國家的教育、社會風氣的好轉，甚至禁止性散漫的立法，人們日漸談「性」色變，「性」漸漸成為「罪惡」。柳青也越來越不敢寫鄉村的性真實和性事實。《創業史》（第一部）已有的非常淺淡的性描寫當然也就應該刪去了。從初刊本到初版本，柳青還只是修改了素芳形象，去掉了這個「生理上的女人」和姚士傑的性關係裏心甘情願的內容。從初版本到再版本，中經「文革」這樣一個無「性」時期，柳青差不多讓《創業史》（第一部）淨「性」了。主要涉「性」的第二十一章刪去了姚士傑對素芳的較為打眼的性動作和素芳的性心理，甚至像「兩性生活」、「親了一嘴」之類的辭彙都差不多刪乾淨了。第十八章刪去了李翠娥如何回味姚士傑的「男性誘惑力」、如何玩弄從她身上找尋「異性溫暖」的粗魯單身漢及她勾引姚士傑時臉上的性表情等內容。至於梁生寶想到愛情時略略涉及「性」的內容自然也隨同那些愛情文字一同刪掉。而改霞的軀體修辭中辮子過了「乳峰」之類也在刪之列。再版本《創業史》（第一部）真可謂「潔」本了。柳青逐漸刪淨這些涉「性」文字，一方面是顧及影響和教育效果問題。另一方面是慮及文藝思想與創作方法問題。柳青曾說：「我和一個西

---

[7]　《毛澤東選集》（十卷本）第一卷，1972 年版，東京北望社，第 237 頁。

歐的資產階級作家談過話。他說，他只寫他看到的，不管正
確不正確。」柳青認為這位作家無責任感，認為這是「資產
階級的文藝思想」。接著柳青說：「我們革命作家寫作時，
永遠不要忘記認真考慮三個問題——我看見的是什麼？我
看得正確嗎？我寫出來對人民有利沒有利？」[8]這裏「有利
沒有利」的疑問正是對作品教育效果的考慮。而「只寫他看
到的」則是自然主義或舊現實主義的寫作手法了。柳青刪削
這些涉「性」內容尤其是在再版本裏刪淨這些內容，正是要
徹底告別自然主義或舊現實主義。他看見了性事實，但多年
以後尤其是十年「文革」以後，那些內容已「不正確」了，
所以應該徹底刪去。即便是在 50 年代他寫作《創業史》（第
一部）時，他也發現了性內容的「不正確」，我們看他就是
把「性」問題主要堆在反面人物或落後人物身上的。

　　刪了「性」自然要刪相近的「愛」，告別了舊現實主義
就應該奔向「新」現實主義（社會主義現實主義）了。關於
「愛情」文字的刪改，在出初版本時還不是太多。歷經「文
革」以後，再版本則大刪大改初版本中的愛情文字了。柳青
之所以刪改尤其是在再版本裏刪改這些內容，可能有多方面
的原因。比如說，從 60 年代至 70 年代「愛情」已是大陸文
壇的禁區題材。但主要原因恐怕是他對社會主義現實主義這
樣一種本質上是浪漫主義、理想主義的敘事方式的堅持了。
尤其是為了以這種方式更好地去塑造梁生寶這個理想人
物。刪改愛情是為了使梁生寶更理智更無私因而也更高大更

8　柳青〈談談生活與創作的態度〉，《延河》1960 年 9 月號。

理想更能成為教育人民的榜樣。我們在對校中已看到修改愛
情文字的大量例子，在此，讓我們只看一看作者怎樣在第三
十章中修改生寶面對改霞時的一個細節：初刊本裏寫「他伸
開強有力的臂膀」把改霞「摟」在了懷中但沒親她的「嘴」。
初版本改為他在一霎時「心動了幾動」，「他真想伸開強有
力的臂膀」把改霞摟在懷中親她的嘴。再版本又改為他一霎
時「似乎想伸開強有力的臂膀」把改霞摟在懷中。這一改再
改把生寶從「摟」了改成「心動」「真想摟」又改成「似乎
想」「摟」。最後，心不動了，「親嘴」的想法也沒有了。
初版本裏生寶還不能完全自持，到再版本中生寶就完全能夠
駕馭肉身的本能與情感了，生寶也從俗人變為聖人了。

　　當我們考察了《創業史》（第一部）版本變遷中的一些
重要修改內容，我們看到：追求文本的教育價值或教育功能
是貫穿其版本變遷也即版本修改的基本宗旨。在整個修改過
程中，文本藝術上的修改少而內容上的改錯和矯正多。從初
刊本到初版本到再版本，思想內容越來越「進步」而藝術質
量則未必越來越提高，甚至可以說在下降在喪失。另外，不
同時期批評者的評論也可以佐證我們的判斷。《創業史》（第
一部）初刊和再刊的時候，鄭伯奇、馮牧、李希凡等都一致
給予它高度評價。但初版本出來以後，人們開始批評它的弱
點，其中最有代表性的文章是嚴家炎的〈關於梁生寶形象〉，
提出了梁生寶形象創造上「三多三不足」（寫理念活動多，
性格刻劃不足；週邊烘托多，放在衝突中表現不足；抒發議
論多，客觀描繪不足）的觀點，為此引發了一場持續四年
（1960-1964）之久的爭論。80 年代初，人們又批評《創業史》

受到極「左」思潮的影響，批評者依據的基本是 1977 年以後
出版的《創業史》了。總之，《創業史》（第一部）在作者
過份顧及其政治教育功能的同時，藝術水準在不斷下降。

　　因此要拯救這部大陸計劃經濟時代的名作（《創業史》
第一部），我們似乎必須回歸它的初刊本。但若要擇其「善
本」，其初刊本又未必最佳。因為它有許多誤植，章序上亦
有待調整。筆者又去查《收穫》上的再刊本，結果還真有「收
穫」。發現這個版本改掉了初刊本的許多誤植並已調換了第
二章和第五章的位置（如初版本一樣），還有少量的詞句修
改。可以說再刊本保持了初刊本的本色、樸素風格和人物身
上的生命熱力，同時又避免了初版本多處增加的議論抒情句
和大量感歎句，更沒有後來的版本裏所作的大量除魅化的修
改。它是《創業史》（第一部）諸版本中藝術價值相對最高
的版本！

參考文獻

張之洞著　范希曾補正　《書目答問補正》　2001 年 7 月版　上海古籍出版社

葉德輝　《書林清話、書林餘話》　1999 年 4 月版　嶽麓書社

梁啟超　《清代學術概論》　1996 年 3 月版　東方出版社

張舜徽　《廣校讎略》　1963 年 4 月版　中華書局

蔣元卿　《校讎學史》　1985 年 12 月版　黃山出版社

毛春翔　《古書版本常談》　1977 年 11 月版　上海人民出版社

嚴佐之　《古籍版本學概論》　1989 年 10 月版　華東師範大學出版社

李致忠　《古書版本學概論》　1990 年 8 月版　北京圖書館出版社

來新夏　《古籍整理散論》　1994 年 6 月版　書目文獻出版社

鄭振鐸　《插圖本中國文學史》　1999 年 1 月版　北京出版社

鄭振鐸　《西諦書話》　1998 年 5 月版　三聯書店

黃裳　《榆下說書》　1982 年 2 月版　三聯書店

北京圖書館編　《中國現代作家著譯書目》　1982 年 12 月版　書目文獻出版社

陽海清主編　《版本學研究論文集》　1995 年 11 月版　書目文獻出版社

唐弢等　《魯迅著作版本叢談》　1983 年 8 月版　書目文獻出版社

唐弢　《晦庵書話》　1980 年 10 月版　北京語言學院出版社

朱金順　《新文學資料引論》　1986 年 10 月版　北京語言學院出版社

朱金順　《新文學考據舉隅》　1990 年 12 月版　中國文史出版社

孫用　《〈魯迅全集〉校讀記》　1982 年 6 月版　湖北人民出版社

吳泰昌　《藝文軼話》　1981 年 5 月版　安徽人民出版社

姜德明　《餘時書話》　1992 年 9 月版　四川文藝出版社

姜德明　《姜德明書話》　1998 年 7 月版　北京出版社

倪墨炎　《現代文壇短箋》　1994 年 3 月版　學林出版社

倪墨炎　《現代文壇災禍錄》　1996 年 12 月版　上海書店出版社

陳子善　《撈針集》　1997 年 7 月版　浙江人民出版社

龔明德　《新文學散箚》　1996 年 11 月版　天地出版社

龔明德　《〈太陽照在桑乾河上〉修改箋評》　1984 年 7 月版　湖北人民出版社

胥智芬　《〈圍城〉匯校本》　1991 年 5 月版　四川文藝出版社

朱泳燚《葉聖陶的語言修改藝術》　1982 年 3 月版　寧夏人民出版社

胡裕樹　《現代漢語》　1979 年 8 月版　上海教育出版社

鄭頤壽　《比較修辭》　1982 年 12 月版　福建人民出版社

王力　《漢語史稿》　1980 年 6 月版　中華書局

孫中田等　《中國現代文學史》上卷　1957 年 9 月版　吉林人民出版社

吉林大學中文系　《中國現代文學史》第一冊　1959 年 12 月版　吉林人民出版社

夏志清　《中國現代小說史》（劉紹銘譯）　1979 年 9 月版　臺北傳記文學出版社

司馬長風　《中國新文學史》　1978 年 12 月版　昭明出版社

楊義　《中國現代小說史》　1993 年 7 月版　人民文學出版社

樊駿　《論中國現代文學研究》　1992 年 11 月版　上海文藝出版社

黃修己　《中國新文學史編纂史》　1995 年 5 月版　北京大學出版社

郭志剛等　《中國當代文學史初稿》　1980 年 12 月　人民文學出

　　　版社

於可訓等　《文學風雨四十年》　1989 年 6 月版　武漢大學出版社

張鐘等　《當代中國文學概觀》　1986 年 6 月版　北京大學出版社

公蘭谷　《現代作品論集》　1957 年 4 月版　中國青年出版社

黃子平　《「灰闌」中的敘述》　2001 年 1 月版　中國青年出版社

易竹賢　《胡適傳》　1998 年 9 月版　湖北人民出版社

李楊　《抗爭宿命之路》　1993 年 6 月版　時代文藝出版社

《一二九運動資料》第一輯、第二輯　1981 年 10 月版　時代文藝
　　出版社

中國中央黨校史研究班　《一二九運動史要》　1986 年 2 月版　中
　　共中央黨校出版社

秦暉、蘇文　《田園詩與狂想曲》　1996 年 1 月版　中央編譯出
　　版社

陸俊　《理想的界限》　1998 年 7 月版　社會科學文獻出版社

薄一波　《若干重大決策與事件的回顧》（上卷）　1991 年版　中
　　央黨校出版社

劉增人、馮光廉編　《葉聖陶研究資料》　1988 年 6 月版　北京
　　十月文藝出版社

商金林　《葉聖陶傳論》　1995 年 10 月版　安徽教育出版社

中央教育科學研究所編　《葉聖陶語文教育論集》　1980 年 8 月
　　版　教育科學出版社

《巴金全集》第 18 卷　1993 年版　人民文學出版社

《巴金論創作》　1983 年 2 月版　上海文藝出版社

（法）明興禮　《巴金的生活和著作》（王繼文譯）　1950 年 5
　　月版　上海書店

賈植芳等編　《巴金專集》（1）（2）　1981 年 7 月版、1982 年
　　9 月版　江蘇人民出版社

李存光編　《巴金研究資料》（下卷）　1985 年 9 月版　海峽文

藝出版社

李存光編　《巴金作品評論集》　1985 年 9 月版　海峽文藝出版社

譚興國　《巴金的生平和創作》　1983 年 3 月版　四川人民出版社

陳思和、李輝　《巴金論稿》　1986 年 4 月版　人民文學出版社

花建　《巴金小說藝術論》　1987 年 7 月版　上海社會科學出版社

徐開壘　《巴金傳》　1991 年 10 月版　上海文藝出版社

辜也平　《巴金創作綜論》　1997 年 10 月版　福建教育出版社

《茅盾全集》第 3 卷　1984 年版　人民文學出版社

《茅盾全集》第 34 卷　1997 年版　人民文學出版社

孫中田、查國華編　《茅盾研究資料》（上中下）　1983 年 5 月
　　版　中國社會科學出版社

唐金海、孔海珠編　《茅盾專集》第二卷上下冊　1985 年 7 月版
　　福建人民出版社

查國華　《茅盾年譜》　1985 年 3 月版　長江文藝出版社

《茅盾研究》第一輯　1984 年 6 月版　文化藝術出版社

《茅盾與中外文化》　1993 年 9 月版　南京大學出版社

邱文治　《茅盾小說的藝術世界》　1991 年 5 月版　百花文藝出版社

孫中田　《〈子夜〉的藝術世界》　1990 年 12 月版　上海文藝出
　　版社

曾廣燦、吳懷斌編　《老舍研究資料》　1985 年 7 月版　北京十
　　月文藝出版社

曾廣燦編著　《老舍研究縱覽》　1987 年 11 月版　天津教育出版社

《老舍序跋集》　1984 年 10 月版　花城出版社

胡絜青、舒乙　《散記老舍》　1986 年 5 月版　北京十月文藝出
　　版社

宋永毅　《老舍與中國文化觀念》　1988 年 7 月版　學林出版社

王潤華　《老舍小說新論》　1995 年 12 月版　學林出版社

（蘇）Ａ・Ａ・安基波夫斯基　《老舍早期創作與中國社會》（宋

永毅譯） 1987 年 11 月版 湖南文藝出版社

錢鍾書 《談藝錄》（補訂本） 1984 年 9 月版 中華書局

錢鍾書 《宋詩選注》 1997 年 6 月版 人民文學出版社

錢鍾書 《管錐編》 1999 年 1 月版 中華書局

錢鍾書 《舊文四篇》 1979 年 9 月版 上海古籍出版社

錢鍾書 《七綴集》 1996 年 2 月版 上海古籍出版社

馮芝祥編 《錢鍾書論學文選》 1990 年 1 月版 花城出版社

羅思編 《寫在錢鍾書邊上》 1996 年 2 月版 百花文藝出版社

田蕙蘭等編 《錢鍾書、楊絳研究資料集》 1990 年 11 月版 華中師範大學出版社

李洪岩 《錢鍾書與近代學人》 1998 年 2 月版，百花文藝出版社

劉玉凱 《魯迅錢鍾書平行論》 1998 年 8 月版 河北大學出版社

牟曉明等編 《記錢鍾書先生》 1995 年 11 月版 大連出版社

孔慶茂 《錢鍾書傳》 1992 年 10 月版 江蘇文藝出版社

陸文虎編 《錢鍾書研究》第 1 輯 1989 年 11 月版 文化藝術出版社

《丁玲文集》第五卷 1984 年 7 月版 湖南人民出版社

《丁玲集外文選》 1983 年 11 月版 人民文學出版社

黃一心編 《丁玲寫作生涯》 1984 年 8 月版 百花文藝出版社

袁良駿編 《丁玲研究資料》 1982 年 3 月版 天津人民出版社

孫瑞珍、王中忱編 《丁玲研究在國外》 1985 年 3 月版 湖南人民出版社

《丁玲作品評論集》 1984 年 10 月版 中國文聯出版公司

王中忱、尚俠 《丁玲生活與文學的道路》 1982 年 9 月版 吉林人民出版社

楊桂欣 《丁玲生活與文學的道路》 1982 年 9 月版 吉林人民出版社

周良沛 《丁玲傳》 1993 年 2 月版 北京十月文藝出版社

楊沫　《楊沫文集》　1992 年 5 月版　北京十月文藝出版社

閻綱　《〈創業史〉與小說藝術》　1981 年 8 月版　上海文藝出版社

孟廣來等編　《柳青專集論》　1983 年 3 月版　陝西人民出版社

徐文斗、孔范今　《柳青創作論》　1983 年 3 月版　福建人民出版社

王嶽川　《現象學與解釋學文論》　1999 年 4 月版　山東教育出版社

（瑞）沃爾夫岡・凱塞爾　《語言的藝術作品》（陳銓譯）　1984 年 7 月版　上海譯文出版社

（美）華萊士・馬丁　《當代敘事學》（伍曉明譯）　1990 年 2 月版　北京大學出版社

（美）赫施　《解釋的有效性》（王才勇譯）　1991 年 12 月版　三聯書店

（法）馬賽爾・普魯斯特　《駁聖伯夫》（王道乾譯）　1992 年 4 月版　百花洲文藝出版社

（法）讓-伊夫・塔迪埃　《20 世紀的文學批評》（史忠義譯）　1998 年 10 月版　百花文藝出版社

（法）熱拉爾・熱奈特　《熱奈特論文集》（史忠義譯）　2001 年 1 月版　百花文藝出版社

後　記

　　本書在廣泛考訂中國現代長篇小說眾多版本的基礎上，重點校評了幾部名著的重要版本。總結了這些作品各自的版（文）本變遷特點，也對現代長篇小說版（文）本變遷的某些規律性問題做了初步清理。但這還遠遠不夠。我們還應該校評更多的長篇小說作品的版（文）本，也許它們當中還有更典型的個案。現代長篇小說的版（文）本變遷大部分是在新中國成立前後不同的歷史語境或之後不同的歷史時段中完成的，也有少數作品是在海外或港臺又出了新版（文）本的。如蘇雪林在臺灣出《棘心》增訂本、張愛玲在美國改寫《十八春》等。這些長篇小說的版（文）本變遷也應納入我們的研究視野。我們只有把長篇小說在不同時期、不同地域的版（文）本沿革情況弄清楚，只有把具有不同藝術價值和文學史地位的作品的版（文）本修改情況弄明白，才能更完整地總結中國現代長篇小說版（文）本變遷規律，才能更深入地研究版本批評中的某些理論問題。

　　繼續校評中國現代長篇小說版（文）本，是一項刻不容緩的學術工程。目前，大陸各個時段的《中國新文學大系》只收了長篇小說名著的初刊本或初版本，而作家們的文集或全集往往只收定本。從初刊（版）本到定本之間的修改本一般都不再會重印，它們將漸漸不為人們注意。各大圖書館也

不太注意收齊一部小說的所有版本，有的甚至買了新版本就把舊版本尤其是那些修改本處理掉。所以，這種情形使得一部名作的諸多版本將越來越難找齊，普通的作品更不用說了。若干年後，中國現代長篇小說的版本變遷史將會被掩埋，研究起來將會更加困難。所以，趁早利用公私藏書來進行長篇小說版本研究是明智之舉，緊迫之務。

　　本書對具體作品的版本研究由校、評兩部分組成。校，實際是對校記，直接展示該作重要版本的對校情況，但只展示了主要的修改內容。評，是綜合的評論和闡釋，所把握的也只是該作版（文）本變遷的總的傾向。龐德主張文學批評應是百分之八十的展示，百分之二十的喋喋不休。本書也有這種努力，但由於篇幅和寫作體例的限制，校和評都不免遺漏太多。因此，要保留現代長篇小說版（文）本變遷的豐富內容，最好是完全的展示，最好是出匯校本。新文學中的經典作品應該都有滙校本。目前，中國現代長篇小說只出過《圍城》和《死水微瀾》的滙校本。其他文體如詩歌方面僅有《女神》匯校本，戲劇方面僅有《棠棣之花》匯校本。匯校本不僅能讓讀者直接看到作品版（文）本變遷的全貌，看到一部作品的成長或衰退。而且能為寫作學、比較語言學、比較修辭學等提供研究實例。有了匯校本，也無疑更會為文學角度的版本研究提供便捷。我的這項研究其實有一半的功夫花在對校版本上。劉向《別錄》云：「一人讀書，校其上下，得謬誤，為校。一人持本，一人讀書，若怨家相對，為讎。」這描述了古籍校讎（校勘）的情形。我的校讀，是將一部作品的不同版本兩相對校，找出異文。多半是一個人獨自反覆

對校，往往苦不堪言。間或，我持一個版本看，妻持一個版本讀，像「怨（冤）家相對」，則稍添樂趣。做得疲乏時，常常希望能有一個現成的匯校本。

　　本書共花了四年時間才完成。曾獲全國優秀博士學位論文提名獎。出版後，《文匯讀書周報》曾作過特別推薦。戴文葆、孫玉石、陳子善、朱金順、王本朝、巫小黎、魏建、盧國華等先生都先後撰文給以較高評價。其他如洪子誠、姜德明、陸耀東、劉增傑、錢理群、胡明、秦弓、龔明德、於可訓、昌切、陳國恩、樊星等許多學者也給以好評。此外，德國波鴻魯爾大學東亞系系長 Raoul David Findeisen 教授也在《波鴻魯爾東亞研究年鑑》（2004）上撰文介紹、推薦本書。本書已被大陸的武漢大學、南開大學、中山大學、華東師範大學等列為研究生新文學史料課參考書目。此次拙作能在臺灣出版，得力於李今教授的推薦，全賴中國文化大學中文系宋如珊教授和秀威總經理宋政坤先生及李坤城等秀威同仁的鼎力相助，在此一併致謝。

國家圖書館出版品預行編目資料

中國現代長篇小說名著版本校評 / 金宏宇著. -
- 一版. -- 臺北市：秀威資訊科技, 民 94
　　面；　　公分
修訂本
參考書目:面
ISBN 978-986-7263-36-0(平裝)

1. 中國小說 - 目錄 2. 中國小說 - 作品研
究
016.857　　　　　　　　　　　94008689

中國現代長篇小說名著版本校評

作　　者 / 金宏宇
發 行 人 / 宋政坤
執行主編 / 宋如珊
執行編輯 / 李坤城
圖文排版 / 郭雅雯
封面設計 / 莊芯媚
數位轉譯 / 徐真玉　沈裕閔
圖書銷售 / 林怡君
網路服務 / 徐國晉
出版印製 / 秀威資訊科技股份有限公司
　　　　　台北市內湖區瑞光路 583 巷 25 號 1 樓
　　　　　電話：02-2657-9211　　　傳真：02-2657-9106
　　　　　E-mail：service@showwe.com.tw
經 銷 商 / 紅螞蟻圖書有限公司
　　　　　台北市內湖區舊宗路二段 121 巷 28、32 號 4 樓
　　　　　電話：02-2795-3656　　　傳真：02-2795-4100
　　　　　http://www.e-redant.com

2006 年 7 月　BOD 再刷
定價：320 元

讀 者 回 函 卡

感謝您購買本書，為提升服務品質，煩請填寫以下問卷，收到您的寶貴意見後，我們會仔細收藏記錄並回贈紀念品，謝謝！

1. 您購買的書名：＿＿＿＿＿＿＿＿＿＿＿＿＿＿＿＿＿＿

2. 您從何得知本書的消息？

　　□網路書店　　□部落格　　□資料庫搜尋　　□書訊　　□電子報　　□書店

　　□平面媒體　　□ 朋友推薦　　□網站推薦　　□其他＿＿＿＿＿＿

3. 您對本書的評價：(請填代號　1.非常滿意 2.滿意 3.尚可 4.再改進)

　　封面設計＿＿＿　版面編排＿＿＿　內容＿＿＿　文/譯筆＿＿＿　價格＿＿＿

4. 讀完書後您覺得：

　　□很有收獲　　□有收獲　　□收獲不多　　□沒收獲

5. 您會推薦本書給朋友嗎？

　　□會　　□不會，為什麼？＿＿＿＿＿＿＿＿＿＿＿＿＿＿＿＿＿＿＿＿

6. 其他寶貴的意見：＿＿＿＿＿＿＿＿＿＿＿＿＿＿＿＿＿＿＿＿＿＿

＿＿＿＿＿＿＿＿＿＿＿＿＿＿＿＿＿＿＿＿＿＿＿＿＿＿＿＿＿＿＿＿

＿＿＿＿＿＿＿＿＿＿＿＿＿＿＿＿＿＿＿＿＿＿＿＿＿＿＿＿＿＿＿＿

＿＿＿＿＿＿＿＿＿＿＿＿＿＿＿＿＿＿＿＿＿＿＿＿＿＿＿＿＿＿＿＿

讀者基本資料

姓名：＿＿＿＿＿＿＿＿＿＿　　年齡：＿＿＿＿　　性別：□女 □男

聯絡電話：＿＿＿＿＿＿＿＿　　E-mail：＿＿＿＿＿＿＿＿＿＿＿

地址：＿＿＿＿＿＿＿＿＿＿＿＿＿＿＿＿＿＿＿＿＿＿＿＿＿＿＿

學歷：□高中(含)以下　　□高中　　□專科學校　　□大學

　　　□研究所(含)以上 □其他＿＿＿＿＿＿＿＿

職業：□製造業 □金融業 □資訊業 □軍警 □傳播業 □自由業

　　　□服務業 □公務員 □教職　　□學生 □其他＿＿＿＿＿＿

(請沿線對摺寄回,謝謝!)

秀威與 BOD

BOD（Books On Demand）是數位出版的大趨勢，秀威資訊率先運用 POD 數位印刷設備來生產書籍，並提供作者全程數位出版服務，致使書籍產銷零庫存，知識傳承不絕版，目前已開闢以下書系：

一、BOD 學術著作—專業論述的閱讀延伸
二、BOD 個人著作—分享生命的心路歷程
三、BOD 旅遊著作—個人深度旅遊文學創作
四、BOD 大陸學者—大陸專業學者學術出版
五、POD 獨家經銷—數位產製的代發行書籍

BOD 秀威網路書店：www.showwe.com.tw
政府出版品網路書店：www.govbooks.com.tw

永不絕版的故事‧自己寫‧永不休止的音符‧自己唱